Gerti Senger

FRAUEN-TRÄUME-MÄNNER-TRÄUME

Ihre Analyse und Bedeutung
mit einem ausführlichen Traumlexikon

WILHELM HEYNE VERLAG
MÜNCHEN

HEYNE RATGEBER
08/9166

Genehmigte Taschenbuchausgabe
Printed in Germany 1988
Umschlagillustration: Photodesign Mall, Stuttgart
Umschlaggestaltung: Atelier Ingrid Schütz, München
Gesamtherstellung: Presse-Druck Augsburg

ISBN 3-453-02726-4

Inhalt

Träume sind keine ›Schäume‹

Träume sind Seelenretter

Auch wenn Sie überzeugt sind, tief und traumlos zu schlafen – Sie träumen dennoch. Alle Menschen träumen: Männer, Frauen, Kinder, ja sogar Ungeborene. Manche Menschen träumen mehr, manche weniger. Aber gar nicht träumen – das gibt's nicht. Sie erleben es sogar Nacht für Nacht, das große ›Traumtheater‹, in dem Unmögliches möglich wird. Sie können fliegen, kämpfen mit wilden Tieren oder treiben in Sachen Sex die unvorstellbarsten Dinge.

Der amerikanische Traumforscher Prof. William Dement vom ›Mount Sinai Hospital‹ in New York bewies in aufsehenerregenden Experimenten: Wenn Menschen daran gehindert werden zu träumen, treten seelische Störungen auf. Vierzig Stunden können wir ohne Schlafen und Träumen auskommen. Aber dann wird es kritisch.

Bei Prof. Dements ›Traumentzugs-Experimenten‹ reagierten die Versuchspersonen auf den Traumentzug mehrerer Nächte mit Reizbarkeit, Unentschlossenheit und Feindseligkeit. Nach traumlosen hundert Stunden wurden aus umgänglichen Menschen plötzlich aggressive Typen, die unter Verfolgungswahn und Erinnerungslücken litten. Sobald man die Testschläfer ungestört träumen ließ, waren sie wieder ausgeglichen und normal wie immer. Aber weiter wagte sich der amerikanische Wissenschaftler nicht mit seinen Experimenten: Prof. William Dement befürchtete, daß seine Testpersonen bei längerem Traumentzug Persönlichkeitsstörungen zurückbehalten könnten. Er brach das Experiment ab.

Moderne Traumforscher sehen in dieser Maßnahme keine Übervorsichtigkeit, sondern angebrachtes Verantwortungsbewußtsein. Schließlich werden im Traum alle Alltagsprobleme und Konflikte aufgearbeitet. Deshalb sind die Traumphasen auch länger, wenn wir Probleme haben oder Neues verarbeiten müssen. Unsere Träume sind also unbedingt notwendig, um seelisch im Gleichgewicht zu bleiben.

Aber keine Bange – Ihre Träume sind Ihnen sicher. In dem Augenblick, in dem Sie die Augen schließen, geht der Vorhang zum Traumgeschehen ganz automatisch auf. Und zwar nicht weniger als vier- bis fünfmal pro Nacht. Das sind rund eintausendfünfhundert Träume pro Jahr!

Sogar Sigmund Freud wäre erstaunt darüber, wenn er wüßte, daß wir in einer Nacht nicht nur einen einzigen Traum erleben, sondern gleich mehrere ›Aufführungen‹. Dem großen Wiener Psychoanalytiker verdanken wir übrigens, daß Träume nicht mehr als belanglose Schäume angesehen werden. Bis zur Veröffentlichung von Sigmund Freuds ›Traumdeutung‹ im Jahre 1899 rankten sich um das Träumen die ungewöhnlichsten Theorien: Vor Jahrtausenden meinte man, die üppig wuchernden Traumgeschehnisse seien göttliche Offenbarungen. Noch bis vor hundert Jahren tat man Träume als Phantasieblüten und damit kurzerhand als Firlefanz ab. Sogar noch im 19. Jahrhundert, in der Epoche der Naturwissenschaften, hielt man nichts von Träumen: Man vermutete, daß die kunterbunten Traumereignisse durch äußere Reize, wie zum Beispiel Blähungen oder einen schlagenden Fensterflügel, ausgelöst werden.

Erst Sigmund Freud (1856–1939) gab mit der Erkenntnis, daß Träume ›getarnte‹ Wünsche und verdrängte Ängste unseres Unterbewußtseins sind, den Startschuß zur eigentlichen Traumforschung. Viele seiner Aufschlüsselungen von Traumsymbolen sind heute noch richtungweisend für die moderne Traumforschung. Mit dem großen Schweizer Psychoanalytiker Carl Gustav Jung (1875–1961) – er war ein überzeugter Schüler Freuds – trat jedoch eine entscheidende Wende in der Traumforschung ein. C. G. Jung löste sich von Freuds Ansicht, daß die Traumsymbole den Träumer immer täuschen wollen und daß alle Symbole nur auf kindliche sexuelle Erfahrungen zurückzuführen sind. Jung war der Meinung, Träume sollten so gedeutet werden, daß der Träumer mit der Deutung etwas anfangen kann. Das Entscheidende bei Jungs Traumanalyse ist immer die Frage nach dem Hier und Jetzt. Anders gesagt: Während Freud bei der Traumdeutung davon ausging, die Träume als Reflexionen frühkindlicher Eindrücke zu analysieren, war Jung überzeugt, daß jeder Traum eine existentielle Botschaft enthält. (Dieser Ansicht sind heute alle modernen Traumforscher.) Zwar hatte Jung vorausgesehen, daß es mit Freud unter diesen Voraussetzungen zum Bruch kommen mußte, die tatsächliche Erbitterung des Lehrers stürzte ihn aber trotzdem in eine Krise, aus der er – nicht zuletzt unterstützt von einer regen Traumaktivität – unversehrt hervorging und überdies tiefe Einsichten in seelische Zusammenhänge gewonnen hatte. Seine inneren Bilder führten Jung vor allem zur Annahme eines ›kollektiven Unbewußten‹. Damit bezeichnete er gewisse seelische Grundstrukturen, die allen Menschen gemeinsam sind und die im Traumgeschehen eine wesentliche Rolle spielen. Unabhängig von der persönlichen Erfahrung bestimmen diese Muster das Erleben des Einzelmenschen. Die grundlegenden Inhalte des kollektiven Unbewußten nannte Jung ›Archetypen‹. Wiederkehrende archetypische Figuren sind beispielsweise der ›alte weise Mann‹, die ›Mutter‹, aber auch ›Anima‹ und ›Animus‹, die Personifizierung der jeweils andersgeschlechtlichen psychischen Anteile, in denen sich Idealvorstellungen des Träumers abzeichnen.

Im Gegensatz zu Freud distanzierte sich Jung davon, Träume erst Tage später im Sprechzimmer zu deuten. Er wies schon vor Jahrzehnten darauf hin, daß sich der Träumer selbst, und zwar sofort, mit den ›Figuren‹ seines Traumes ›unterhalten solle‹, um die Aussage des Traumgeschehens zu erkennen. Sigmund Freud war darauf angewiesen, daß ihm seine Patienten oft erst viele Tage nach einem Traumerlebnis entstellte Traumreste schilderten. Heute weiß man, daß ohne Notizen schon fünf Minuten nach dem Erwachen ein Großteil der Trauminhalte vergessen ist. Außerdem ist ein ungeschultes Erinnerungsvermögen nicht objektiv. Es erhält nicht alle Traumereignisse lebendig, sondern nur solche, die es bewahren will. Mit solchen Traumfetzen konnte Sigmund Freud zwar das Rätsel um bestimmte, immer wiederkehrende Traumsymbole lüften – aber seiner Traumdeutung waren doch Grenzen gesetzt.

1953 kam man dem Traumgeschehen endgültig wissenschaftlich auf die Schliche. Der weltberühmte amerikanische Schlafexperte Prof. Nathaniel Kleitman entdeckte: Der Schlaf ist alles andere als ein passiver, ›bewußtloser‹ Zustand! Mit eiserner Beharrlichkeit verläuft der Schlafzyklus in vier Phasen. Ein Zyklus dauert etwa neunzig Minuten. Egal, ob Sie ein Langschläfer oder ein Frühaufsteher sind, egal, ob Sie schon lange vor Mitternacht oder erst spät in den Federn liegen – das Schlafmuster ist immer gleich: Stadium eins ist die leichteste Schlaftiefe, in der man sich schon kurz nach dem Einschlafen befindet, und dauert nur ein paar Minuten. Während des Stadiums zwei und drei steigert sich die Schlaftiefe. Im vierten Stadium ist der erste Tiefschlaf erreicht. Er dauert im ersten Schlafzyklus etwa eine halbe Stunde. Dann sind die neunzig Minuten um. Jetzt läuft der zweite Zyklus in umgekehrter Reihenfolge ab, also vom Tiefschlafstadium vier über drei und zwei bis zum Stadium eins der geringsten Schlaftiefe. Wieder sind neunzig Minuten vergangen. Das Spiel beginnt nochmals von vorne, das heißt ausgehend von Stadium eins. Dieser Zyklus, nämlich Schlafstadium eins – zwei – drei – vier, vier – drei – zwei – eins, eins – zwei – drei – vier usw. wiederholt sich die ganze Nacht hindurch. Die Stadien eins werden in den aufsteigenden Phasen immer länger, die Tiefschlafstadien vier immer kürzer. Zuletzt dauert das Stadium eins etwa zwanzig bis dreißig und das Tiefschlafstadium vier nur wenige Minuten.

Eine Begleiterscheinung der aufsteigenden Phase eins fiel dem Chikagoer Wissenschaftler und seinem Team besonders auf: Unter den geschlossenen Lidern rollen die Augen wie wild hin und her. Die Schlafforscher nannten diese Schlafperiode deshalb die ›REM-Phase‹ (Abkürzung für ›rapid-eye-movement‹). Prof. Kleitman war von diesem Phänomen fasziniert: Verfolgte der Schlafende womöglich ein Schauspiel, in dem er Hauptdarsteller und Regisseur in einem war?

Das nächste historisch gewordene Experiment des Traumforschers bewies endgültig, daß das Träumen für uns so selbstverständlich ist wie das Atmen: Viertausend Testschläfer wurden in der REM-Phase geweckt. Und siehe da – achtzig Prozent konnten exakte Traumbeschreibungen geben.

Dagegen konnten sich von den Schläfern, die während der anderen Schlafphasen geweckt wurden, nur sieben Prozent an einen flüchtigen Traum erinnern. Nun wußte man nicht nur, daß man träumt, sondern auch wann man träumt. Man wußte sogar, wie man träumt. Elektroenzephalographen, das sind Meßgeräte, die die Gehirnströme aufzeichnen, bewiesen es schwarz auf weiß: Einzelne, schwache Traumerlebnisse haben wir zwar auch in den drei anderen Schlafphasen – aber in der ›REM-Phase‹ arbeitet unser Gehirn auf Hochtouren. Sähen Sie die aufsteigenden oder fallenden Linien, die ein Gehirnstrommeßgerät während Ihrer wohlverdienten ›Nachtruhe‹ aufzeichnen könnte, wären Sie überwältigt.

Trotzdem halten noch immer viele Menschen an der fixen Idee des »Ich-träume-aber-nie« fest. Warum? Womit ist es zu erklären, daß sich manche Menschen nie oder nur selten an Träume erinnern, während für andere Nacht für Nacht Krimis, Love-Stories oder Dramen auf dem Spielplan stehen? Auch auf diese Frage hat die Wissenschaft die Antwort gefunden:

Je abrupter Sie aus einer REM-Phase geweckt werden, desto lebendiger ist die Traumerinnerung.

Experimente der amerikanischen Psychologin und Traumforscherin Dr. Ann Faraday bestätigen: Menschen, die allmählich aus dem Schlaf erwachen, bekommen viel weniger von ihren Träumen mit als diejenigen, die zum Beispiel durch das brutale Schrillen des Weckers aus dem Schlaf gerissen werden. Außerdem hängt die Fähigkeit, sich an seine Ausflüge ins Land der Träume zu erinnern, auch von der Persönlichkeit eines Menschen ab. Die anerkannte Wissenschaftlerin vermutet, daß ›weltzugewandte‹ Menschen sich einfach nicht an ihre Träume erinnern wollen. Traumforscher nennen diese Typen deshalb ›Verdränger‹.

Wenn ein Traum belastend oder unangenehm ist, wird er kurz vor oder im Augenblick des Wachwerdens flugs verdrängt: Das Leben bietet doch so viel Erfreuliches – wozu sich mit diesen Dingen quälen? Typisch für diese unbewußte Einstellung: Wenn sich ›Verdränger‹ überhaupt an einen Traum erinnern, dann ist er meist ziemlich harmlos oder nichtssagend. Dieser Verdrängungsmechanismus ist so stark, daß manche Versuchspersonen, die sich Traumexperimenten willig zu Verfügung stellten, trotzdem nicht imstande waren, ihre Träume festzuhalten. Obwohl die Gehirnstrommessungen zeigten, daß sie heftig träumten!

Anders ist es bei den ›Erinnerern‹. Sie erinnern sich nicht nur an viele, sondern meist auch an bizarre und aufregende Träume. ›Erinnerer‹ sind nach innen gerichtete Menschen, die in sich hineinhorchen. Sie neigen dazu, Konflikte mit sich alleine auszutragen und können Probleme nur schwer offen aussprechen. Aber für den ›Verdränger‹ sind die Träume genauso wichtig wie für den ›Erinnerer‹! In der ersten und zweiten Traumphase werden belanglose Alltagsereignisse durchgearbeitet. Man träumt vielleicht von seiner Arbeit oder einem unbedeutenden Gespräch mit einer Freundin. Freud nannte diese harmlosen Träume sehr treffend ›Tagesreste‹. Erst in den folgenden Träumen geht es dann lebhafter oder dramatischer zu, weil Wünsche und Probleme in einer symbolischen Bildsprache geordnet und verarbeitet werden.

Was Tierträume bedeuten

Es ist wirklich ›traumhaft‹, was manchmal in unseren Träumen passiert: Wir kämpfen mit wilden Bestien, freuen uns über schöne Katzen oder galoppieren auf einem feurigen Pferd dahin. Tierträume sind aber nicht nur aufregend oder romantisch, sie machen auf Unbewußtes aufmerksam und entschädigen für Entsagungen des Alltags. Ohne die nächtlichen Tiererlebnisse könnte man viele notwendige Verdrängungen des Lebens nicht verkraften. Vielleicht fragen Sie sich jetzt, warum ausgerechnet von Tieren geträumt wird, wenn es um Dinge geht, die im Wachzustand nicht bewußt werden dürfen. Die Antwort ist einleuchtend: Weil in jedem Menschen noch ein bestimmter Anteil tierischen Erbgutes steckt. Fühlten Sie sich noch nie so »frei wie ein Vogel«, so »schutzlos wie eine Maus« oder »so stark wie ein Bär«?

Hunde – unterdrückte Triebhaftigkeit

Auf der freien Wildbahn der Träume tauchen Hunde besonders oft auf. »Ich träume immer wieder von Hunden, die ich im Keller unseres Hauses einsperre«, schildert die achtunddreißigjährige Irene K. ihren Hundetraum. »Ich vergesse die Tiere zu füttern. Danach werden sie zu tobenden, wilden Bestien, vor denen ich mich im Traum fürchte.« Die sanfte, verantwortungsbewußte Ehefrau konnte sich diesen eigenartigen Traum beim besten Willen nicht erklären. Traumanalytiker können darin lesen wie in einem offenen Buch...

Irene K. ist seit fünfzehn Jahren glücklich verheiratet und Mutter von zwei Söhnen. Werner K. sorgt großzügig für seine Familie und ist ein aufmerksamer Ehemann und Vater. Nur eines ist er schon seit Jahren nicht mehr: ein zärtlicher Geliebter. Seine Frau hatte sich damit abgefunden, daß in ihrer Ehe für erfüllte Sexualität kein Platz ist. »Mein Mann ist verläßlich und korrekt«, erklärte sie, »was will ich mehr?« Ja, was wollte sie mehr? Körperliche Befriedigung! In Wahrheit steckte in dieser passiven, angepaßten Frau ein sehr sinnliches Naturell. Im Grunde ihrer Seele litt Irene K. unter dem sexuellen Desinteresse ihres Mannes. Aber ihre strenge, bürgerliche Erziehung machte es ihr unmöglich, ihre körperlichen Bedürfnisse anzunehmen, geschweige denn, mit ihrem Mann darüber zu sprechen oder gar die Initiative zu ergreifen. Schließlich lernte sie schon als Kind, ›primitive‹ Regungen dieser Art zu unterdrücken und zu beherrschen. Im Traum allerdings lehnt sich ihr unterdrücktes sinnliches Wesen – nichts anderes sind die eingesperrten, verhungerten Hunde – gegen den Entzug der körperlichen Liebe auf.

Der wütende Hund, der Sie im Traum anfällt, ist also immer ein Teil Ihrer eigenen Persönlichkeit! Frauen, die mit der animalischen Seite ihres Wesens nicht in Einklang leben, müssen sich in ihren Träumen oft mit wilden Hunden auseinandersetzen.

Katzen – das ›Katzenhafte‹ der Persönlichkeit

Natürlich geht es nachts nicht immer so aufregend zu. Manchmal schleichen sich nur Katzen auf leisen Pfoten durch unsere Träume. Das gebändigte Miniaturraubtier gilt in der Traumanalyse als Symbol der Unberechenbarkeit, manchmal sogar als Symbol der Bindungsunwilligkeit. Für Britta K., eine bildhübsche Stewardeß, waren Träume von Katzen schon seit ihrer Jugend an der Tagesordnung. Als Britta K. mit zweiundzwanzig Jahren heiratete, streunten zwei Jahre lang keine Katzen durch ihre Träume. Dann waren sie plötzlich wieder da: schwarze Kater, getigerte Hauskatzen, flauschige Angorakatzen, exotische, siamesische Katzen. Besondere Dinge erlebte Britta K. mit den schönen Tieren nicht. »Ich sehe sie einfach auf meinem Sofa liegen und schlafen«, vertraute Britta K. der Traumanalytikerin an. »Deshalb überlege ich, ob ich mir nicht eine Katze kaufen sollte ...«

Was gibt's zu diesem Traum zu sagen? In der Traumanalyse gilt die Katze ganz allgemein als Symbol der Unberechenbarkeit. Im Falle von Britta K. wollte der Katzentraum die Stewardeß darauf aufmerksam machen, daß sie unbewußt an ihrer Liebe zu ihrem Mann und an dem Bestand ihrer Ehe zweifelte. Wie kommt es zu dieser Interpretation? Britta K. war eine sprunghafte, unsichere Frau, die viel Bestätigung von außen brauchte. Seit sie verheiratet war, konnte sie sich diese Bestätigung nicht mehr so recht verschaffen.

Britta K. fehlten die Abwechslung und der Reiz des Abenteuers. Die schönen Katzen, die in Britta K.s Träumen schnurrten und Behaglichkeit ausstrahlten, wollten die Stewardeß also nicht dazu anregen, sich so ein gebändigtes Miniaturraubtier zuzulegen. Sie wollten sie auffordern, über ihre Gefühle und ihre Einstellung zu Partner und Ehe nachzudenken. Sobald Britta K. dazu in der Lage war, erkannte sie: »Ich bin in meinen Empfindungen unberechenbar. Es war falsch, so früh zu heiraten, denn es fällt mir schwer, mich an einen Partner zu binden. Wer mich an sich fesseln will, dem zeige ich die Krallen...«

Frauen träumen häufig von Katzen, wenn ihnen etwas typisch ›Katzenhaftes‹ in ihrer Persönlichkeit bewußt werden soll!

Aber Vorsicht: Katzen dürfen nicht immer als krasse Ichbezogenheit oder mangelnde Bindungsfähigkeit gedeutet werden – sie können auch Weichheit und Zärtlichkeit symbolisieren. Wenn eine Frau ein unbeständiges, unstabiles Gefühlsleben für sich ausschließt, können Katzenträume als Sehnsucht nach Geborgenheit ausgelegt werden.

Pferde – sexuelle Energie

Auch das Pferd, das durch unsere Träume galoppiert, kann zwei Bedeutungen haben: Einheit mit sich und seiner Triebnatur – oder Konflikt. »Ich reite im Traum auf einer braunroten Stute über eine Wiese«, erzählt der zweiundvierzigjährige Taxichauffeur Hans D. »Das Pferd reagiert auf den kleinsten Schenkeldruck. Wir sind mit jedem Schritt eine wunderbare Einheit. Aber ich frage mich, wie ich zu diesem Traum komme. Ich kann nämlich nicht reiten.« Hans D.s Traum ist leicht zu erklären: Er ist seit vier Jahren in zweiter Ehe mit einer Frau verheiratet, mit der er erotisch sehr gut harmoniert. Diese sexuelle Übereinstimmung überwältigt Hans D., denn mit seiner ersten Frau hatte er auf diesem Gebiet siebzehn Jahre lang Probleme. Üblicherweise symbolisiert das Traum-Pferd die disziplinierte, sexuelle Energie, wenn es mit dem Reiter in seinen Bewegungen wohltuend übereinstimmt.

Was dagegen Carola B. so manche Nacht in den Sattel verhalf, war nicht Harmonie, sondern Unterdrückung. Die neunundzwanzigjährige Drogistin berichtet: »Ich galoppiere auf einem Hengst. Er ist heftig und wild. Mit viel Mühe und Kraft gelingt es mir, das Pferd zu parieren, daß es nicht mit mir durchgeht. Dieses Gefühl ist aufregend und schön zugleich.« Carola B.s Intimleben enträtselte diesen Traum. Die hübsche junge Frau litt darunter, daß ihr Mann bei der Sexualität keine Rücksicht auf sie nahm: »Ihm ist es egal, ob ich Lust auf Sex oder Genuß habe. Er nimmt sich, was er will. Ohne Rücksicht auf mich.« Was Carola B. in der Realität nicht gelang, erreichte sie im Traum. Da ist sie es, die die Zügel in der Hand hat. Sie kann, wenn auch mit Anstrengung, ihre Erotik entfalten und den wilden Hengst bändigen.

Auch der achtundvierzigjährige Walter R. ritt in seinen Träumen. »Einerseits genieße ich die wilden Ritte«, erzählt er, »andererseits habe ich Angst, daß das Pferd mit mir durchgehen könnte.« Der ständig überarbeitete Buchhändler stand zu dieser Zeit unter großem beruflichem Streß. Walter R. hatte eine florierende Kunstbuchhandlung und schrieb außerdem für Verlage Rezensionen. Meist arbeitete er sechzehn Stunden täglich. Walter R.s Frau war als Anästhesistin in einem Krankenhaus beschäftigt. Für die Liebe blieb den beiden nicht viel Zeit. Also tobte sich Walter R. nachts von Zeit zu Zeit auf einem Pferd aus und reagierte so seine ungenützten körperlichen Energien ab. Daß er seine wilden Ritte nicht nur genoß, sondern gleichzeitig Angst dabei hatte, zeigt wieder die zweifache Funktion des Pferdetraumes: Einerseits bietet er die Möglichkeit, Triebenergien genußvoll auszuleben. Andererseits will er darauf aufmerksam machen, daß man sich nicht ständig zügeln kann

Tierträume helfen also, mit einer frustrierenden Wirklichkeit fertigzuwerden. So billig, effektvoll und erfolgreich wie Tierträume sind weder Glückspillen noch komplizierte Psychotherapien...

Wenn Aggressionen und Ängste Träume beherrschen

In unseren Träumen fliegen die Fetzen: Gefahr, Aggression, Kampfgeist, ja sogar Brutalität stehen auf dem ›Traum-Spielplan‹. Die aufregenden Szenen, die durch Ihre Träume geistern, lassen Sie genausowenig kalt wie im wahren Leben. Sie produzieren vermehrt Verdauungssäfte, die Nebennierenrinden setzen das ›Gefahrenhormon‹ Adrenalin frei, Ihr Pulsschlag erhöht sich, und der Blutdruck steigt an. Manchmal knirschen Sie sogar mit den Zähnen, Sie stöhnen, oder Sie schlagen um sich. Aber selbst dann, wenn Sie bewegungslos daliegen, ist es während Ihrer ›Nachtruhe‹ alles andere als ruhig.

Der amerikanische Traumforscher Calvin Hall, der 1953 die erste große Studie von Trauminhalten durchführte und nicht weniger als zehntausend Träume sammelte und analysierte, stellte fest: In unseren Träumen häufen sich aggressive Handlungen! Verwunderlich ist das allerdings nicht. Denn im Grunde schlägt sich jeder Mensch sowohl im Leben als auch im Traum ständig mit den fünf Grundproblemen herum. Calvin Hall charakterisiert diese Konflikte folgendermaßen:

1. den Konflikt zwischen Mann und Frau
2. den Konflikt zwischen Recht und Unrecht
3. den Konflikt zwischen Freiheit und Sicherheit
4. den Konflikt zwischen Leben und Tod
5. den Konflikt zwischen Liebe und Haß in der Eltern-Kind-Beziehung

Irgendeiner dieser Konflikte taucht immer wieder auf. Sie ärgern sich über Ihren Partner, fühlen sich im Beruf ungerecht behandelt oder von Ihrem Kind nicht genügend geliebt. Im wirklichen Leben unterliegen wir so vielen Gesetzen und Schranken, daß wir den Konflikt mit allen seinen Konsequenzen meist nicht in vollem Umfang ausleben können. Aber im Traum kann uns nichts daran hindern, unseren Gefühlen freien Lauf zu lassen...

»Ich liebe meinen Mann wirklich über alles«, schreibt zum Beispiel die vierunddreißigjährige Kanzleileiterin Irmgard W., »und wir verstehen uns in jeder Beziehung großartig. Deshalb kann ich nicht begreifen, warum ich im Traum oft tätlich auf ihn losgehe. Manchmal ohrfeige ich ihn, manchmal schlage ich mit meinen Fäusten auf ihn ein. Ist das nicht schrecklich?«

Nein, es ist gar nicht schrecklich. Aggressionsträume dieser Art sind sogar der Beweis für eine selbstbewußte Persönlichkeit, die die Kraft hat, sich aktiv und direkt mit jemandem auseinanderzusetzen. Natürlich ist Irmgard W., die seit elf Jahren glücklich verheiratet ist, viel zu kultiviert, um ihren Mann zu verprügeln. Aber im Traum gibt es keine anerzogenen Schranken. Daher können im Traum auch die sanftesten Menschen ihre Aggressionen ausleben.

Diese oft recht brutalen Träume sind nichts anderes als die Fortsetzung eines Tagesrestes, der aufgearbeitet wird. Wenn man am Morgen erwacht, hat man Dampf abgelassen und ist für den wirklichen ›Lebenskampf‹ neu gestärkt. Aber die meisten Menschen, die im Traum einem Partner, Freund, Kollegen oder Kind gegenüber aggressiv oder brutal waren, sind dann am Morgen von Schuldgefühlen geplagt. Überflüssigerweise! Denn das direkte ›Losgehen‹ auf ein ›Du‹ ist gleichzeitig auch ein spontanes ›Zugehen‹ auf das ›Du‹. Aggressionsträume dürfen deshalb nicht als Zeichen eines negativen oder brutalen Charakters gesehen werden. Sie zeigen vielmehr die Bereitschaft, sich mit diesem Menschen zu befassen, sich mit ihm – im positiven Sinne des Wortes – auseinanderzusetzen.

Genauso häufig wie die direkten Aggressionsträume, in denen Ohrfeigen knallen und Hiebe fallen, sind die ›maskierten‹ Aggressionsträume. In diesen Träumen ist man nicht der aggressive Angreifer, sondern der ängstliche Beobachter einer aggressiven Szene.

»Ich kann keiner Fliege etwas zuleide tun«, berichtet die einundvierzigjährige Hausfrau Lotte H., »aber in meinen Träumen muß ich oft mit ansehen, wie mein Mann grausam gefoltert wird. Ich wache dann schweißgebadet auf.« Natürlich war diese gutmütige Frau empört, als sie erfuhr, daß sie mit diesem Traum an ihrem Mann Rache nimmt...

Der Ehemann von Lotte H. macht zu Hause keine Schublade und keine Tür zu, läßt alle seine persönlichen Dinge liegen und fallen und erwartet von seiner Frau, daß sie ihn ständig bedient, weil sie »ohnedies nur den Haushalt zu versorgen habe«. Lotte H. behauptet zwar, daß sie ihrem Mann gerne nachräumt, gleichzeitig kränkt es sie aber, daß er ihre unentwegte Hausarbeit nicht im geringsten würdigt. Doch Lotte H. ist ihrem Mann viel zu ergeben, um sich ihm gegenüber eine offene Aggression zu erlauben. Deshalb inszeniert ihr Unterbewußtsein Träume, in denen ihrem Mann durch andere Menschen Schmerzen zugefügt werden. Sie nimmt also Rache an ihm, indem sie ihn foltern und leiden läßt – aber sie muß deswegen kein schlechtes Gewissen haben, denn sie ist es ja nicht selbst, die ihm diese schrecklichen Dinge antut. Bei diesen ›maskierten Aggressionsträumen überwiegt nicht das schlechte Gewissen, sondern die Angst um den Menschen, der diese Gefahr oder Tortur durchstehen muß.

Es gibt aber noch einen Traum, der Sie besonders ›hart‹ treffen kann: Man wird selbst geschlagen. In diesen Fällen glaubt man etwas getan zu haben, wofür man bestraft werden muß.

Doch egal, welcher Art ein Aggressionstraum ist – alle modernen Traumforscher sind überzeugt davon:

Sie selbst sind immer Urheber dieses Traumes! Je nachdem, welche Rolle Sie in dem Traum spielen, ob Sie der

Angreifer, der Beobachter oder der Angegriffene selbst sind – dementsprechend ist Ihre Einstellung zu einem Konflikt, der Sie gerade beschäftigt.

Gefahr und Ängste beherrschen unsere Träume, aber auch – oder gerade! – dann, wenn weit und breit kein Mensch zu sehen ist. »Ich irre in einem finsteren Wald herum«, heißt es oft, »und ich spüre voller Angst, daß ich mich nicht mehr zurechtfinde...« Träume dieser Art sind fast immer ein Hinweis darauf, daß es dem Betreffenden an ›Lebensraum‹ mangelt. Dazu kann eine verzehrende Bindung führen, die einen Menschen völlig auffrißt und ihm keinen Raum mehr läßt, sich selbst zu entfalten. Im Dikkicht eines Waldes, im undurchdringlichen Nebel oder in dunklen Gewässern kann ein wichtiger Teil der Persönlichkeit und des Wesens ›verlorengegangen‹ sein.

Typisch dafür ist auch der Traum der zweiunddreißigjährigen Antje W., verheiratet und Mutter einer achtjährigen Tochter. »Ich verirre mich im dichten Nebel, oder ich versinke in einem dunklen Gewässer. Meine Panik und Hilflosigkeit sind unbeschreiblich.« Antje W. war bis zur Geburt ihres ersten Kindes Gerichtsdolmetscherin. Dann überredete ihr Mann sie dazu, ihren Beruf aufzugeben und sich ganz der Familie zu widmen. Der Traum zeigt deutlich, in welcher Zwangslage sich Antje W. befindet: Ohne ihre befriedigenden Berufserlebnisse fühlt sich die von Natur aus dynamische, ehrgeizige Frau einsam und isoliert. Im ›dichten Nebel‹ und in ›dunklen Gewässern‹ ist der Teil ihres Wesens, der nach beruflicher Selbstverwirklichung verlangt. Diese Angstträume wollen Antje W. signalisieren, daß sie eine Kompromißlösung zwischen Mutterschaft und Beruf suchen muß, um ihre seelische Ausgeglichenheit wiederzufinden.

Im übrigen geben Landschaftsträume oft schon zu einem Zeitpunkt Hinweise darauf, daß die Seele aus dem Takt geraten ist, wenn man es selbst noch nicht wahrhaben will. So kann zum Beispiel eine Schnee- und Eislandschaft Gefühlskälte signalisieren. Typisch ist der Traum des fünfunddreißigjährigen Fernsehtechnikers Richard K.: »Ich träumte, daß ich hinter meiner Freundin einen Skihang hinunterfahre. Obwohl ich weiß, daß sie eine tolle Skifahrerin ist, und obwohl ich genau sehe, welche Richtung sie fährt, nehme ich eine andere Abfahrt. Tatsächlich bin ich früher am Ziel als sie.« Den Andeutungen nach zu schließen, die Richard K. über seine Liebesbeziehung machte, ist er sich nicht sicher, ob seine Freundin ihn wirklich liebt. Sie drängt zwar auf eine Heirat, gleichzeitig aber ist ihre emotionale Einstellung ihm gegenüber von einer gewissen Kälte geprägt. Richard K. spürt unbewußt, daß es diesem Mädchen in erster Linie darum geht, geheiratet zu werden. Deshalb nimmt er im Traum einen anderen ›zielführenden‹ Weg als seine Freundin. Eigentlich hat sein Unterbewußtsein die Entscheidung schon gefällt...

Vielsagend sind auch jene Träume, in denen man gefährliche Felsgipfel besteigt und Angst vor dem Absturz hat. Diese Träume versinnbildlichen dann, daß man sich auf eine Sache einläßt, bei der man den Boden unter den Füßen verlieren kann. Genauso peinigend wie die Einsamkeit und Gefahr der Höhe kann die Trostlosigkeit einer Wüstenlandschaft im Traum sein. Ein solcher Traum signalisiert die menschliche Isolation schlechthin. Er sollte zum Anlaß genommen werden, Aktivitäten zu ergreifen, die den Alltag wieder beleben. Aber zum Glück sind Träume nicht immer so trist. Wenn Ihnen auch nicht gerade der Atem stockt – Ihre Traum-Landschaft ist immer einen Blick wert!

Sehen Sie sich in einer Meereslandschaft? Dann ist anzunehmen, daß etwas Neues, Schöpferisches Ihr Leben verändern wird. »Frisch wie der junge Frühling« ist auch Ihre körperliche und seelische Verfassung, wenn Ihr Traum in eine Frühlingslandschaft mit lieblichen Wiesen eingebettet war. Dagegen sollten Sie etwas für Ihre Energien tun, wenn es im Traum Herbst ist und die Blätter fallen... Ist rund um Sie Sommer und Erntezeit? Keine Frage, daß Ihnen die Früchte Ihrer Liebe in den Schoß fallen und daß Sie auch im Leben aus dem vollen schöpfen dürfen...

Das sagen Ihnen Prüfungsträume...

Zu den typischen Angstträumen gehört natürlich auch der Prüfungstraum. Erinnern Sie sich noch, wie Sie vor Angst zitterten, die Prüfung nicht zu bestehen? Die Peinlichkeit, womöglich eine Klasse wiederholen zu müssen und sich vor den Schulkollegen zu blamieren, wurde so massiv, daß Sie sich im Traum sogar daran ›erinnerten‹, wo Sie das Zeugnis aufbewahrt haben, das die bestandene Prüfung bestätigt.

»Ich beruhige mich im Traum immer mit dem Einwand, daß ich meinen Beruf gar nicht ausüben könnte, hätte ich mein Examen nicht bestanden«, erzählte ein zweiunddreißigjähriger Münchner Rechtsanwalt. »Ich sage mir zwar im Traum, daß ich ja Rechtsanwalt bin, mich also überhaupt nicht aufregen muß, aber dieser Einwand ist völlig nutzlos. Die Prüfungsangst setzt mir so zu, daß ich schweißgebadet aufwache.«

Was hat dieses Prüfungstheater zu bedeuten? Steckt uns die Angst vor unseren Lehrern womöglich ein Leben lang in den Knochen? Sicher nicht.

Prüfungsträume haben wir meist dann, wenn wir gezwungen sind, Leistungen zu zeigen. Machen Sie doch die Probe aufs Exempel! Fragen Sie sich nach Ihrem nächsten Prüfungstraum: »Welche Aufgabe oder welches Problem muß ich im Augenblick privat oder beruflich lösen?« Sie werden sehen, daß Sie die nächtliche Prüfungsangst just dann heimsucht, wenn im Alltag gerade eine unbewältigte Aufgabe an Ihnen nagt.

Was in der Schulzeit die Schularbeit oder die mündliche Prüfung war, ist im Erwachsenenalter eine ›Lebensaufgabe‹, die Sie bestehen müssen. Ein Münchner Anwalt hatte prompt einen Examenstraum, wenn er vor Rechtsproblemen oder Fällen stand, die für ihn neu oder schwierig waren. Dann mußte er seinen Klienten durch richtige Entscheidungen beweisen, daß sie zu Recht gerade bei ihm Hilfe suchten.

Manchmal wird man in einem Prüfungstraum nur von dem Gefühl panischer Angst beherrscht. Doch häufig erlebt man den Augenblick der Niederlage tatsächlich: Der Lehrer teilt mit, daß man die Prüfung nicht bestanden hat. Womöglich liest man das vernichtende Urteil auch noch schwarz auf weiß auf einer Anschlagtafel. Wenn Sie eine Traumaufgabe nicht lösen können, haben Sie eine bestimmte Aufgabe des Lebens noch nicht im Griff. Der Traum will Sie dann darauf aufmerksam machen, sich mit diesem Problem näher zu befassen.

Der verräterische Traum von Verkehrsmitteln

Auf der nächtlichen Schaubühne der Menschen von heute kreuzt natürlich ständig das Auto auf. Grund dieser ›Verkehrsdichte‹ ist jedoch weder die Übermotorisierung der Städte noch die Freude an dem fahrbaren Untersatz. Durch die außergewöhnlich starke symbolische Ausdruckskraft des Autos benützt der Traum das Auto, um eine bestimmte Lebenssituation aufzuzeigen. Auf eine interessante Deutungsmöglichkeit der Autoträume weist der Schweizer Traumanalytiker Ernst Aeppli hin. Er meint, daß der Begriff ›Auto‹ nicht zufällig auch mit dem Begriff ›Ich‹ und ›Selbst‹ (auto = griechisch ›selbst‹) übereinstimmt. Das Traum-Auto kann die eigene Person symbolisieren! Als die einundvierzigjährige Hausfrau Gerda W. eine Midlife-crisis durchmachte, ein neues Leben anfangen und als Entwicklungshelferin nach Afrika gehen wollte, hatte sie einen typischen Autotraum. »Ich träumte, daß mir mein Mann die Autoschlüssel gibt und mich bittet, ihn vom Büro abzuholen. Aber wenn ich in die Garage komme, steht das Auto nicht an seinem gewohnten Platz. Ich suche es fieberhaft, aber kann es nie finden.« Gerda W. sah sich zu dieser Zeit nicht an dem gewohnten Platz in ihrem Leben. Einerseits fühlte sie sich sehr zu ihrem Mann hingezogen. Andererseits wollte sie mehr aus ihrem Leben machen, als nur seine Frau sein. Das Auto, das Gerda W. im Traum suchte, war die Suche nach einem neu erwachenden ›Ich‹. Tatsächlich hatte die nächtliche Suche nach dem Auto ein schlagartiges Ende, als sich Gerda W. entschloß, die Ehe aufrechtzuerhalten, aber als Altenhelferin tätig zu werden.

Um Autoträume richtig zu interpretieren, müssen Sie die Autofahrt symbolisch der Lebensfahrt gleichsetzen. Kommt man gut voran, geht es auch im Leben vorwärts. Hat man mit Hindernissen zu kämpfen, gibt's auch im Leben Hindernisse zu überwinden, die man aus irgendeinem Grund nicht wahrhaben, ›übersehen‹ will. Versagen die Bremsen, setzt man sich vielleicht in einem Lebensbereich ›ungebremst‹ über etwas hinweg. Ein Auto, das nicht gebremst werden kann, kann aber auch die Angst vor eigenen ›Triebausbrüchen‹ symbolisieren! Funktioniert das Licht nicht, wäre es womöglich an der Zeit, ein bestimmtes Problem zu erhellen. Verliert man ein Rad, kann dahinter die Furcht stecken, daß etwas Wichtiges verlorengeht – unter Umständen ein nahestehender Mensch, der den gemeinsamen Lebensbereich verläßt.

Die amerikanische Traumforscherin Ann Faraday mißt der Richtung, die ein Fahrzeug nimmt, besondere Bedeutung bei. Wenn Sie im Traum auf Achse sind, sollten Sie sich also auch in Erinnerung rufen, ob Sie vielleicht in die verkehrte Richtung, in eine Sackgasse oder ins Freie – in die Freiheit – fuhren. Die Fahrtrichtung gibt oft einen Hinweis auf die Richtung, die eine partnerschaftliche Beziehung nehmen wird!

Bei Männern, manchmal auch bei Frauen, symbolisiert das Auto auch ungenützte, verdrängte oder ersehnte Sexualkraft. Eine Steigerung dieser sexuellen Bedeutung ist das Motorrad.

»Auf meinem heißen Eisen war ich einfach der Größte«, erzählt ein vierundvierzigjähriger Versicherungskaufmann über einen Traum, in dem er sich auf einem Motorrad fahren sah. Dem gutaussehenden, dunkelhaarigen Wilfried L. war dabei durchaus bewußt, daß das Motorrad gar nicht sein Eigentum war. Wie kam es zu diesem Traum? Der Versicherungskaufmann stand beruflich sehr unter Streß, und die Überforderung machte sich bei seiner Potenz bemerkbar: Der Motorradtraum ersetzte Wilfried L. die nachlassende Sexualkraft. Daß das Motorrad nicht sein

Eigentum war, weist darauf hin, daß sich Wilfried L. anderen Menschen gegenüber mit Kräften ausstattete, die er zumindest im Augenblick gar nicht hatte.

Was das Traum-Auto über die männliche Kraft aussagt, hängt davon ab, was damit geschieht: Rast es kraftvoll dahin? Dann sind die Dinge ja wohl klar. Versagt der Motor oder geht der Treibstoff aus? Auch dann liegt auf der Hand, wie es um die Sexualkraft bestellt ist. Begeistert der Rausch der Geschwindigkeit? Damit ist nichts anderes als der sexuelle Rausch, die Ekstase, gemeint...

»Ich fahre mit einem tollen Schlitten durch die Stadt«, schildert ein zweiunddreißigjähriger Akademiker einen Autotraum, den er seit seiner Scheidung bereits mehrmals hatte. »Ich bin stolz auf das Auto und freue mich über die hübschen Mädchen, die neben mir und im Fond sitzen. Aber das Geschnatter der ausgelassenen Schar macht es mir schwer, auf den Verkehr zu achten.« Bei diesem Traum fällt nicht nur die offenkundige sexuelle Bedeutung des Sportwagens auf, sondern auch die Probleme, mit denen Richard N. beim Fahren zu kämpfen hat: Der abenteuerlustige Mann wollte seine neugewonnene Freiheit in vollen Zügen genießen. Aber er halste sich im Leben zu viele Abenteuer auf – im Traum lud er sich zu viele Mädchen ins Auto ein. Seine unzähligen erotischen Eskapaden wuchsen ihm langsam über den Kopf und überforderten ihn. Tatsächlich hatte Richard N. Angst, den sexuellen Ansprüchen seiner zahlreichen Freundinnen nicht mehr gerecht werden zu können.

Ein Zug fährt davon

Haben Sie schon einmal überlegt, wie oft Sie gedankenlos bemerkten: »Der Zug ist abgefahren.« Damit wollten Sie einem Gesprächspartner erklären, daß es für irgend etwas zu spät ist. Dasselbe versucht der Traum, in dem Ihnen ein Zug, ein Auto oder ein Bus vor der Nase davonfährt. Träume, in denen Sie ein Verkehrsmittel verpassen, zeigen oft eine unbewußte Angst auf, irgend etwas im Leben zu versäumen.

Linda B., eine achtunddreißigjährige, glücklich verheiratete Frau, Mutter von zwei Kindern und von Beruf Friseuse, hat immer wieder folgenden Traum: Unter Einsatz ihrer ganzen körperlicher Kraft jagt sie einem Verkehrsmittel nach. Die Angst, den Bus oder Flughafen nicht rechtzeitig zu erreichen, bringt sie in ihren Träumen fast um. Linda B. wird in ihren Träumen immer ›raffinierter‹. Sie läßt Gepäck zurück, um schneller und beweglicher zu sein. Sie studiert den Stadtplan, um den raschesten Weg zu Bahnhof und Flughafen ausfindig zu machen. Vergeblich, Linda B. erreicht einfach nie pünktlich ihr Ziel. Verzweifelt und erschöpft muß sie miterleben, wie der Zug aus der Station fährt, der Abfertigungsschalter am Flughafen geschlossen ist, oder der Bus eben um die Ecke biegt. In diesem Fall war es ein leichtes, den Zusammenhang dieser Träume zur Wirklichkeit herzustellen: Linda B. ist eine gefragte Friseuse, die zusammen mit ihrem Mann einen großen Stadtsalon führt. Als sie heiratete, hatte Linda B. vor, ihren Beruf an den Nagel zu hängen, sobald sich das erste Kind anmelden würde. Das Kind kam, aber Linda B. blieb ihrem Geschäft treu. Sie war sicher: »Beim zweiten Kind muß ich ohnedies aufhören. Geschäft, Haushalt und Kinder lassen sich nicht unter einen Hut bringen.« Das zweite Kind kam. Linda B. hatte sich inzwischen einen so großen Namen gemacht, daß prominente Kundinnen bei ihr ein und aus gingen. Es war ihr unmöglich, ihre Arbeit aufzugeben. Also engagierte sie eine Tages-Omi, die ihre Kinder liebevoll betreute. Linda B. beteuerte, rundum zufrieden und glücklich zu sein: Die Kinder gediehen prächtig. Mit der verläßlichen Tages-Omi war das Erziehungsproblem der Kinder gelöst. Ihre Ehe ließ nichts zu wünschen übrig. Aber tief in ihrem Unterbewußtsein fürchtete die erfolgreiche Friseuse, ihre Kinder könnten darunter leiden, daß sie nie zu Hause war. Außerdem hatte sie Angst, wegen ihrer Berufstätigkeit die wichtigste und schönste Zeit mit ihren Kindern zu versäumen.

Aber Linda B. verdrängte diese unbequemen Gedanken. Sie wollte sich mit diesem Problem nicht auseinandersetzen, um nicht von ihrem Gewissen zu einer Entscheidung gezwungen zu werden, die gegen ihren Beruf ausfallen könnte.

Der geschlossene PKW kann aber auch ein Symbol des Schutzes und der Geborgenheit sein, wie sie die Geborgenheit im schützenden Uterus darstellt. »Ich suche im Traum oft mein Auto«, berichtet die dreiundzwanzigjährige Angestellte Gisela U. »Völlig verzweifelt laufe ich von Gasse zu Gasse, von Parkplatz zu Parkplatz. Aber ich kann mich einfach nicht erinnern, wo ich das Auto abgestellt habe.« In diesem Traum macht sich durch das Auto der archaische Wunsch nach Schutz und Geborgenheit bemerkbar. Die hübsche Sekretärin hatte das oberflächliche Vergnügen ihres flotten Single-Daseins satt. Obwohl sie nach außen hin ihr abwechslungsreiches Leben genoß und Freude an ihrer Unabhängigkeit beteuerte, war es in Wirklichkeit anders: Gisela U. sehnte sich nicht nach Abenteuern, sondern nach Sicherheit und Geborgenheit.

Öffentliche Verkehrsmittel sind ein Hinweis auf die Gemeinschaft

Natürlich haben im Traum auch die Straßenbahn, der Autobus oder der Zug, die täglich benützt werden, um zur Arbeit zu kommen, nicht bloß die Bedeutung von Fortbewegungsmitteln: Öffentliche Verkehrsmittel sind ein Fingerzeig für das Leben in der Gemeinschaft. Für das Lenken des Autos ist man selbst verantwortlich. In der Straßenbahn, im Autobus oder im Zug ist man einer von vielen. Man wird gelenkt, und man hat ein gemeinsames Ziel. Dementsprechend müssen Sie also Ihre Träume von Verkehrsmitteln analysieren: Wer waren die Mitreisenden? Fühlten Sie sich wohl neben Ihrem Sitznachbarn? War er Ihnen unangenehm? Warum? Vielleicht wollten Sie lieber neben einem anderen, einem ruhigeren oder fröhlicheren Menschen sitzen? Fühlten Sie sich bedrängt? Waren Sie mit Gepäck – Lebensballast – belastet? Saßen Sie an einem Platz, den Sie vielleicht gar nicht beanspruchen durften?

»Ich träumte, daß ich in der Ersten Klasse eines Zuges fuhr, obwohl ich nur eine Fahrkarte für die Zweite Klasse hatte«, erzählt dazu Jana B., achtunddreißig. »Ich wußte im Traum, daß ich ein Auto besitze, mit dem ich hätte fahren können. Aber ich blieb sitzen und hoffte, daß keine Kontrolle der Fahrkarten erfolgen würde.« Was Jana B. bis in den Traum verfolgte, war die Tatsache, daß sie ihre Anstellung als Sachbearbeiterin nur durch Protektion bekommen hatte. Im Grunde wußte Jana B., daß sie für diesen Posten nicht ausreichend qualifiziert war. Sie hatte Angst, ihre Kollegen könnten entdecken, daß sie für diese Arbeit zu wenig Kenntnisse besitzt.

Sie sehen, mit den naiven Weissagungen, von denen die volkstümliche Traumdeutung ausgeht, hat dieses analytische Prüfen von Trauminhalten nichts mehr zu tun...

Warum heiße Träume Sie kaltlassen können

Haben Sie auch Träume mit sexuellem Inhalt? Geht es in Ihren Träumen vielleicht gar so wild zu, daß Sie sich Sorgen um Ihre moralische Verfassung machen? Sie können beruhigt sein: In der Traumwelt gibt es keine moralischen Werte. Was im Leben tabu ist, wird im Schlaf munter ausgelebt. Also wer ›unanständige‹ Träume hat, ist deshalb noch lange kein Wüstling! Im Traum können anerzogene Hemmungen und die erlernte Moral nicht wirksam werden. Das ist der Grund, warum Dinge geschehen können, zu denen es im Alltag nie käme.

Doch abgesehen davon gibt es für fast alle heißen Träume kühle psychoanalytische Erklärungen. Gerade der als besonders beklemmend erlebte Inzest-Traum hat harmlose Gründe: Wir alle waren als Kinder unseren Familienangehörigen gegenüber nicht frei von sexuellen Gefühlen. Ein völlig nichtssagendes Tageserlebnis genügt, und diese Empfindungen können im Traum wieder auftauchen. Im Traum gibt es keine Inzestschranke! Liebesszenen mit Familienmitgliedern sind daher nichts Außergewöhnliches.

Was gibt es zur gleichgeschlechtlichen Liebe zu sagen, die im Traum oft und oft praktiziert wird? Nur soviel: Verkappte homosexuelle oder lesbische Neigungen haben Sie deswegen nicht. Gleichgeschlechtliche Liebe im Traum spiegelt meist die Eigenliebe wider: Was man im gleichgeschlechtlichen Partner liebt, sind die eigenen Anteile der Persönlichkeit.

Auch die ausgefallenen Sextechniken, die Sie vielleicht in Ihren nächtlichen Abenteuern praktizieren, müssen nicht darauf hinweisen, daß Sie ein ›erotischer Nimmersatt‹ sind: Liebespositionen und Sextechniken zeigen die eigene Lebenshaltung. Aufschlußreiche Hinweise darauf sind, ob man bei der Liebe ›oben‹ oder ›unten‹ oder ob man aktiv oder passiv war...

Bleibt noch der Seitensprung, der im Traum auch von Frauen und Männern praktiziert wird, die im wirklichen Leben »nicht im Traum daran denken« fremdzugehen! Auch für diese nächtlichen Entgleisungen müssen die Traumanalytiker nicht in die Trickkiste der Traumdeutung greifen. Die Erklärung der ›traumhaften‹ Seitensprünge ist beruhigend: Niemand hat den perfekten Partner, der immer mit dem richtigen Maß an Zärtlichkeit, Härte oder Sinnlichkeit reagiert. Kein Wunder: Unsere emotionalen und körperlichen Bedürfnisse sind ja vom augenblicklichen Befinden abhängig und schwanken daher ständig. Selbst für einen liebenden, anpassungsfähigen Partner ist es unmöglich, immer adäquat zu reagieren. So passiert es, daß sich das Unterbewußtsein einen für den Augenblick idealen Partner ›zurechtträumt‹. Es kann auch geschehen, daß man im Traum alle seine Wünsche und Bedürfnisse in einen Menschen ›hineinphantasiert‹, dem man nur flüchtig begegnet ist. Man macht einen Durchschnittsmenschen zu einem Übermenschen, mit dem man sich dann auch in ein Liebesabenteuer einlassen kann. Aber keine Sorge: Dieser Seitensprung ist weder eine Bedrohung der Partnerschaft noch ein Beweis mangelnder Liebe. Der Fehltritt beweist nur, daß uns in der Welt der Träume alles erlaubt und ermöglicht wird, damit wir in der realen Welt das seelische Gleichgewicht bewahren können.

Lustempfindungen, die oft bis zum Orgasmus führen, werden meist durch sexuelle Trauminhalte ausgelöst, an die man sich nach dem Aufwachen nicht mehr erinnert. Neueste Ergebnisse der Traumforschung zeigen, daß sowohl Frauen als auch Männer den letzten Schub zum Orgasmus durch eine unbewußte Stimulation der Geschlechtsorgane erhalten. Ausreichend dazu ist oft schon der Reiz, den die Bettdecke ausübt, Kontraktionen gewisser Muskelgruppen, der Druck gegen die Matratze oder flüchtige manuelle Berührungen der Geschlechtsteile.

Viele Träume mit sexueller Thematik sind auf Anhieb nicht als erotische Träume erkennbar. Dazu gehören fast alle Träume mit eindeutig sexuellen Symbolen, wie der Falltraum der Frauen und gegebenenfalls auch der Flugtraum. Der Falltraum symbolisiert häufig den Wunsch, sich in der Liebe fallen-, gehenzulassen. Der Frau, die sich bei der Liebe ständig unter Kontrolle hat, bleibt eine wirklich befriedigende erfüllte Sexualität versagt. Die tiefe Sehnsucht nach der Fähigkeit des Sich-gehen-Lassens äußert sich dann in den typischen Träumen, in denen Frauen – mit Genuß! – abstürzen.

Da bei der Liebe unser Körper eine wichtige Rolle spielt, sind aus der sexuellen Traumsymbolik selbstverständlich auch Haare, Zähne und andere körperbezogene Elemente nicht wegzudenken.

Haben Sie schon einmal im Traum Zähne verloren? Dann hatten Sie zu diesem Zeitpunkt vielleicht Angst davor, Ihre sexuelle Vitalität zu verlieren, nicht soviel Kraft für eine Sache zu besitzen, wie Sie gerne möchten. Zähne sind das klassische Symbol des Lebens und der Vitalität! Träume, in denen Zähne ausfallen, weisen oft auf die Angst hin, daß eine Verbindung oder Liebesbeziehung ›sterben‹ könnte. Der häufige ›Zahntraum‹ schwangerer Frauen ist mit der Lebenssymbolik des Zahnes erklärbar: Ein Zahntraum verrät weder den heimlichen Wunsch nach einem Sohn, noch verspricht er, daß das Kind ein Junge wird. Diese volkstümlichen Interpretationen haben in der modernen Traumforschung keinen Platz mehr. Der Zahntraum drückt den heißen Wunsch jeder werdenden Mutter aus, nämlich daß es ein kräftiges Kind werden möge...

Auch Haare sind ein Symbol des Lebens: In ihnen erlischt die Lebensvitalität zuletzt, selbst nach dem Tode wachsen sie noch weiter. Träume, in denen man seine Haare verliert, weisen also ebenfalls auf die unbewußte Angst vor dem

Verlust der Aktivität, der Schönheit oder der körperlichen und sexuellen Kräfte hin.

Besonders häufig treten Haarträume auf, wenn man sich körperlich oder geistig überfordert. In Phasen in denen man sich gewissen Dingen nicht ›gewachsen‹ fühlt (auch Haare ›wachsen‹), träumt man oft, daß das Haar ausfällt.

Um Sex geht es oft auch beim Flugtraum, der ebenso oft geträumt wird wie der Falltraum. Die berauschende Schwerelosigkeit ist häufig ein Symbol erotischer Verschmelzungserlebnisse. Das genußvolle Fluggefühl ist eine sehr treffende, symbolische Inszenierung des Augenblicks der Ekstase. Für das, was die Wissenschaft so behutsam als ›erotisches Verschmelzungserlebnis‹ bezeichnet, fand der Volksmund ganz instinktiv Worte, die dem Traumsymbol des Fliegens vollkommen entsprechen: Man ›hebt vom Boden ab‹, man ›schwebt‹...

Das Geheimnis des Wiederholungstraumes

Es gibt zwar kaum etwas Persönlicheres als einen Traum – aber gewisse Traumbilder suchen jeden einmal auf. Wahrscheinlich fragen Sie sich jetzt, warum manche Träume immer wieder kommen und andere sich nach einer einzigen Vorstellung auf Nimmerwiedersehen verabschieden? Die Antwort ist einleuchtend. Ein einzelner, einmaliger Traum hilft, ein Erlebnis endgültig zu verarbeiten, damit es das Unterbewußtsein nicht belastet. Der Wiederholungstraum tritt immer dann auf, wenn Sie ein schwebender Konflikt oder ein ungestilltes Bedürfnis bewegt. Darüber hinaus drücken Wiederholungsträume in einer urtümlichen Bildersprache die zentralen Themen aus, die mit dem menschlichen Leben seit jeher verknüpft sind. Dazu gehören Liebe, Eifersucht, Sexualität, Kampf, Geburt und Tod. Diese Lebenssituationen sind so untrennbar mit dem menschlichen Dasein verbunden, daß sie unsere Traumwelt immer wieder erfüllen.

Sie träumen zum Beispiel, daß Sie Ihren Partner beerdigen. Am Morgen fragen Sie sich traurig und verwirrt: Muß ich jetzt Angst haben, daß er stirbt? Sie dürfen beruhigt sein: Ein Beerdigungstraum betrifft nicht die Person selbst, sondern Dinge, die mit ihr in Zusammenhang stehen. Wenn zum Beispiel eine Ehefrau, die von ihrem Mann betrogen wurde, träumt, daß sie an seinem Grab steht, dann zeigt dieser Traum: Das Problem ist entweder schon bewältigt, oder die Träumerin hat zumindest den Wunsch, die belastende Angelegenheit endlich »zu vergessen und zu begraben«.

Auch die Naturelemente Feuer, Erde oder Wasser machen unsere Träume immer wieder zu bunten, aufregenden Abenteuern. »Ich träumte, daß ich bei einem Spaziergang an einem Teich vorbeikam«, erzählt zum Beispiel die achtundzwanzigjärige Rita K. aus Duisburg. »Plötzlich hatte ich Lust, ins Wasser zu gehen. Es war ein unbeschreiblich schönes Gefühl für mich, in das warme Wasser einzutauchen. Dabei war mir seltsamerweise bewußt, daß es schon Spätherbst und schon sehr kalt war. Aber um mich herum war die Natur blühend und üppig. Ich spürte den warmen, sandigen Boden unter meinen Füßen und sah, wie klar und ruhig das Wasser war. Am Ufer stand ein Baum, weiter draußen im Wasser schwammen Fische. Ich fühlte mich glücklich...«

Rita K. darf sich mit Recht freuen, denn Wasser ist das Spiegelbild des Unbewußten. Das ruhende, angenehm warme Wasser zeigt, daß sich Rita K. im Leben geborgen und wohlfühlt. Ihren Angaben zufolge ist die Sekretärin zum zweiten Male verheiratet. Keine Frage, daß sie ihr Glück gefunden hat: Sie hat ein Ufer, weiß also, wofür sie lebt. Der Baum am Wasser ist ihr Lebensbaum, der prächtig gedeiht und fest verwurzelt in der Erde steht – wie Rita K., die seit ihrer Wiederverheiratung eine positive Einstellung zum Leben, wieder Boden unter ihren Füßen hat. Die Fische sollen Rita K. darauf hinweisen, daß sie sich ihr Glück bewußtmachen darf: Ängste und das Gefühl der Verlorenheit, unter dem Rita K. vor und nach ihrer Scheidung litt, sind endgültig vorbei. Das Wasser hat alles Schreckliche und Belastende ihrer ersten, unglücklichen Ehe weggewaschen...

Nicht so positiv sieht es aus, wenn man im Traum vor einer ausgetrockneten Quelle oder einem trockenen Flußbett steht. Dann besteht die Gefahr, daß man am Ende seiner Energien ist. Und was bedeutet ein reißender Fluß, in dem man mit der Gewalt des Wassers kämpft? Dieser Traum deutet an, daß man in seinem Lebensraum den Boden unter den Füßen verloren hat. Wichtig ist, ob man das Wasser angenehm warm oder abschreckend kalt empfindet. Wenn es klar ist, ist auch der Lebensstrom des Träumers ›gesund‹. Dagegen ist trübes, schlammiges Gewässer ein Hinweis auf ein Leben, das aus dem Gleichgewicht geraten ist.

Der ›Haustraum‹, der in allen nur erdenklichen Varianten geträumt wird, gehört natürlich auch zu den Standardträumen. Kein Wunder, ist doch das Haus im Traum ein Symbol des Ichs. Das, was das Haus beinhaltet und darstellt, repräsentiert das eigene Leben und die Persönlichkeit. Wenn Sie von einer vollen Vorratskammer träumen, haben auch sie noch Reserven. Falls Sie im Traum plötzlich einen neuen Raum in einem Haus entdecken, heißt das: Sie endecken auch in sich Neues, Schöpferisches. Das Schlafzimmer des ›Traumhauses‹ verrät eine Menge über Ihr Liebesleben: Stehen die Betten beisammen – oder auseinander? Ist vielleicht nur ein eiziges – einsames! – Bett zu sehen? Die Treppe gewinnt dadurch an Aussagekraft, ob Sie sie hinauf- oder hinuntergehen. Hinauf heißt »dem Ziel entgegen«. Hinunter bedeutet, es geht bei Ihnen mit irgend etwas ›abwärts‹. Das Dach repräsentiert den Kopf und Unerforschtes Ihres geistigen Lebens. Schließlich sagt der Gesamtzustand des Hauses alles über Ihre Verfassung aus. Bestens, wenn Ihr Traumhaus schön ist! Aber wenn es verfallen, also ›reparaturbedürftig‹ ist, ist es wahrscheinlich höchste Zeit, daß Sie etwas für sich tun und Ihre seelische und körperliche Gesundheit sanieren.

Ein klassischer Wiederholungstraum ist der Falltraum. Othmar W. träumte in verschiedenen Versionen folgende Szene: »Ich stehe an einem Abgrund und fühle deutlich, daß ich in diese dunkle Tiefe stürzen werde. Ich versuche, mich festzuhalten, aber es zieht mich förmlich hinunter. Ich kann das Gleichgewicht nicht mehr halten. Mit einem angstvollen Schrei stürze ich in die Tiefe ...« Othmar W. ist ein typisches Beispiel dafür, daß Fallträume bei Männern auf Angst vor einem Kontrollverlust hinweisen. Vier Jahre wartete der einundvierzigjährige Angestellte eines großen Textilunternehmens darauf, zum Disponenten befördert zu werden. Aber anstatt Othmar W. eine Stufe höherklettern zu lassen, stellte die Firmenleitung einen neuen Mann für den Posten ein. Seiner Frau und seinen Bekannten gegenüber stellt Othmar W. diese unerwartete Entscheidung als richtig und für ihn vorteilhaft hin. Auf Grund seiner Dienstjahre würde er genausoviel verdienen wie der Neue, erklärte Othmar W. seiner Frau, er hätte dieselben Freiheiten und dennoch weniger Arbeit. In Wirklichkeit war Othmar W. tief in seinem beruflichen Stolz verletzt. Anstatt sich wenigstens seiner Frau anzuvertrauen und sich bei ihr gehen-, fallenzulassen, gab er sich nach außen hin souverän und zufrieden.

Nachdem Othmar W. erkannte, welche Bedeutung sein Falltraum hatte, zog er die Konsequenzen: Er gestand seiner Frau, wie ihm wirklich ums Herz war. Sie wiederum bestärkte ihren Mann darin, bei der Firmenleitung vorzusprechen und nach dem Grund zu fragen, warum man ihn nicht befördert hatte. Othmar W. erfuhr, daß man ihm nicht genug Entscheidungskraft zugetraut hatte. Aber, so gaben die Herren nun auf Grund seiner selbstbewußten Intervention zu, sie hätten sich offensichtlich geirrt. Bei der nächsten Postenbesetzung würde man Othmar W.s Qualifikation sicher berücksichtigen...

So werden Sie aus Träumen klug

Denken Sie bloß nicht, daß es in unserem ›zweiten Leben bei Nacht‹ nur so wimmeln müsse von tiefgründigen, magischen Symbolen! Natürlich taucht das eine oder andere Traumsymbol immer wieder auf – aber es ist keine Rede davon, daß wir dadurch immer tiefbeeindruckt oder erschreckt sein oder gar aus dem Gleichgewicht geraten müssen. Der Stoff, aus dem unsere Träume sind, ist meist von simpler Art. Fast immer ist der Rahmen, in dem sich unsere Traumszenen abspielen, so alltäglich wie ihre Problematik. Prof. Calvin Hall, der Direktor des Traumforschungsinstitutes ›Santa Cruz‹ in Kalifornien, überraschte mit dem Ergebnis der ersten großen Traum-Inhaltsanalyse von zehntausend Träumen die Wissenschaft: Die Mehrzahl der Träume drehen sich um ganz alltägliche Dinge. Man spricht mit nahestehenden Personen, man hält sich in bekannten Räumen auf, man bewegt sich an seinem Arbeitsplatz und verrichtet alltägliche Handlungen. Calvin Hall fand daher eine sehr treffende Erklärung dafür, was Träume denn tatsächlich für uns bedeuten:

»Ein Traum ist ein persönliches Dokument, ein Brief an sich selbst«, sagt der Wissenschaftler. Der Absender: unser Unterbewußtsein. Der Empfänger: unser Bewußtsein. Weltereignisse, im Blickpunkt stehende Menschen und öffentliche Angelegenheiten lassen uns im Traum kalt. Wer träumt schon von Staatsbudgets oder Parlamentssitzungen! Unsere Traumwelt verkörpert die kleine, überschaubare Welt unseres Alltags und unsere intimsten Bedürfnisse und Wünsche.

Deshalb genügt es nicht, zur Entschlüsselung Ihrer Träume nur einzelne Traumsymbole zu kennen. Genauso wichtig ist das ›Drumherum‹ der nächtlichen Vorstellungen. Auch wenn es manchmal scheint, als würde der Traum nur ein nichtssagendes Stück Wirklichkeit wiedergeben, ist doch jede noch so nebensächliche Handlung aufschlußreich.

Um zu begreifen, was ein Symbol tatsächlich auszusagen hat, muß es mit der Person des Träumers und seiner augenblicklichen Situation in Zusammenhang gebracht werden. Sobald Sie diese Fertigkeit beherrschen, können Ihnen Ihre Träume eine echte Lebenshilfe sein. Träume enthalten ja nicht nur die aktuelle Lebensproblematik, sondern auch alle verdrängten Konflikte. Nehmen Sie schon vor dem Schlafengehen Einfluß auf Ihre Träume! Sagen Sie sich: »Ich träume. Ich will wissen, was ich geträumt habe.« Wenn Sie Einsicht in Ihre Träume gewinnen, kommen Sie bei der Bewältigung des Alltags und Ihrer Probleme einen großen Schritt weiter: Plötzlich blicken Sie ›durch‹. Plötzlich werden Ihnen Dinge klar, an die Sie »nicht im Traum gedacht hätten«.

Damit Sie die verschlüsselten Botschaften Ihres Unterbewußtseins richtig deuten und nützen können, müssen Sie die Erinnerung an einen Traum festhalten.

Schreiben Sie einen Traum sofort, unmittelbar nach dem Erwachen auf! Bleistift und Papier müssen griffbereit am Nachttisch liegen. Ein Traum entschwindet in Sekundenschnelle! Man wacht auf, hat eben noch den Traum vor Augen – und schon ist er weg. Es ist unmöglich, bruchstückhafte Erinnerungen später wieder zu einem ganzen Traumbild zusammenzufügen!

Schreiben Sie nicht auf losen Zetteln. Entschließen Sie sich dazu, ein Traum-Buch zu führen, in dem Sie alles aufzeichnen, was mit Ihren Träumen zu tun hat. Damit haben Sie schon die erste Stufe bei der Entschlüsselung Ihrer Träume bewältigt. Jetzt sehen Sie schwarz auf weiß, was sich nachts in Ihrem Gehirn abspielt. Aber Sie wissen damit wahrscheinlich wenig anzufangen. Nehmen wir folgendes Traumbeispiel: Sie gehen mit Ihrem Chef eine Treppe hoch, unterhalten sich zwanglos mit ihm und öffnen irgendwann eine Tür. Ganz banale Dinge, die Ihnen gar nicht der Rede wert scheinen. Sie werden staunen...

Mit der zweiten Stufe der Traumanalyse bringen Sie schlagartig mehr Licht in die Sache: Lassen Sie jetzt Ihren Gedanken zu dieser Handlung freien Lauf. Fachleute nennen diese spontanen Einfälle ›Assoziationen‹. Sie werden jetzt sicher behaupten: »Mir fällt dazu aber nicht das Geringste ein! Was soll schon an einer Treppe und einer Tür Besonderes sein?«

Ja, was denn eigentlich? Genau das müssen Sie sich fragen! Nehmen wir an, Ihnen fällt dazu ein, daß die Treppe außergewöhnlich steil und eng ist. Bohren Sie weiter: Warum denke ich ausgerechnet daran? Worum dreht sich der Traum eigentlich? Warum tue ich dieses oder jenes überhaupt? Werden Kindheitserinnerungen wach, wenn ich mir die Traumgeschichte vor Augen halte? Oder sind vielleicht Tageserlebnisse darin verborgen?

In der dritten Stufe Ihrer ganz perönlichen Traumdeutung bekommt Ihr Traum bereits greifbare Formen. Versuchen Sie, den Traum als Film, Novelle oder Theaterstück zu sehen: Welchen Titel würden Sie ihm geben? Diese ›Titelverleihung‹ ist wichtig. Erstens erleichtern Sie sich damit das spätere Erinnern an prägnante Trauminhalte. Zweitens werden Sie dadurch dazu angehalten, den Trauminhalt zusammenzufassen und das Wesentliche herauszuarbeiten. Um bei dem Treppenbeispiel zu bleiben: Wie wäre es mit dem Titel: »Der Weg nach oben«?

Die vierte Stufe ist wieder Ihnen gewidmet: Fragen Sie sich, wie Sie sich während des Traumes fühlten. Wohlig? Zufrieden? Oder unbehaglich? Unglücklich? Durch welche Traumeindrücke wurde Ihr Gefühl ausgelöst? Spielten Sie in diesem ›Film‹ die Rolle des Opfers oder des Angreifers? Hatten Sie im Traum eine wichtige oder eine untergeordnete Rolle?

Stufe Nummer fünf befaßt sich mit den anderen Darstellern in Ihrem ›Nachtfilm‹: Welche Rollen hatten die Hauptakteure? Beherrschende? Untergeordnete? Verkörperten diese Rollen nahestehende Menschen oder Fremde? Hatten schon einmal andere Akteure dieselben Eigenschaften wie eine Figur Ihres letzten Traumes? Haben Sie sich schon einmal so verhalten wie in diesem letzten Traum? (Traum-Buch!)

In der Stufe Nummer sechs stellen Sie aus dem Antwortpuzzle ein ganzes Bild zusammen: Sie gehen also hinter Ihrem Chef eine Treppe hoch. Wohl fühlen Sie sich dabei nicht. Im Gegenteil – Sie fühlen sich beengt. Oben angelangt, öffnen Sie eine Tür. Aber im Traum sehen Sie sich alleine, ohne Ihren Chef, in diesem Raum. Einerseits sind Sie froh, hier Ruhe zu haben, andererseits ist Ihnen die fremde Umgebung nicht ganz geheuer. Sie hören, wie Ihr Chef auf der Treppe immer noch mit Ihnen spricht und überlegen, ob Sie nicht kehrtmachen sollten...

Diese Schilderung ist nicht nur für einen Traumanalytiker ein klarer Fall. Sicher können auch Sie durchblicken: Sie fühlen sich einerseits von Ihrem Chef unterdrückt, wissen aber andererseits, daß Sie ohne seine Unterstützung beruflich nicht weiterkommen, nicht ›hinaufkommen‹. Also fügen Sie sich seiner autoritären Führung. Sie kommen auch tatsächlich voran (schließlich erreichen Sie ja das Zimmer am Ende der Treppe). Aber die lange Abhängigkeit hat Sie unsicher gemacht. Sie fürchten, neuen Aufgaben vielleicht doch nicht gewachsen zu sein...

Frauen-
träume

Heidi H., 38, verheiratet, ein Kind, Teilzeitbeschäftigte

Traum Nr. 1 *»Ich fuhr vom zweiundvierzigsten Stock eines Wohnhauses mit dem Aufzug nach oben. Ich hatte alle Mühe mich festzuhalten, denn der Aufzug war links und rechts offen. Oben angekommen, betrat ich ein sehr großes Zimmer, das von meiner bereits verstorbenen Großmutter bewohnt wurde. Ich sah einen Hocker, unter dem sich ein Spinnennetz mit einer kleinen Spinne befand, die mir niedlich wie ein Haustier erschien. Dann sah ich mich auf einmal auf einem breiten Fluß. Ich fuhr in einem Boot mit einem früheren Vorgesetzten an mehreren Inselgruppen vorbei. Sie waren von herrlichen Blumen umgeben. Es war wie ein Märchen aus Tausendundeiner Nacht. Ich konnte von dieser Pracht nicht genug bekommen...«*

Die wissenschaftliche Deutung: »Die Fahrt im Aufzug zeigt, daß die Träumerin im Augenblick leistungsorientiert ist und ›nach oben‹ strebt. Die Tatsache, daß der Aufzug ›offen‹ ist, weist darauf hin, daß ihr gleichzeitig dieses Leistungsstreben und die Freiheiten angst machen, die sich für sie im Rahmen dieses Leistungsstrebens ergeben könnten. Heidi H. sucht deshalb Halt an einer Bezugsperson der Vergangenheit – der verstorbenen Großmutter –, weil sie als Kind das Recht hatte, sich bei jemandem anzulehnen. Das Zimmer ist ihr eigenes Wesen, die Spinne im Netz zeigt, daß entweder die Träumerin selbst ein Vorhaben ›ausspinnt‹ oder daß etwas in bezug auf sie ›gesponnen‹ wird. Was immer das ist – es macht ihr angst. Es scheint, als ob sie Gedanken, die tief in ihr schlummern, verharmlosen wollte, weil sie ihr gefährlich werden könnten. Deshalb verniedlicht sie die Spinne, und deshalb flieht sie vor ihren unangenehmen Empfindungen in eine paradiesische Welt (Flußfahrt, Inselgruppe). Insgesamt weist ihr Verhalten im Traum darauf hin, daß sie sich in einem Konflikt zwischen Leistungsstreben und Angst vor diesem leistungsorientierten Denken befindet. Heidi H. sollte sich ehrlich fragen, ob sie mit ihrer Teilzeitbeschäftigung glücklich ist – oder ob ihr Bedürfnis nach Erfolg, Verantwortung und Leistung bei dieser Arbeitsregelung nicht zu kurz kommt.«

Sylvia O., 17, ledig, Schülerin

Traum Nr. 2 *»Ein großes Zimmer ist vollkommen mit einem Puzzle ausgelegt (Decke, Wände, Boden). Plötzlich befiehlt mir eine Stimme, die – obwohl ich nichts Genaues sehe – ›schwarz‹ ist, ein Puzzlestückchen irgendwo herauszunehmen. Ich weiß aber genau, daß das ganze Puzzle zusammenfällt, wenn ich ein Stückchen entferne. Ich müßte dann das Puzzle innerhalb einer Minute wieder zusammenbasteln. Das würde mir nicht gelingen. Ich muß aber ein Stückchen entfernen, sagt die ›schwarze‹ Stimme.«*

Die wissenschaftliche Deutung: »Das Puzzlespiel symbolisiert das Leben der Träumerin. Genauso wie dieses Puzzle beim Entfernen eines Steines auseinanderzufallen droht, ist auch Sylvia O.s Leben noch nicht festgefügt. Es scheint nicht ganz ›zusammengewachsen‹ in seinen Fugen und besteht noch aus vielen kleinen Einzelteilen. Die Träumerin hat Angst um jedes dieser kleinen Teile und weiß, daß jedes wertvoll ist und eine wichtige Funktion hat. Möglicherweise fühlt sich Sylvia O. auch manchmal mit dem Aufbau ihrer Zukunft überfordert.«

Elke D., 44, verheiratet, zwei Kinder, Hausfrau

Traum Nr. 3 *»Dunkle, drohende Wolken ziehen sich über mir zusammen. Ich suche nach einer schützenden Unterkunft. Die Wolken sehen immer düsterer aus, ich werde immer ängstlicher. Geradeso schaffe ich es, einen Schutz zu erreichen. Dann entlädt sich das Unwetter.«*

Die wissenschaftliche Deutung: »Das Gewitter im Traum symbolisiert eine drohende Strafe, die man für irgendein Verhalten befürchtet oder sich sogar selbst ›verordnen‹ würde. Elke D.s Angaben ist zu entnehmen, daß sie der Tod ihrer Eltern stark belastet hat. Der Traum ist der Beweis, wie eng die Bindung zu den Eltern war. Außerdem geht daraus die Tatsache hervor, daß der Träumerin die nun nicht mehr lebende ›höhere Instanz‹ fehlt. Es ist anzunehmen, daß sie die Strafe (Rügen, Kritik, strenge Ratschläge) der Eltern sogar brauchte, um sich im Leben leichter zurechtzufinden. Es scheint nämlich, als würde sie von ihrer Persönlichkeit her zur Abhängigkeit von ›höheren Instanzen‹ (stärkeren, führenden Personen ihrer nächsten Umgebung) neigen und auf deren Kritik großen Wert legen. Der Schutz, den Elke D. in ihrem Traum ›gerade noch‹ findet, symbolisiert allerdings, daß sie bereits in der Lage ist, für ein ihrer Meinung nach falsches Verhalten andere Lösungen zu finden als die Strafe.«

Agnes M.,
47, verheiratet, vier Kinder, Gastwirtin

Traum Nr. 4 *»Ich bin mit einer großen Menschenmenge – vom bäuerlichen Typ – in einer hohen, alten Scheune. Es scheint ein Bauernfest zu sein, denn die Frauen tragen heute Kleider und Bänder in den Haaren, während die Männer in Arbeitskleidung sind und Sicheln, Sensen oder Rechen geschultert haben. Inmitten dieser lustigen Gesellschaft bin ich todtraurig, und Tränen laufen mir über das Gesicht. Ich kenne den Grund für diese Tränen nicht. Plötzlich kommt Bewegung in die Menge, und alles strebt in Richtung Scheunentor, das sich geöffnet hat. Ich werde mitgezogen, gestoßen, fast gewaltsam ins Freie befördert. Draußen scheint strahlend die Sonne, und wir finden uns alle auf einem großen, freien Platz wieder, der von hohen, alten Bäumen gesäumt wird. Rechts steht ein wunderschönes altes Schloß, das von einer sehr hohen Mauer umgeben ist, so daß eigentlich nur Türme und obere Gebäudeteile* *sichtbar sind. In einem der Türme hängt eine einsame Glocke. Auf dem Platz stehen grob gezimmerte Tische und Bänke, wie man sie häufig bei Volksfesten sieht. Plötzlich bin ich alleine, die bunte Menschenmenge ist verschwunden. Ich setze mich auf eine der Bänke, lege den Kopf auf den Tisch und weine laut und hemmungslos. Eine unerklärliche Traurigkeit befällt mich, als plötzlich eine Glocke ertönt. Es ist ein heller, fast klagenden Ton, und ich springe auf und starre fassungslos auf die Schloßmauer und auf die Bewegungen der Glocke. Da legt sich eine schwere Hand auf meine Schulter. Einer der Bauern steht hinter mir, schaut ebenfalls sehr traurig auf das Schloß und weint. Über seiner Schulter hängt ein Rechen, und seine Kleidung ist derb. Noch ehe ich etwas fragen kann, erklärt er mir: ›Sei nicht so traurig, weine nicht mehr, du kannst nichts mehr ändern. Soeben verlierst du deinen Mann, der Glockenton zeigt an, daß die Hinrichtung erfolgt ist.‹ Ich frage noch, weshalb man meinen Mann hingerichtet hat und auf welche Art, da erscheint der abgeschlagene Kopf meines Mannes auf der Mauer des Schlosses. Schreiend laufe ich zu ihm hin und strecke die Hände danach aus.«*

Die wissenschaftliche Deutung: »Die Grundstimmung des Traumes ist traurig. Diese erst unerklärliche Traurigkeit wird schließlich immer konkreter und gipfelt in der Hinrichtung des Mannes. Jetzt hat die Trauer Grund und Zielaspekte erhalten. Die Rahmenbedingungen des Traumes sind variabel, sie ändern sich ständig: Erst sieht die Träumerin Menschenmengen, dann keine Menschenseele; das Innere eines Schlosses wird von einem freien, sonnigen Platz abgelöst usw. Doch was auch immer Agnes M. ›erlebt‹, es ist von Traurigkeit überschattet. Die ›Hinrichtung‹ hat nur Symbolcharakter, das heißt, sie hat eine ganz andere Bedeutung als Tod oder töten. Es können vielmehr Teile des Charakters oder des Äußeren sein, die Agnes M. an ihrem Mann weniger mag beziehungsweise nicht akzeptiert. Sie wünscht, diese Anteile zu vernichten – sie ›richtet sie hin‹.«

Gertraud S.,
23, ledig, Verkäuferin

Traum Nr. 5 *»Ich stehe am Ansatz einer Brücke. Es ist eine schöne, alte Steinbrücke mit Steingeländer und einer alten Laterne. Die Brücke führt über einen sehr breiten Fluß, der Hochwasser hat. Sie fällt schon fast ein. Irgend etwas drängt mich hinüber, aber ich muß noch auf jemanden warten, und die Brücke hält nicht mehr lange. Ich weiß nicht, was ich tun soll.«*

Die wissenschaftliche Deutung: »Im Traum gerät Gertraud S. in einen Zwiespalt: Einerseits drängt es sie, die Brücke zu überqueren, andererseits hält sie etwas davon zurück. Dieser Zwiespalt, zwischen ›sich gedrängt fühlen‹ und ›zurückhalten‹, verdeutlicht vielleicht ein Prinzip des Lebensstils der Träumerin. Sie geht eher zögernd auf Aufgaben des Lebens zu und kann sich nie so recht entscheiden. Dabei ist das Risiko der meisten Entscheidungen gar nicht so groß, wie Gertraud S. glaubt.«

Andrea N.,
22, ledig, Arzthelferin

Traum Nr. 6 *»Ich bin allein in der Wohnung und schlafe gerade. Dann wache ich auf und merke, daß in keinem Zimmer der Wohnung das Licht angeht. Ich bekomme höllische Angst, und mir wird kochend heiß. Plötzlich spüre ich, daß in der nächsten Zimmerecke ein schrecklicher schwarzer Hund sitzt. Ich kann ihn nicht genau sehen, aber ich weiß, daß er da ist. Obwohl er mir nichts tut, fühle ich, daß er mich bedroht. Ich bleibe wie angewurzelt stehen. Ich kann auch nicht schreien, weil meine Kehle wie zugeschnürt ist.«*

Die wissenschaftliche Deutung: »Der schwarze Hund im Traum symbolisiert das Triebhafte und Böse schlechthin. Er verkörpert für die Träumerin die Bedrohung des Glücks, die Unberechenbarkeit des Bösen sowie geheimes Triebleben und Aggressionen gegen alles Negative bis hin zum Tod. Andrea ist mit ihrem Leben glücklich und zufrieden. Doch der schwarze Hund im Traum scheint wie ein Damoklesschwert über ihr zu schweben. Vielleicht will er sie daran erinnern, daß es im Leben nicht nur Positives gibt. Denn auch das Böse und Primitive gehört nun einmal zum Leben. Wir müssen lernen, uns damit auseinanderzusetzen und dürfen nicht in eine schöne, perfekte Illusionswelt flüchten.«

Waltraud K.,
46, verwitwet, ein Kind, Sekretärin

Traum Nr. 7 *»Ich stehe an einer Treppe ohne Handlauf, sie führt abwärts; wohin und wie weit, kann ich nicht sehen. Die Treppe ist uneben, zwischendurch fehlen Stufen. Etwas zwingt mich dazu, diese Treppe hinunterzugehen. Aber ich kann es nicht, weil mein rechtes Bein versagt. Mir wird schwindelig.«*

Die wissenschaftliche Deutung: »Die Treppe ohne Handlauf zeigt, daß sich die Träumerin im Leben ohne Halt fühlt – sicher bedingt durch den Tod des Ehemannes. Da keine Möglichkeit besteht, sich bei etwas oder bei jemanden festzuhalten, ist Waltraud K. gezwungen, selbständig ihren Lebensweg zu gehen. Im Traum führt die Treppe abwärts, das heißt, Waltraud K. hat das Gefühl, daß es auch bei ihr bergab geht und alles voller Hindernisse ist (kaputte Treppe!). Trotzdem verdeutlicht der Traum, daß die Träumerin die Herausforderung bereits angenommen hat, die ein Leben ohne Partner an sie stellt. Sie ist innerlich schon dazu bereit, sich diesem neuen, schwierigen Leben zu stellen. Daß sie nicht sieht, wohin die Treppe führt, ist ebenfalls positiv. Es ist anzunehmen, daß der Weg bald wieder nach oben führt in ein schöneres, leichteres Leben.«

Marianne E., 28, verheiratet, zwei Kinder, Hausfrau

Traum Nr. 8 *»Ich bin mit meinem Mann und einer fremden Frau in einem Raum. Ich beginne meinen Mann zu streicheln. Daraufhin streichelt auch die fremde Frau meinen Mann. Ich nehme Abstand von den beiden und sehe mit an, wie die Frau meinen Mann nach allen Regeln der Kunst verführt. Sie schafft es, ihn acht- oder neunmal hintereinander zum Höhepunkt zu bringen. Ich bin sehr enttäuscht von meinem Mann und gehe. An die Tür hänge ich einen Zettel, auf dem steht: ›Du brauchst mich ja nicht mehr. Tschüs, Marianne.‹ Dann schreibe ich meinem Mann einen Brief und werfe ihn ohne Briefmarke in einen Postkasten, mit der Anschrift ›Gebühr bezahlt Empfänger‹. Danach gehe ich zur Bahnlinie und werfe mich vor einen Zug.«*

Die wissenschaftliche Deutung: »Marianne E. verkörpert in diesem Traum sicherlich beide Frauen zugleich. Die ›fremde Frau‹ symbolisiert ihre ihr bislang nicht bekannten Wesenszüge, und so schafft sie es, noch viel zärtlicher zu sein, als sie glaubt sein zu können, und ihren Mann regelrecht zu verführen. Doch diese verborgenen Fähigkeiten lösen bei der Träumerin in der Realität Angst, Verwirrung und Eifersucht aus. Sie hat in sich dieses sexuell-erotische Potential noch nicht erkannt oder nur verdrängt.«

Regina T., 41, verheiratet, ein Kind, Lehrerin

Traum Nr. 9 *»Ich komme von einer Reise zurück. Meine inzwischen verstorbene Mutter und mein kleiner Sohn erwarten mich am Bahnhof. Ich habe eine Menge Gepäck bei mir. Der Zug hält aber in Essen nur eine Minute. Ich kann einige Gepäckstücke aus dem Fenster werfen, dann fährt der Zug weiter. Ich steige am nächsten, mir fremden Bahnhof aus und versuche, nach Essen zu kommen.«*

Die wissenschaftliche Deutung: »Das Gepäck im Traum verhindert eigentlich dauernd, daß die Träumerin ein wichtiges Treffen einhalten kann. Ihr Gepäck scheint somit den Ballast und die Belastung des Lebens zu verkörpern. Es hat keine zweckdienlichen Eigenschaften mehr, wie dies eigentlich der Fall sein sollte, sondern schafft Sorgen und Probleme.«

Birgit H.,
19, ledig, Friseuse

Traum Nr. 10 *»Mein Exfreund steht vor meinem Kleiderschrank. Er zieht einen schwarzen Pulli heraus. Auf diesem Pulli sind grellbunte, verzweigte Striche, die einen einzigen Wirrwarr darstellen. Ich sage meinem Exfreund, daß ihm der Pulli bestimmt nicht passen würde. Er zieht ihn aber trotzdem an. Wir gehen aus dem Haus. Mein jetziger Freund steht davor und will, daß ich zu ihm komme. Aber mein Exfreund hält mich an der Hand fest und läßt mich nicht zu ihm. Plötzlich taucht ein schwarzer Mann auf, der mich von beiden wegzieht und den Arm um mich legt. Er zeigt mir seine selbstgemalten Bilder. Sie sind genauso wie der Pulli – schwarz mit grellbunten Strichen. Der schwarze Mann lacht mich die ganze Zeit an. Er ist mir unsympathisch.«*

Die wissenschaftliche Deutung: »Der Wirrwarr von Strichen auf dem Pulli mag bildlich für die von der Träumerin noch nicht ganz vollzogene Trennung von ihrem Exfreund stehen. Es scheint, daß Birgit H.s Seelenleben dadurch ziemlich aus dem Gleichgewicht geraten ist. Auch der schwarze Mann mit den Bildern, auf denen ebenfalls grellbunte, verzweigte Striche zu sehen sind, weist auf die verschiedensten Gefühlsdimensionen und -verwirrungen hin, die in einer Beziehung möglich sind. Wahrscheinlich kommt Birgit H. oft nicht mit ihren Gefühlen und impulsiven Reaktionen zurecht.«

Linda R., 44, geschieden, zwei Kinder, Grafikerin

Traum Nr. 11 *»Ich gehe durch das ganze Haus und sammle vergilbtes Papier, unmoderne Kleider und Schuhe, kleinere Möbelstücke, eben alles, was alt ist und nicht mehr gebraucht wird. Dann stecke ich diese Dinge in große, blaue Säcke. Die Säcke stelle ich in der Diele zum Abholen bereit.«*

Die wissenschaftliche Deutung: »Anscheinend möchte sich die Träumerin gern von ihrer Vergangenheit ›trennen‹. Sie hat das Gefühl, daß es fabelhaft sein müßte, alles Alte wegwerfen oder weggeben zu können. Mit anderen Dingen neu anfangen zu dürfen, erscheint ihr viel erstrebenswerter. Im Traum vielleicht. Doch in der Realität erweist sich solch ein Gedankengang als Trugschluß. Wir leben nun mal aus unserer Vergangenheit, auch wenn sie uns manchmal nicht sehr positiv erscheinen mag. Wir sind durch unsere Erfahrungen, Erlebnisse und Eindrücke zu einer Persönlichkeit geworden. Unsere Vergangenheit ist also untrennbar mit unserer Gegenwart verbunden. Im Traum deutet das Sortieren und Sammeln von alten Gegenständen darauf hin, daß Linda R. ihre Erlebnisse geistig aufarbeiten und sich bewußt mit der Vergangenheit auseinandersetzen sollte.«

Sonja A., 37, verwitwet, vier Kinder, Kosmetikerin

Traum Nr. 12 *»Ich bin bei einem Zahnarzt und muß stundenlang auf ihn warten. Zwischendurch kommt die Assistentin und sagt mir, daß sie sich wundere, wie lange ich mit einem Stück Holz im Mund ausharren könne. Als ich ihre Worte begreife, löst sich das Stück Holz in Sand auf. Ich muß ständig meinen Mund ausspülen, weil ich das Gefühl habe, daß ich ersticke. Danach gehe ich ganz unruhig und unzufrieden nach Hause.«*

Die wissenschaftliche Deutung: »Manchmal entpuppen sich im Leben Fixpunkte als weitaus weniger stabil und verläßlich als erwartet. Sie beginnen zu ›zerbröseln‹. Wir können dann die Situation oft gar nicht fassen und drohen an ihr zu ›ersticken‹ – so wie Sonja A. in ihrem Traum. Die Träumerin sollte versuchen zu ergründen, welche Ereignisse in ihrem Leben es wohl sind, die ihr ein derartiges Gefühl vermitteln.«

Daniela V., 24, verheiratet, ein Kind, Hausfrau

Traum Nr. 13 *»Ich bin in einem Zimmer und halte die Tür zu, stemme mich dagegen, weil meine Mutter versucht, die Tür aufzubrechen. Sie schafft es, die Tür einen Spalt zu öffnen. Mit einem Arm versucht sie, mich zu ergreifen und zu schlagen. Ich habe panische Angst, daß mich die Kraft verläßt und ich die Tür nicht mehr zusperren kann. Meine Mutter beschimpft mich während der ganzen Zeit mit schlimmen Worten.«*

Die wissenschaftliche Deutung: »Daniela V. schreibt, daß sie dieser Traum quälte, als sie schwanger war. In der Zeit der Schwangerschaft werden oft Gefühle, Erinnerungen und Ängste aus der Vergangenheit reaktiviert. Aus Daniela V.s Angaben geht außerdem hervor, daß die Beziehung zu ihrer Mutter immer schon problematisch und nicht so herzlich war wie zum früh verstorbenen Vater. Als Kind hat sie sich nicht selten vor den unberechenbaren Wutausbrüchen der Mutter gefürchtet und sich bedroht gefühlt. Soche Gefühle des Bedrohtseins werden manchmal im Traum intensiviert beziehungsweise ausgeschmückt. Als junge Frau schließlich war sie den verbalen und tätlichen Angriffen der Mutter gewachsen. Gelegentlich können aber Gefühle und Erinnerungen aus der Kindheit wieder erwachen – gerade wenn man ein eigenes Kind erwartet, ist das nicht selten der Fall!«

Gisela P., 57, verheiratet, ein Kind, Pensionistin

Traum Nr. 14 *»Ich suche das Haus von guten Bekannten. Obwohl ich in der richtigen Straße bin, kann ich dieses Haus nicht finden. In der Straße, wo meine Bekannten wohnen, steht ein anderes Haus. Ich gehe hinein und suche nach der Wohnung meiner Bekannten. Ihre Türnummer gibt es nicht mehr.«*

Die wissenschaftliche Deutung: »Die Suche nach einem bestimmten Haus oder einer bestimmten Wohnung symbolisiert in erster Linie den Wunsch nach mehr Geborgenheit. Die Träumerin sehnt sich jedoch nicht nur nach Geborgenheit und mehr Vertrautheit mit Freunden, Bekannten und den Menschen ihrer Umgebung, sondern braucht auch ein stärkeres Selbstbewußtsein. Ihre Unsicherheit ist mit ein Grund dafür, daß sie mit dem Rauchen und Trinken nicht ganz klarkommt.«

Claudia H., 18, ledig, Schülerin

Traum Nr. 15 *»Eine große Menschenmenge befindet sich auf einem Schiff, unter anderem auch mein Vater, meine Freundin, mein Freund und ich. Das Schiff sieht aus wie ein Ausflugsschiff. Vorne und hinten sind nur Schranken. Links und rechts Bänke und Tische. Das Schiff befindet sich in Seenot. Es gibt eine komplizierte Vorrichtung, mit deren Hilfe man das Schiff steuern kann. Doch es erfordert große Geschicklichkeit, sie zu bedienen. Ich versuche es, aber es gelingt mir nicht.«*

Die wissenschaftliche Deutung: »Das Schiff steht stellvertretend für das ›Lebensschiff‹ der Träumerin. Dieses gerät zwar in Not, aber sogar da kann geholfen werden. Schwierigkeiten werden überwunden, weil immer jemand da ist, der zupacken und helfen kann. Claudia H. will bei Hilfsaktionen nicht untätig sein und gebraucht werden. Doch anscheinend ist es nicht ihre Art, sich in den Vordergrund zu drängen. Erst wenn der andere schwach und hilfsbedürftig ist, greift sie ein. Ein bißchen mehr Selbstbewußtsein könnte trotzdem nicht schaden.«

Tanja I., 25, ledig, Serviererin

Traum Nr. 16 *»Ich gehe die Straße entlang und sehe ein kleines Kätzchen. Je näher ich komme, um so mehr verändert sich das Kätzchen in einen Hund, der furchterregend knurrt. Ich bekomme Angst und laufe weg, aber der Hund verfolgt mich. Er versucht, nach meinen Füßen zu schnappen. Ich laufe immer schneller, aber der Hund wird auch immer schneller...«*

Die wissenschaftliche Deutung: »Ein kleines Kätzchen ist niedlich und harmlos, doch in diesem Traum wird es zum Symbol für Gefahr.

Immer wieder gibt es im Alltag Situationen, die von weitem ungefährlich aussehen und beim Näherkommen Angst und Schrecken einflößen. Die natürliche Reaktion auf Bedrohung ist der Wunsch wegzulaufen. Problemen und Sorgen kann man jedoch nicht davonlaufen. Im Gegenteil: Man wird von Ängsten und ähnlichem nicht losgelassen, sondern bei dem Versuch, sie zu verdrängen, immer wieder eingeholt! Ein Kätzchen, das zum Hund wird, deutet möglicherweise auf Aggression hin. Doch die Träumerin hat Angst vor dem Freiwerden dieser inneren Kräfte. Tanja I. sollte überlegen, ob gewisse Probleme in ihrem Leben nicht auch auf direkte Art und Weise in Angriff genommen werden können.

Aus dem Wettlauf mit privaten und beruflichen Konflikten kann sie nur durch gezielte Lösungsversuche als Siegerin hervorgehen.«

Hildegard B., 29, verheiratet, zwei Kinder, Hausfrau

Traum Nr. 17 *»Ich bin sehr verliebt in meinen Frauenarzt. Wir sind beide verheiratet, aber er liebt mich auch. Eines Tages nimmt er mich mit in sein Haus. Er ist sehr lieb und zärtlich zu mir. Plötzlich steht seine Frau mit seinen Kindern in der Tür. Doch er gibt ihr zu verstehen, daß er mich liebt. Als ich die Kinder ansehe, kann ich nicht anders und sage zu ihm, daß er bei Frau und Kindern bleiben solle. Er will mich festhalten, aber ich renne weinend aus dem Haus.«*

Die wissenschaftliche Deutung: »Die Träumerin hat sicherlich (unbewußte) Wünsche und Vorstellungen, die mit der Person ihres Arztes verbunden sind. Wahrscheinlich gesteht sie sich das im Wachzustand nicht ein und verbietet sich darüber nachzudenken. Der Arzt kann in ihrem Traum aber auch stellvertretend für einen anderen (Ideal-)Mann stehen, der ihre Wünsche nach Liebe, Zuwendung und Sexualität erfüllt.«

Beate S., 43, verheiratet, technische Angestellte

Traum Nr. 18 *»Ich suche ein öffentliches WC auf. Entweder hat es keine Türen zu den einzelnen Abteilen, oder nur Glastüren oder halbhohe Schwenktüren. Ich bin also gezwungen, meine Notdurft vor den Augen Fremder zu verrichten. Diese Situation ist für mich sehr beschämend.«*

Die wissenschaftliche Deutung: »Offensichtlich hat die Träumerin Angst, vor anderen Leuten ›Mist‹ zu machen, was sich verschlüsselt in ihrem Traum ausdrückt – auch Mist im übertragenen Sinne natürlich! Es scheint, daß sie immer perfekt sein will und etwaige Fehler nur schwer zugeben kann. Ihre Kontaktarmut und Hemmungen spielen da sicher herein.«

Ruth N.,
24, ledig, arbeitslos

Traum Nr. 19 *»Ich fahre mit einer Gruppe junger Leute im Bus. Sie sind alle laut und vergnügt. Ich weiß nicht, wohin die Fahrt geht. Da ich auch nicht weiß, wie lange wir noch fahren, kaufe ich mir im Bus ein Würstchen. Es schmeckt mir aber nicht. Ich habe auch keinen Hunger und stecke das halbe Würstchen in die Jackentasche.*

Kurz danach hält der Bus vor einer kleinen Gaststätte. Wir steigen aus und gehen hinein. Auf dem Tisch steht schon das Essen: Kartoffelsalat und rote Bete. Obwohl ich keinen Hunger habe, setze ich mich vor einen großen Teller, neben dem auch noch ein Schokoladenweihnachtsmann liegt. Ich stochere lustlos im Essen herum. Plötzlich fällt mir ein, daß ich nicht mehr viel Geld in der Tasche habe. Ich rufe den Wirt, um zu fragen, wieviel das Essen kostet. Der Wirt nennt den Preis, und ich merke, daß ich zuwenig Geld habe.

Inzwischen sind die anderen hinausgegangen und haben sich wieder in den Bus gesetzt. Ich will mir von meiner Freundin Geld leihen. Daher gehe ich ihr nach und steige zu ihr in den Bus. Doch plötzlich geht die Tür zu, und der Bus fährt ab. Ich überlege noch, ob ich ehrlich sein und die Zeche später bezahlen soll. Aber dann denke ich mir, daß der Wirt meinen Namen und meine Adresse ohnehin nicht kennt.«

Die wissenschaftliche Deutung: »Der Träumerin schmeckt weder das Würstchen noch der Kartoffelsalat und die roten Bete. Vielleicht steht das Essen symbolisch für das Leben, das ihr auch nicht besonders zu ›schmecken‹ scheint und in dem sie mehr oder weniger lustlos ›herumstochert‹. Für dieses Leben kann und will sie wahrscheinlich keine Energie mehr aufbringen. Doch Ruth N. hat, wie alle anderen Menschen, die Möglichkeit, etwas zu verändern und damit auch positive Dinge zu erleben.«

Marlene Z., 60, verheiratet, Pensionistin

Traum Nr. 20 *»Ich stehe allein vor einem breiten Graben. Jenseits des Grabens hat sich eine Menschenmenge angesammelt, die mir freundlich zuwinkt, besser gesagt mich zu sich winkt. Ich soll unbedingt zu diesen Menschen kommen. Es ist eine freundliche Aufforderung. Ich weiß allerdings, daß diese Menschen Tote sind und glaube auch, einige Verstorbene unter ihnen zu erkennen, die aber lebendig wirken.«*

Die wissenschaftliche Deutung: »Der breite Graben steht im Traum für eine Grenze und Grenzsituationen. Damit kann die Schwelle zum Tod ebenso gemeint sein wie das Gefühl, lebendig begraben zu sein, oder generell eine Barriere zu anderen. ›Tot sein‹ kann aber auch einen fließenden Übergang bedeuten: Ein Mensch kann psychisch ›tot sein‹, bevor er körperlich tatsächlich stirbt. Der Traum spiegelt außerdem die persönliche Einstellung von Marlene Z. zum Leben nach dem Tod wider. Marlene Z. glaubt daran, daß die Psyche des Menschen unsterblich ist.«

Ulrike D., 36, verheiratet, drei Kinder, Schneiderin

Traum Nr. 21 *»Ich sitze meinem jüngsten Sohn gegenüber und unterhalte mich mit ihm. Plötzlich steht er auf, und ich sehe, daß er auf zwei Holzbeinen geht. Ich erschrecke fürchterlich. Er sieht mich an und lacht. Dann sagt er: ›Ich kann aber ganz gut laufen.‹ Ich bin hilflos und erschüttert.«*

Die wissenschaftliche Deutung: »Holzbeine bedeuten für uns Hilflosigkeit und Bedürftigkeit des Betroffenen. Wir bedenken zunächst nicht, daß diese Menschen ihr Leben und ihr Schicksal weitgehend selbst meistern und ihre

Probleme allein bewältigen. Holzbeine im Traum haben natürlich auch symbolhaften Charakter. Sie drücken durch bildhafte Sprache die Hilflosigkeit der Träumerin in bestimmten Situationen aus. Situationen, in denen sie sich behindert, verletzt etc. fühlte. Wahrscheinlich weiß Ulrike D. nicht immer, wie sie sich ihrem Sohn gegenüber verhalten soll, oder sie findet sein Benehmen manchmal kränkend.«

Katharina F.,
52, verheiratet, zwei Kinder,
Versicherungskauffrau

Traum Nr. 22 *»Ich bin mit Fremden verabredet. Wir wollen ausgehen, aber ich werde nicht rechtzeitig mit dem Ankleiden fertig. Ich komme einfach nicht voran, bin wie gelähmt an einem Platz im Zimmer und kann nicht mitgehen. So sehr ich mich auch bemühe, ich schaffe es nicht und werde immer langsamer. Bleierne Müdigkeit überfällt mich.«*

Die wissenschaftliche Deutung: »In ihrem Traum versucht Katharina F. vergeblich, sich anzukleiden. Sie will etwas überziehen, ihre Nacktheit verbergen (vielleicht ihre Direktheit?), um die Möglichkeit zu haben, mit Freunden wegzugehen. Möglicherweise will sich die Träumerin auch in der Realität ›verkleiden‹ und ›verschönern‹. Doch sie sollte sich lieber so geben, wie sie wirklich ist.«

Silke L.,
22, ledig, Studentin

Traum Nr. 23 *»Ich befinde mich in einem Hotel in Italien. Mein Zimmer ist im fünften Stock. Ich habe irgendwie ein ungutes Gefühl. Ich stehe am Fenster und blicke aufs Meer hinaus. Plötzlich sehe ich, wie sich eine Flutwelle, die zirka sieben Stockwerke hoch ist, auf das Hotel zuwälzt. Da das*

Hotel direkt am Meer steht, weiß ich, daß ein Unglück passieren wird. Ich rufe meinen Onkel, der auch im Zimmer ist, zum Fenster und zeige ihm die Flutwelle, die immer näher ans Hotel herankommt. Es dauert nur ein paar Sekunden, und schon ist das Unglück passiert. Die Riesenwelle klatscht mit lautem Getöse an die Hauswand und spritzt an unser Fenster. Das ganze Hotel ist überschwemmt. Ich kann jetzt nur noch den Leuten helfen – und genau das tue ich auch. Ich nehme meine blaue Taucherbrille und gehe aus dem Zimmer. Hier sehe ich erst, wie schlimm alles ist. Alle Stockwerke sind überflutet. Mir steht das Wasser mal bis zum Bauch und mal bis zum Hals. Ich muß oft und lange tauchen. Ich rette einige Leute aus mehreren Stockwerken. Die Verletzten bringe ich den Sanitätern und ihren Helfern. Es liegen auch schon Tote auf den Gängen, aber die lasse ich liegen. Es ist jetzt wirklich wichtiger, die Lebenden zu retten. Ich tauche von einem Stockwerk ins andere.

Am Ende eines langen Ganges steht ein kleiner Junge und schreit. Das Wasser reicht ihm zwar bloß bis zu den Knien, aber er weiß sich trotzdem nicht zu helfen. Es sind keine Eltern oder irgendwelche Angehörigen zu sehen. Ich nehme ihn mit.

Auf einem anderen Gang liegt ein Zimmer, das größer ist als die anderen Hotelzimmer. Ich höre Stimmen. Anscheinend wird gerade ein Vortrag gehalten. Es sind mehrere Männer in feinen Anzügen versammelt. In der Mitte des Zimmers steht eine Liege, wie sie in Operationssälen verwendet werden. Auf der Liege liegt ein Mann, an dem wohl gerade etwas vorgeführt wird. Ich schreie die Männer an: ›Ihr müßt hier raus und euch retten.‹ Doch die Männer zeigen keine Reaktion. Nach einigen Augeblicken drehen sich alle Männer in meine Richtung und rufen mir zu, daß ich mich retten soll. Doch ich gebe nicht auf, und schließlich verlassen alle Männer den Raum. Ich stehe in der Tür und schaue ihnen nach, wie sie sich in Sicherheit bringen. Erst jetzt bin ich beruhigt.«

Die wissenschaftliche Deutung: »In diesem Traum ist Silke L. mit den Gefahren einer Flutwelle konfrontiert. Obwohl das Risiko zu ertrinken beziehungsweise die Oberhand zu verlieren, groß ist, denkt sie vornehmlich daran, den anderen in Not geratenen Menschen zu helfen. Sie will Katastrophen und Notzustände aktiv bewältigen. Doch sie muß mit Erstaunen und Enttäuschung feststellen, daß die Menschen in ihrer Umgebung oft ganz anders denken und handeln als sie . Ihr Helfen-Wollen stößt nicht selten auf den Widerstand der anderen, die ihre Hilfe manchmal sogar ablehnen. Aber das duldet sie nicht! Denn sie erkennt doch die Gefahr und will, daß sich die anderen danach richten.

Silke L. sollte sich zuerst die verschiedenen Perspektiven einer Sache überlegen, bevor sie handelt. Was für den einen bedrohlich erscheinen mag, kann für den anderen ganz andere Dimensionen haben. Vielleicht sollte die Träumerin die Menschen ihrer Umgebung etwas weniger bemuttern. Diese Eigenschaft bringt ihr zwar immer wieder viele Erfolgserlebnisse und ist zusätzlich eine Form von Selbstbestätigung. Doch der Lernprozeß, die Kraft zur eigenen Rettung selbst aufzubringen, ist für jeden von uns äußerst wichtig!«

Angela P.,
36, verheiratet, Krankenschwester

Traum Nr. 24 *»Ich laufe über eine Brücke in meiner Heimatstadt. Unten ist Wasser. Bundeswehrsoldaten und Polizisten stehen auf der Brücke, die zum Teil mit weiß-roten ›Begrenzungshütchen‹ abgeteilt ist. Ich laufe mit einem Mann, den ich vor kurzem kennengelernt habe, im Slalom um die Hütchen. Ich erfahre, daß Zündschnüre mit Dynamit gelegt sind, die ich auch schon brennen sehe. Voller Panik laufen wir zu einer Tür, auf der ›Notausgang‹ steht. Wir laufen eine Wendeltreppe hinunter zum Wasser.«*

Die wissenschaftliche Deutung: »Polizisten und Bundeswehrsoldaten symbolisieren Normen und Moralvorstellungen beziehungsweise das Gewissen der Träumerin. Sie muß in Traum und Wirklichkeit ›Slalom laufen‹ wegen ihrer Bedürfnisse, Wünsche und Beziehungen. Außerdem fürchtet sie, daß bald alles auffliegen kann (›Dynamit‹). Manchmal sieht sie jedoch bereits den ›Notausgang‹, der vielleicht schon eine Lösung ihrer Probleme bedeutet.«

Ingrid St., 23, verheiratet, ein Kind, Stenotypistin

Traum Nr. 25 *»Ich sitze mit einem fremden Mann in einer fremden Wohnung auf dem Sofa. Wir haben uns eng umschlungen und schmusen miteinander. Mein Ehemann ist ebenfalls da und beobachtet uns. Er findet aber nichts dabei, daß ich ihn vor seinen Augen mit einem anderen Mann betrüge. Ich habe auch kein schlechtes Gewissen, sondern finde alles, was ich tue, ganz normal. Mit dem anderen Mann schlafe ich nicht, ich schmuse lediglich mit ihm.«*

Die wissenschaftliche Deutung: »In ihrem Traum hat Ingrid St. einen Freund, mit dem sie schmust, ohne daß ihr Mann irgendwelche Einwände dabei hat. Das deutet unter anderem darauf hin, daß sie durchaus ›fähig ist‹, auch mit anderen Männern Verbindungen und Beziehungen einzugehen.

Schmusen kann vielerlei Möglichkeiten und vielfältige Dimensionen dieser Beziehung beinhalten: Es kann Zärtlichkeit bedeuten oder bis hin zum erotischen Liebkosen ausgeweitet werden. Vielleicht hat die Träumerin den Wunsch nach Erfüllung – oder nach einer weitaus stärkeren Erfüllung ihrer sexuellen Wünsche. Im Traum ist es möglich, alle geheimen Wünsche und Vorstellungen zu realisieren, ohne hinterher ein schlechtes Gewissen haben zu müssen.«

Petra M., 44, geschieden, arbeitslos

Traum Nr. 26 *»Ich gehe durch ein großes Kaufhaus und lasse alle möglichen Dinge mitgehen. Es muß aber stets das Beste und Teuerste sein, was ich stehle. In der Parfümerieabteilung sehe ich mir erst die Preise an, dann stecke ich einige dieser Sachen ein. Im Vorübergehen nehme ich eine kostbare Krokohandtasche mit. In der Lebensmittelabteilung lasse ich einige Delikatessen in meiner Einkaufstasche verschwinden.«*

Die wissenschaftliche Deutung: »Petra M. muß nicht befürchten, eine verkappte Diebin zu sein. Die Diebstähle, die sie in ihrem Traum begeht, sollen nur Ersatz für all das sein, was sie im Leben vermißt. Das, wonach sie sich im realen Leben sehnt, führt sie sich im Traum zu. Von sinnlichen Genüssen angefangen (Delikatessen) bis zu Geschenken (Krokotasche), mit denen sie sich verwöhnt, die sie aber in Wirklichkeit lieber von einem Partner bekäme. Es besteht nicht der geringste Grund, sich wegen dieses Diebstahlstraumes zu schämen. Im Gegenteil: Petra M. sollte ihn als Entschädigung für jene Dinge nehmen, auf die sie im Augenblick leider verzichten muß.«

Christa F., 61, verheiratet, drei Kinder, Schriftstellerin

Traum Nr. 27 *»Mit nach oben gestreckten Armen springe ich mit aller Kraft in die Höhe und versuche, mit den Fingerspitzen die Decke eines sehr hohen Raumes zu berühren. Als ich mein Ziel erreiche, bin ich sehr glücklich.«*

Die wissenschaftliche Deutung: »Im Traum strengt sich Christa F. sehr an, um mit aller Gewalt ›hinaufzukommen‹. Sie will unbedingt die Decke eines Raumes erreichen. Dabei schöpft sie all ihre Möglichkeiten aus. Schließlich schafft sie es, dieses Ziel zu erreichen, was sie sehr glücklich macht. Vielleicht gab es auch im Leben der Träumerin ein Ziel – Christa F. schreibt, daß sie ein Haus besitzt und sich sehr gut mit ihren Kindern versteht – dies alles hat sie nur mit Anstrengung erreicht. Dafür war sie hinterher um so glücklicher.«

Martina K., 26, verheiratet, zwei Kinder, Verkäuferin

Traum Nr. 28 *»Ich gehe mit meinen beiden Söhnen eine Einkaufsstraße entlang. Auf der rechten Seite steht ein Gebäude, in dem Gericht und Standesamt untergebracht sind. Es ist etwa zehn Uhr abends und ziemlich dunkel, weil nur ein paar dürftige Straßenlampen leuchten.*

Ich brauche eine Auskunft und suche daher jemanden, um zu fragen. Da niemand auf der Straße ist, gehe ich weiter und sehe eine große Tür, die zum Amtsgericht und Standesamt gehört. So denke ich jedenfalls. Ich gehe also hinein. Den Kinderwagen mit meinem kleinen Sohn und meinem zweiten Sohn nehme ich mit. Ich muß vier Stufen hoch und komme an eine Milchglasscheibe. Der Raum sieht aus wie eine große Telefonzelle mit Auskunftsschalter. Ich rufe, ›Hallo‹. Keine Antwort, aber hinter mir höre ich Stimmen. Als ich mich umdrehe, sehe ich, wie aus dem ersten Stock zwei kräftige Männer in Kitteln kommen. Sie sehen aus wie Ärzte oder Pfleger, und der eine hat eine Zwangsjacke in der Hand. Er ruft: ›Da ist sie!‹ Dann kommen beide schnell die Treppe herunter. Ich nehme meinen größeren Jungen auf den Arm und schiebe den Kinderwagen so schnell ich kann zur Tür. Die Tür geht schwerer auf als vorher, aber ich schaffe es, mit den Kindern das Haus zu verlassen und laufe weg. Die beiden Männer sind knapp hinter mir. Zum Glück sehe ich auf der Straße einen Mann stehen, den ich von weitem anrufe und um Hilfe bitte. Dieser taucht aus dem Dunkeln auf und wird so auch für die Männer sichtbar. Sie bleiben sofort stehen und gehen schnell in Haus zurück. Ich bin ganz außer Atem.«

Die wissenschaftliche Deutung: »Die Situation im Traum ist bedrohlich und Martina K. hat Angst, da man sie anscheinend in eine Zwangsjacke stecken will. Steckt sie in Wirklichkeit gar schon in einer symbolischen Zwangsjacke? Beziehungen können manchmal dazu werden, indem sie einen zu sehr einengen. So könnte zum Beispiel die Ehe der Träumerin, die nur noch auf dem Papier besteht, zur Fessel werden. Martina K. sollte daher versuchen, trotz bestehender Bindung ihre Selbständigkeit zu erlangen und zu bewahren.«

Annemarie H., 32, ledig, Stewardeß

Traum Nr. 29 *»Ich parke mein Auto hinter einem Gasthof, auf der gegenüberliegenden Seite ist ein Bootssteg, an dem einige Boote festgemacht sind. Ich bin sicher, daß hier niemand mein Auto sehen kann. Aber als ich am Abend zurückkomme, bemerke ich, daß irgend jemand das Auto total demoliert hat. Die Reifen sind verschwunden, das Dach völlig eingedrückt, Sachen aus dem Wagen fehlen. In dem Moment fällt mir dann wieder ein, daß ich bereits vorher ein ungutes Gefühl hatte, als ich den Wagen hier abgestellt habe. Jedenfalls ist mir in dieser Situation mit dem völlig ruinierten Auto richtig übel, und ich könnte heulen vor Wut. Trotzdem versuche ich, einen guten Bekannten zu erreichen, der eine Autowerkstatt hat, um meinen Schrottwagen abschleppen zu lassen.«*

Die wissenschaftliche Deutung: »In ihrem Traum parkt Annemarie H. ihr Auto an einem Platz, von dem sie annimmt, daß er sicher ist. Es stellt sich jedoch das Gegenteil heraus. Möglicherweise symbolisiert diese Situation etwas von der Unsicherheit und Verletzlichkeit der Träumerin. Sie ist sich nie sicher, ob ihr nicht etwas zustößt. Doch meist ist es nur die Angst vor möglichen Unglücksfällen, die solche Träume entstehen läßt. Die Wirklichkeit hat damit keinen tatsächlichen Zusammenhang.«

Veronika O., 48, verheiratet, zwei Kinder, Bankangestellte

Traum Nr. 30 *»In meinem Haus fliegen plötzlich sämtliche Türen und Fenster auf. Ich sehe, wie Teile der Wohnungseinrichtung, die alt und kaputt sind, durch die Zimmer wirbeln. Obwohl ich nicht weiß, ob die Sachen hinausfliegen, versuche ich sie mit allen Mitteln festzuhalten.«*

Die wissenschaftliche Deutung: »Es scheint so, daß viele Dinge, die der Träumerin wichtig sind, zu entgleiten beginnen. Ganz plötzlich öffnen sich selbständig Fenster und Türen. Ein unvermuteter Luftstrom wirbelt ihr Eigentum durcheinander. Nichts bleibt an seinem vertrauten und gewohnten Platz. Natürlich will sie die Dinge, an denen sie hängt, die sie gern hat und liebt, festhalten – beispielsweise ihren Partner, der sich von ihr trennen will. Doch Veronika O. sollte gleichzeitig bedenken, daß Veränderungen und Neugestaltungen ein frischer Wind in ihrem Leben und ganz gut für sie sind.«

Elfi G., 24, ledig, Tierpflegerin

Traum Nr. 31 *»Ich sitze hinter Mauern und möchte raus. Doch die Mauer ist sehr hoch und auf ihr ist noch ein Stacheldraht. Durch ein Loch in der Mauer kann man rausgehen. Dieses Loch läßt sich aber nicht erweitern. Außerhalb der Mauern sehe ich eine Landschaft, die grau, trostlos und öde ist. Nachdem ich eine Zeitlang versucht habe hinauszukommen, gebe ich auf. Plötzlich stürzen die Mauern von selbst ein, und ich stehe in der Landschaft. Um mich herum ist alles grau und trostlos, nur am Horizont sehe ich Bäume, Blumen und Häuser. Aber das ist weit weg. Je näher ich dann dem Horizont komme, um so weiter weicht er vor mir zurück, und ich kann die Häuser nicht erreichen.*

Plötzlich steht jemand vor mir und versucht, mich zu greifen, doch ich laufe davon. Dieses Wesen kommt immer näher und packt mich. Ich habe Angst, fürchterliche Angst. Was wird er mit mir tun? Es bringt mich nur zurück in diese Mauern, die wieder da sind.«

Die wissenschaftliche Deutung: »Die Mauern, hinter denen die Träumerin sitzt, symbolisieren sicherlich zum größten Teil die eigene Situation. Irgendwo hat sie anscheinend zum Schutz Mauern um sich aufgebaut. Außerhalb dieser Mauern ist die Welt nur trostlos und grau. Erst weit, weit weg ist es schön. Es stellt sich nur die Frage, wie man dort hinkommen kann, wie man diese Schönheit erreichen kann.

Ein Herauswagen aus der eigenen Umgrenzung geschieht nicht weit und lange genug, als daß es von Erfolg beschieden wäre. Außerdem hat ›ein Wesen‹ Bedenken, wenn sich Elfi G. zu weit vorwagt. Ob sie selbst dieses Wesen ist?«

Jutta R., 45, verheiratet, ein Kind, Hausfrau

Traum Nr. 32 *»Mein Mund ist mit einer pappigen Masse gefüllt. Mich plagt dabei heftiger Brechreiz. Ich ziehe diese Masse wie Kaugummi aus dem Mund. Ich kann aber ziehen, soviel ich will, die Masse in meinem Mund findet kein Ende.«*

Die wissenschaftliche Deutung: »Etwas ist in der Träumerin, und soviel sie auch versucht, es aus sich herauszubekommen, es gelingt ihr nicht. Das, was in ihr ist, verursacht Unbehagen. Es ist anzunehmen, daß die pappige Masse für irgendwelche Probleme steht. Nun liegt es an Jutta R., sich klar darüber zu werden, welche Probleme dies sein könnten, welche Dinge sie in sich versperrt und nicht herauslassen will.«

Sonja B.,
28, geschieden, Telefonistin

Traum Nr. 33 *»Ich lebe mit meinem Freund in einem Haus zusammen. Draußen ist es dunkel, und ich habe vor etwas oder jemandem Angst. Ich bitte meinen Freund, die Fensterläden, die nur von außen zu verriegeln sind, zu schließen. Dazu benötigt er eine Taschenlampe. Er steigt deshalb zum Speicher hoch, um von dort die Taschenlampe zu holen.*

Ich warte unten am Fußende der Treppe. Mir gegenüber hängt ein Spiegel. Ich sehe im Spiegel ganz deutlich das Gesicht meines Freundes. Ich erschrecke sehr, gucke zu ihm hoch und will ihn rufen. Da öffnet sich plötzlich die Luke zum Speicher, fällt auf meinen Freund, und er stürzt die Treppe hinunter.«

Die wissenschaftliche Deutung: »In diesem Traum wird etwas von der Beziehung der Träumerin zu ihrem Freund sichtbar. Einerseits enthält der Traum den offensichtlichen Wunsch nach Nähe, Sicherheit und Geborgenheit, andererseits aber auch gewisse Zweifel daran.

Falls in Sonja B. negative Gefühle dem Partner gegenüber auftauchen, sollte sie sich diese ruhig eingestehen. Sie muß vor allem versuchen, sich damit auseinanderzusetzen und sich darüber klarzuwerden, ob Positives oder Negatives in ihrer Beziehung überwiegt. Kein Mensch ist perfekt, aber wir müssen die schlechten Seiten vom anderen kennen und akzeptieren können. Nur das ist eine reelle Basis für eine gut funktionierende Partnerschaft.«

Dagmar L.,
42, geschieden, ein Kind, kaufm. Angestellte

Traum Nr. 34 *»Meine Mutter ist bei mir zu Besuch. Sie schaut von meinem mit einem niedrigen Geländer versehenen Balkon. Ich sage: ›Paß auf, du stehst zu weit vorn!‹ Ich* *will sie halten, fasse aber so ungeschickt zu, daß sie über den Balkon stürzt. Doch sie hält sich am Geländer fest, schnellt wieder auf den Balkon zurück und sagt: ›Das machst du aber nicht noch einmal!‹*

Dann stehen meine Schwester und ich auf einem fremden Flughafen, weil meine Mutter verreisen will. Ein Flugzeug fliegt ziemlich niedrig über das Rollfeld. Ich frage meine Schwester: ›Ist es das Flugzeug mit Mama oder landet es?‹ Meine Schwester antwortet: ›Da ist Mama drin. Paß auf, gleich wird es hochsteigen!‹ In dem Moment zieht das Flugzeug steil nach oben, doch auf einmal bricht das Heck ab, und das Flugzeug stürzt ab. Ich schreie vor Angst laut auf.

Dann beobachte ich, wie drei Männer in weißen Overalls ein neues Heck vorbeitragen. Der eine sagt: ›Ihr steht hier und habt noch keine Feuerwehr alarmiert.‹ Dann kommen auf einmal noch mehr Männer in weißen Overalls und mit Mützen auf dem Kopf. Einer von ihnen sagt: ›Gott sei Dank, die Alte ist tot!‹ Ich brülle ihn an: ›Sagen Sie mir sofort Ihren Namen!‹ Doch er reagiert überhaupt nicht. Jetzt wollen meine Schwester und ich an diesen Männern vorbeigehen, da holen alle Eisenstangen hervor und schlagen auf uns ein. In diesem Moment höre ich einen entsetzlichen Schrei. Daraufhin ruft meine Schwester: ›Komm schnell, sie schlagen Mutti tot!‹«

Die wissenschaftliche Deutung: »Im Traum werden Gefühle oft dramatisiert. Es mag verschiedene Motive für den mehrmaligen Tod der Mutter in diesem Traum geben. Diese Motive können von der Angst um das Leben der Frau bis hin zu Aggressionen reichen.

Die Ursache dafür hängt natürlich stark von der Mutterbeziehung der Träumerin ab. Dagmar L. sollte einmal über die positiven und negativen Seiten dieser Beziehung nachdenken. Vielleicht gelingt es ihr, sich in aller Ruhe die Gefühle ihrer Mutter gegenüber einzugestehen und damit darüber Klarheit zu erlangen.«

Wilhelmine N.,
53, verheiratet, ein Kind, Halbtagssekretärin

Traum Nr. 35 *»Ich bin auf einer Party oder Familienfeier. Es sind viele Gäste da, einige von ihnen kenne ich, andere nicht. Ich bin sehr elegant gekleidet und habe eine Ballhandtasche bei mir. Plötzlich ist die Handtasche verschwunden. Ich bin ziemlich aufgeregt, denn der ganze Inhalt (Schlüssel, Geld usw.) ist sehr wichtig für mich.«*

Die wissenschaftliche Deutung: »Wilhelmine N. träumt vom Verlust ihrer Handtasche. Verständlich, daß sie deswegen aufgeregt ist. Hat doch der Finder beziehungsweise Dieb nun Zugang zu ihrer Welt. Er besitzt ihre Schlüssel, ihr Geld – er kann also in ihr Leben eindringen. Für die Träumerin bedeutet all das umgekehrt den Verlust der eigenen Welt. Die Handtasche ist sicherlich Symbolträger für etwas besonders Wichtiges im Leben von Wilhelmine N. Was das genau ist, muß sie auf ihre Lebenssituation übertragen und für sich zu ergründen suchen.«

Barbara S.,
25, verheiratet, ein Kind , Hausfrau

Traum Nr. 36 *»Ich muß eine Zahnspange tragen. Sie sitzt sehr fest, und wenn ich sie herausnehmen will, klemmt sie in den Zähnen. Das ist ein ekelhaftes Gefühl, und alle Zähne schmerzen. Als ich es dann doch schaffe, fangen langsam alle Zähne an zu wackeln. Wenn ich die Zähne zusammenbeiße, fallen alle nacheinander aus.«*

Die wissenschaftliche Deutung: »Zähne haben einerseits eine wichtige Bedeutung für unseren optischen Eindruck, unser Aussehen, andererseits sind Zähne Instrumente zum Zerkleinern beziehungsweise ein Symbol, um Aggressionen auszudrücken. ›Jemandem die Zähne zeigen‹ – dieser Ausdruck beinhaltet Vorstellungen der Aggression aus bereits frühen Zeitepochen.

Der Traum von Barbara S., zahnlos zu sein, bedeutet also unter anderem Angst vor dem Verlust der Schönheit und des Liebreizes. Er symbolisiert aber auch die Furcht, sich plötzlich nicht mehr wehren zu können. Diese Angst wird durch die Symbolik der Zahnspange noch verstärkt. Diese ist eine weitere Verstärkung und ein zusätzlicher Halt der natürlichen Wahrhaftigkeit.«

Karin F., 34, verheiratet, Kindergärtnerin

Traum Nr. 37 *»Ich befinde mich plötzlich irgendwo in schwindelnder Höhe und fürchte mich immer stärker vor dem Herunterstürzen. Trotz aller Bemühungen stürze ich zuletzt doch.«*

Die wissenschaftliche Deutung: »Karin F. träumt von einem Abgrund und vom Abstürzen. Anscheinend existiert bei ihr auch in der Realität oft die Angst, in irgendeiner Angelegenheit ›abzustürzen‹.

Vielleicht hat der Traum aber auch Wurzeln in der Kindheit der Träumerin, die sie als negativ beschreibt. Manchmal begleiten uns Vorstellungen und Gefühle sowie Ängste von der Kindheit bis ins Erwachsenenalter. Obwohl unsere damalige Lebenssituation gar nicht mehr besteht, können Träume Gefühle und Wahrnehmungen wecken, die man in der Kindheit hatte.«

Monika P., 50, verheiratet, vier Kinder, Beamtin

Traum Nr. 38 *»Ich werde mitten in der Nacht wach, weil ich das Gefühl habe, daß mir jemand auf die Schulter geklopft hat. Ich spüre ganz deutlich, daß jemand im Raum ist. Als ich genau hinsehe, ist es ein Mann, aber er hat zwei Gesichter. Von der Seite sieht er meinem jetzigen Mann ähnlich, und von vorne meinem verstorbenen Mann.«*

Die wissenschaftliche Deutung: »Die Träumerin sieht einen Mann mit zwei Gesichtern und vereint somit symbolisch ihre beiden Männer. Sie träumt Anteile und Eigenschaften von beiden in eine Gestalt hinein.

Im Traum ist vieles möglich! Auch eine einzige Gestalt mit all den Erfahrungen und Erlebnissen auszustatten, die man je in seinem Leben gemacht hat. Das drückt sich in diesem Traum in der Körperlichkeit des Mannes mit den zwei Gesichtern aus.«

Renate V., 47, geschieden, drei Kinder, Sprechstundenhilfe

Traum Nr. 39 *»Ich sitze einem Bekannten gegenüber, und wir unterhalten uns über meine Haut. Plötzlich öffnen sich in meinem Gesicht fünf Poren, jede so groß wie ein kleiner Finger. Ich schreie, weil sich etwas in meinem Gesicht bewegt. Im Spiegel sehe ich, daß es weiße Würmer mit roten Köpfen sind. Ich ziehe an den Würmern, aber ich bekomme nur die Hälfte heraus. Die andere Hälfte zieht sich in die Poren zurück. Mein Bekannter lacht laut und sagt mit böser Stimme: ›So, das geschieht dir recht, die Würmer fressen dich jetzt auf!‹ Ich ziehe verzweifelt an den Hälften und bekomme die Reste heraus. Es geht auf einmal ganz leicht.«*

Die wissenschaftliche Deutung: »Es mag Renate V. erschrecken, von Würmern zu träumen, die aus ihrem Gesicht herauslugen. Noch dazu gelingt es ihr nicht sofort, die häßlichen Tiere zu entfernen. Erst nach einigen Versuchen schaffte sie es doch, die Würmer voll und ganz zu beseitigen.

Auf ihr tägliches Leben übertragen könnte das bedeuten, daß in der Träumerin etwas nagt und frißt. Probleme und Gefühle kommen plötzlich zutage, die sie eigentlich gar nicht herauslassen wollte. Und doch kann gerade dieses Herauslassen zu Lösungen führen.

In ihrem Traum ist der Mann an ihrer Seite ihr böse. Auch in Wirklichkeit gerät sie immer wieder an Männer, die ›nicht gut und friedlich‹ sind, wie sie sagt. Renate V. sollte sich überlegen, ob ihr Verhalten nicht dazu beitragen könnte, einen guten Mann zu finden. Sie sollte sich nicht verstellen, wenn sie jemanden kennenlernt.«

Elisabeth D., 18, ledig, Schülerin

Traum Nr. 40 *»Ich bin in einem schönen, grünen Park. In der Mitte ist eine große Rasenfläche, auf der junge Männer in Badehosen mit einem Ball spielen. Ich will schnell über den Rasen laufen, aber ich komme nur im Zeitlupentempo voran. Irgendeine unsichtbare Kraft hält mich zurück. Die Männer lachen, und ich laufe weiter bis zum Ende der Rasenfläche. Dort wartet ein sympathischer, verständnisvoller junger Mann, der seinen Arm um mich legt.«*

Die wissenschaftliche Deutung: »Elisabeth D. träumt, nur mit großer Mühe und Schwierigkeiten vorwärtszukommen. Ihr Traum spiegelt das Leben wider: Auf der einen Seite ist in uns das Bestreben voranzukommen, auf der anderen Seite gibt es jedoch viele Dinge und Rückschläge, die uns an unseren Bemühungen hindern. Die Träumerin möchte sich entwickeln, weiterkommen, und muß fast ununterbrochen erleben, wie mühsam und schwierig das ist. Aber so, wie wir im Leben doch immer wieder Fortschritte erzielen, wird auch Elisabeth D. in ihren Träumen – vielleicht schon bald – schneller vom Fleck kommen.«

Linda T., 19, ledig, Steuergehilfin

Traum Nr. 41 *»Mein Verlobter und ich gehen schwimmen. Wir ziehen uns in einer Kabine aus, duschen uns und steigen in eine Badewanne. Meine Mutter und mein Vater* *haben nichts dagegen. Dann gehe ich in ein Schwimmbekken, in dem schon ein anderer Junge liegt, und danach schwimme ich durch eine Öffnung hinaus in ein noch größeres Becken.«*

Die wissenschaftliche Deutung: »Linda T. träumt, mit ihrem Verlobten in einer Badewanne zu sein. Dies symbolisiert ein Verschmelzungserlebnis, das sicherlich als wohlig und schön erlebt wird. Übliche Tabus und Moralvorstellungen sind in ihrem Traum nicht vorhanden, denn Mutter und Vater gewähren ihr Freiheiten und haben nichts gegen ihre Handlungsweise. Im weiteren Traumverlauf wartet jedoch noch ein größeres Becken auf die Träumerin. Ob darin auch der Verlobte zu finden sein wird, ist die Frage...«

Gertrude M., 52, geschieden, Postangestellte

Traum Nr. 42 *»Ich stürze in einen teils reißenden, teils ruhigen Fluß, kann mich aber mit eigenen Kräften aus dem klaren Wasser retten. Anschließend erfaßt mich beim Überqueren der Straße ein Sattelschlepper mit ganz langem Anhänger. Ich sehe, wie die Hydraulik des Fahrzeuges in Gang gesetzt wird, damit ich vom Hänger, der sich langsam auf mich niedersenkt, erdrückt werde. In letzter Sekunde werde ich von einer Frau, die ich nicht kenne, weggezerrt. Auf dem Heimweg werden wir dann beide überfallen und mit Messern bedroht.«*

Die wissenschaftliche Deutung: »Gertrude M. träumt von einem Fluß, aus dem sie sich mit eigenen Kräften retten kann. Dies enthält den Gedanken: ›Ich kann mir selbst helfen!‹

Daß sie jedoch auch der Hilfe anderer Menschen bedarf, zeigt die Szene mit dem Sattelschlepper und Anhänger. Hier wird im Traumbild symbolisiert: ›Ich brauche zeitweise die Hilfe anderer Menschen!‹

Im Traum probieren wir eben Dinge aus, die wir im bisherigen Leben noch nicht gemeistert haben. So ähnlich verhält es sich auch in der Phantasie: Darin nehmen wir die Bewältigung von Aufgaben übend vorweg. Wir lernen auf diese Art und Weise, Situationen des Alltags als bekannt anzusehen und daher als lösbar zu betrachten.

Gertrude M. sollte ruhig mal die Hilfe anderer Menschen annehmen. Es ist kein Zeichen von Unfähigkeit, sich manchmal helfen zu lassen – es ist nur menschlich!«

Regina H., 25, verheiratet, ein Kind, Hausfrau

Traum Nr. 43 *»Ich bin hochschwanger und liege im Krankenhaus. Ich habe kaum Wehen, aber die Ärzte sagen, es sei soweit. Es wird alles für die Geburt vorbereitet: Ich werde gewaschen, bekomme einen Einlauf und werde auf ein Bett gelegt. Ich fühle mich sonderbar leicht und freue mich auf das Baby. Nur daß es jetzt schon passiert, darauf war ich eigentlich nicht vorbereitet. Eine Schwester kommt und drückt mir eine dicke Kanüle in den Hals. Als ich sie verwundert ansehe, sagt sie mir, daß das für die Narkose sei. Ich will mich wehren, aber plötzlich ist mir alles egal. Ich spüre nichts mehr und kann trotzdem alles genau verfolgen.*

Das Baby ist da! Es ist ein rosiges, glattes und hübsches Kind, ein Junge. Ich bin glücklich und bekomme das Baby gleich in den Arm gelegt. Mein Mann ist nicht da, und das macht mich ein bißchen traurig. Ich gehe mit meinem Baby im Krankenhaus spazieren und komme an einem Kiosk vorbei. Dort sehe ich eine wunderschöne, schillernde Muschel. Ich habe das Verlangen, diese Muschel zu kaufen. Aber sie kommt mir so zart und zerbrechlich vor. Da lasse ich sie lieber liegen. Ich beginne mein Baby ganz sachte zu streicheln. Es ist genauso zart. Ich bin glücklich, habe aber Angst vor zu Hause. Mein Mann ist immer noch nicht gekommen.«

Die wissenschaftliche Deutung: »Die geschlossene Muschel verbirgt ein süßes, vorläufig noch sorgsam gehütetes Geheimnis (Regina H. schreibt, daß sie im zweiten Monat schwanger ist). In ihrem Traum ist Regina H. selbst die Muschel, die in sich das Kostbarste trägt, was es gibt – neues Leben. Sie hat unbewußt den tiefen Wunsch, sich jetzt ganz auf das keimende Leben in sich zu konzentrieren, es vor Gefahren zu schützen und ihre Schwangerschaft durch nichts zu gefährden oder stören zu lassen.

Es gibt im Augenblick nur eines für Regina H.: das Kind, das in ihrem Körper wächst. Sie sollte sich keine Sorgen darüber machen, daß ihr Mann in ihrem Traum nicht da ist. Bezeichnenderweise ist sie darüber auch nur ›ein bißchen traurig‹. Würde sie wirklich haben wollen, daß ihr Mann ganz bei ihr ist, hätte sie ihn in ihren Traum eingelassen. Daß er in ihrem Traumerlebnis nicht vorkommt, liegt nicht an ihm und seiner mangelnden Zuwendung, sondern an der Träumerin selbst. Denn im Grunde ihrer Seele will sie jetzt, im Anfangsstadium ihrer Schwangerschaft, in sich und das zarte Leben in ihrem Körper hineinhorchen und sich so lange ungestört darauf konzentrieren, bis ihr das kostbare Geheimnis selbstverständlich geworden ist.«

Astrid O., 37, verheiratet, drei Kinder, Grafikerin

Traum Nr. 44 *»Ich liege mit meinem Mann im Bett. Plötzlich legt er die Hände um meinen Hals und versucht, mich zu erdrosseln. Ich will schreien, bringe aber keinen Ton mehr heraus. Trotzdem versuche ich, meinen großen Sohn, der im Nebenzimmer fernsieht, zur Hilfe zu rufen. Aber auch das gelingt mir nicht, da das Fernsehgerät zu laut gestellt ist und er mich nicht hören kann.«*

Die wissenschaftliche Deutung: »Astrid O. muß bedenken, daß sie diesen Traum selbst inszeniert. Dabei phantasiert sie in ihren Mann Dinge und Aktionen hinein, die wahrscheinlich nicht in ihm vorhanden sind. Aber anscheinend ist sie dennoch beunruhigt und fühlt sich bedroht. Irgend etwas scheint der Träumerin den Hals zuzuschnüren, den Atem zu rauben, die Luft zu nehmen. Vielleicht hat sie das Gefühl, für eine Sache, die nur sie kennt, bestraft werden zu müssen.«

Nadja B., 22, verheiratet, ein Kind, Kindergärtnerin

Traum Nr. 45 *»Ich bin mit meiner Mutter bei meiner Oma auf dem Land. Plötzlich bekommen wir die Nachricht, daß ein Krieg ausgebrochen sei. Schon fallen die ersten Bomben, Panzer rollen über die Landstraße und Flugzeuge überfliegen unser Haus. Ich kann als einzige aus dem Haus fliehen, indem ich mich unsichtbar mache und durch das Schlüsselloch schlüpfe.«*

Die wissenschaftliche Deutung: »Die Träumerin wird im Traum unsichtbar, das heißt, sie nimmt eine andere als die körperliche Gestalt an, um durch ein Schlüsselloch schlüpfen zu können. So ist sie imstande, allen Gefahren zu widerstehen und standzuhalten. Es scheint, daß sich Nadja B. im Alltag auch möglichst unsichtbar macht, wenn Probleme auf sie zukommen.«

Silke K., 34, geschieden, zwei Kinder, Serviererin

Traum Nr. 46 *»Wir sind beim Umzug, von wo und wohin ist mir nicht bekannt. Der Raum ist ziemlich düster und fast ein Rohbau. Es fällt mir auf, daß der Fußboden nur betoniert ist, ohne Belag und grau. Bei der Arbeit gehen mir mein Freund und meine Tochter und – komischerweise – der Bäcker und seine Frau zur Hand. Der Bäcker hilft mir, mein Bett wegzuräumen. Die Bäckersfrau packt mein Bettzeug zu einem Bündel zusammen und will es hinaustragen. Da* *kommt sie heimlich zu mir und flüstert mir zu, daß meine Sprungrahmen so sehr verschmutzt seien. Ich solle sie doch erst reinigen, damit es meine ehemalige Schwägerin nicht sehe. Als ich dann nachsehe, sind die Sprungrahmen tatsächlich vor lauter grauschwarzem Staub und Dreck kaum noch zu erkennen. Dicke Staubschwaden liegen rings um das Drahtgeflecht und auch unterm Bett. Ich bin bestürzt und will sofort saubermachen.«*

Die wissenschaftliche Deutung: »Silke K. träumt von einem Umzug, was den Wunsch nach Veränderung in gewissen Belangen ihres Lebens aufzeigt. Der Raum, in dem sich das Traumgeschehen abspielt, ist unwohnlich, jedenfalls alles andere als behaglich oder ein Gefühl von Geborgenheit vermittelnd. Vielleicht ist das Leben der Träumerin so arm an Geborgenheit. Oder haben sich etwa in etlichen Bereichen – so wie im Traum – ›Staub‹ und ›Dreck‹ angesammelt?

Die Träumerin schreibt recht ausführlich über den Bäkker. Das könnte darauf hindeuten, daß ihr mehr an dieser Bekanntschaft liegt, als sie sich eingesteht. Auch scheint es, daß sie die Bäckersfrau ähnlich ihrer ehemaligen Schwägerin sieht (Putzwut!).

Silke K. sollte versuchen, jene Lebensbereiche wieder auf Hochglanz zu bringen, die ›verstaubt‹ sind. Dann wird sie sich sicherlich wieder glänzend fühlen!«

Edith P., 56, verheiratet, ein Kind, Chefsekretärin

Traum Nr. 47 *»Ich gehe in der Dämmerung auf einem breiten Pfad, der etwas steil ansteigt. Es sind noch andere Leute dabei, aber ich weiß nicht wie viele, vielleicht zwei bis drei Personen. Ich bin nicht neugierig und wage auch nicht, mich umzudrehen, denn neben mir läuft ein Löwe. Er scheint gutmütig zu sein und gibt keinen Laut von sich. Wir müssen einen Bogen um eine elegante Limousine machen.*

Schließlich stehe ich vor einem Gatter, wie man es in den Bergen findet. Ich öffne es. Vor mir liegt ein wunderschönes Haus mit einem herrlich gepflegten grünen Rasen. Das Haus ist anscheinend menschenleer. Plötzlich springt der Löwe in die Mitte des Rasens. Doch als ich weitergehe, kommt er wieder an meine Seite. Ich bin beunruhigt.«

Die wissenschaftliche Deutung: »Wir Menschen haben verschiedene Gefühle und Triebe in uns. Diese können im Traum in Tiergestalt auftreten. Der Löwe verkörpert zum Beispiel Stolz, Kraft oder Aggression. Zuerst ist die Träumerin gar nicht beunruhigt über den Löwen an ihrer Seite, also über die Gefühle, die er symbolisiert. Es ist aber wichtig, daß sie den ›Löwen‹ in sich annehmen kann. Er ist viel weniger zerstörerisch, als wir oft denken.«

Vera J.,
63, verheiratet, vier Kinder, Pensionistin

Traum Nr. 48 *»Ich bin umgeben von Wiesen und Wald, in der Ferne ist eine Stadt. Es ist schon spät, und ich finde nicht nach Hause. Ich gehe und gehe und bin schon müde. Da ist eine Brücke, über die ich gehen muß. Sie ist ziemlich wackelig. Ich gehe mühsam darüber. Am Wiesenweg sitzt ein guter Freund von mir und repariert sein Moped. Ich setze mich zu ihm und flüstere ihm liebe Worte ins Ohr. Er sagt: ›Bitte sei still, es könnte dich jemand hören.‹*

Ich gehe weiter und denke, er soll mitkommen, zusammen finden wir heim. Doch plötzlich ist er nicht mehr da. Auf einmal kommt mir die Gegend bekannt vor. Ich betrete ein Haus, bin aber noch immer nicht sicher, ob ich hier wohne. Die Wohnung ist in Unordnung. Viele Wäschestücke sind am Boden verstreut. Der Kleiderkasten ist leer, sämtliche Kleider verschwunden. Ich bin entsetzt.«

Die wissenschaftliche Deutung: »Die Suche nach dem Weg, der nach Hause führt, ist im Traum von Vera J. mühsam und einsam. Als sie dann endlich ihr Heim erreicht, ist alles verwüstet und in Unordnung. Dinge fehlen, nichts ist so, wie sie es sich wünscht.

Möglicherweise gibt es hier Parallelen zum Leben der Träumerin. Auch hier scheint sie einen einsamen Weg zu gehen. Wahrscheinlich sehnt sie sich nach Geborgenheit und einem verständnisvollen Partner. Durch ihre Beziehungsprobleme empfindet sie momentan ihr ganzes Leben in Unordnung geraten und verwüstet – so wie das Haus in ihrem Traum. Vera J. sollte daher so rasch wie möglich Ordnung in ihr Leben bringen, indem sie sich mehr auf sich konzentriert und Dinge tut, die ihr Spaß machen.«

Margot C., 41, geschieden, ein Kind, Außenhandelskauffrau

Traum Nr. 49 *»Ich bin in einem Raum, und mir werden der rechte Arm und das linke Bein abgesägt. Ich schaue dabei zu. Mir wird schlecht, aber ich empfinde keine Schmerzen. Aus den Wunden kommt kein Blut. Es dauert nur furchtbar lange, bis der Arm und das Bein ab sind.«*

Die wissenschaftliche Deutung: »Im Traum werden Margot C. ein Arm und ein Bein abgesägt. Es wird ihr also etwas abgetrennt, etwas abgenommen, was zu ihr gehört, von Wichtigkeit ist und für sie einen echten Verlust bedeutet. Sie muß nun selbst überlegen, was in ihrem Leben Wichtiges von ihr ›abgetrennt‹ wurde. Dabei muß es sich aber keineswegs um materielle Dinge handeln!«

Bettina N., 28, ledig, Drogistin

Traum Nr. 50 *»Ich sitze in meinem Stammlokal, in dem ich mich immer mit meiner Clique treffe. Allerdings sitze ich dort mit mir unbekannten Leuten zusammen an einem Tisch. Wir unterhalten uns ganz gut, und ein Mann scheint ›Anführer‹ zu sein. Er lächelt immer, ist nett, doch ich* *spüre, daß von ihm eine Gefahr ausgeht. Bei jedem Treffen steht er lächelnd auf und schaut jemanden von uns an, der ihm dann folgt und mit ihm verschwindet. Nach einiger Zeit kommt der ›Anführer‹ alleine zurück, setzt sich an den Tisch und tut, als sei nichts gewesen. Derjenige, der mit ihm gegangen ist, taucht nicht mehr auf.*

Ich fühle deutlich, daß ich auch bald an der Reihe sein werde. Bei jedem Treffen bin ich immer nervöser und unsicherer, weil ich Angst habe, das nächste ›Opfer‹ zu sein, obwohl ich gar nicht weiß, was eigentlich passieren wird. Einmal ist es dann soweit. Er sieht mich an, ich gehe mit ihm, und er führt mich zu einer Kabine. Ich muß mich hineinstellen, er stellt sich davor, zieht einen Revolver und erschießt mich lächelnd. Ich spüre einen kurzen, starken Schmerz und glaube, daß ich wohl tot bin. Aber dem ist nicht so! Ich erhole mich wieder und denke, daß ich noch mal davongekommen bin. Dann verlasse ich die Kabine und stehe plötzlich wieder im Lokal, das allerdings etwas verändert aussieht. Ich blicke mich um und sehe ein mir nur flüchtig bekanntes Mädchen, das mich ängstlich anschaut, als ob es sagen wolle: ›Du bist zwar noch mal davongekommen, aber irgendwann mußt du doch dran glauben.‹ Und tatsächlich – der Mann versucht mich noch einmal zu erschießen: in den Hals, ins Herz, und es ist immer wie beim ersten Mal. Ich spüre zwar einen Schmerz, aber danach erhole ich mich wieder.«

Die wissenschaftliche Deutung: »Bettina N. träumt von der Beziehung zu einem anderen Menschen. Diese erscheint gefährlich, da sich hinter den Gefühlen etwas Bedrohliches verbirgt. Möglicherweise symbolisiert der Traum ihre Unsicherheit in bezug auf andere Menschen, insbesondere Männern gegenüber. Die Träumerin hat Angst, daß etwas passieren könnte, das sie zum ›Opfer‹ macht. Woher diese Furcht kommt, ist schwer zu sagen. Sicherlich spielen sowohl Lebenserfahrungen als auch die Erziehung eine entscheidende Rolle.«

Uschi St.,
33, verheiratet, ein Kind, Friseurin

Traum Nr. 51 *»Mein Chef steht direkt hinter mir und beobachtet mich bei allem, was ich tue; beim Haarewaschen und -einlegen, beim Putzen oder beim Tratsch mit Kindern und Kolleginnen. Später redet der Chef mit den Leuten über mich und behauptet, ich würde nichts richtig machen und können.«*

Die wissenschaftliche Deutung: »Uschi St. träumt von einem ›richtenden‹ Chef, der sie beobachtet und dem sie nichts recht machen kann. Ihr Traum vermittelt den Eindruck, daß sie sich selbst nichts oder nur wenig zutraut und wahrscheinlich auch Angst vor Autorität hat. Uschi St. sollte sich eventuell erkundigen, ob in ihrer Nähe die Möglichkeit für ein Selbstbehauptungstraining besteht.«

Isabella G.,
46, verheiratet, ein Kind, Kassiererin

Traum Nr. 52 *»Ich stehe in einer Telefonzelle und muß dringend jemanden anrufen. Aber immer verhindert irgend etwas, daß ich telefonieren kann. Entweder ist das Telefon ganz kaputt, oder die Wählscheibe läßt sich nicht drehen, oder es ist kein Hörer an der Schnur. Dann fällt das Geld wieder nicht in die Schlitze des Geldkastens, und das Telefon bricht auseinander. Plötzlich kenne ich auch die Telefonnummer nicht mehr, die ich wählen wollte. Trotz allem versuche ich immer wieder zu telefonieren.«*

Die wissenschaftliche Deutung: »Mit einem Telefonanruf kann die Verbindung zu einem anderen Menschen hergestellt werden. Der Traum von Isabella G. verhindert dies jedoch mit entschiedener Beharrlichkeit. Sie will telefonieren, schafft es aus unterschiedlichen technischen Gebrechen aber nie, tatsächlich ein Gespräch zustande zu bringen. Sie kann also den erhofften Gesprächspartner nicht erreichen.

Isabella G. sollte sich überlegen, ob sie vielleicht den geheimen oder verdrängten Wunsch nach neuen zwischenmenschlichen Kontakten hat. Wenn dies der Fall ist, sollte sie versuchen, ihren Traum zu verwirklichen. Das Unterbewußtsein zeigt ihr möglicherweise einen Lebensbereich, der bei ihr zu kurz kommt: Freundschaft und Partnerschaft.«

Dagmar R., 25, verheiratet, Dolmetscherin

Traum Nr. 53 *»Mein Mann und ich verlassen ein altes, abbruchreifes Haus an einer Hauptgeschäftsstraße, das von Bäumen und anderen Häusern umgeben ist. Plötzlich verspüren mein Mann und ich eine ungeheure Lust, uns zu lieben. Was wir dann auch tun – trotz der Zuschauer: Ein Bus mit vielen Menschen fährt langsam an uns vorbei, Kinder spielen auf der anderen Straßenseite, eine Frau blickt aus ihrer Wohnung zu uns herüber. Das alles erfüllt mich zwar mit ungeheurem Bangen, doch zugleich auch mit einem starken Lustgefühl.*

Auf einmal hält neben uns ein Polizeistreifenwagen. Eine Nachbarin rief ihn wegen ›Unsitte‹. Wir werden verhaftet und kommen in getrennte Zellen, wo wir später verhört werden. Auf die Frage des Beamten, warum wir uns ausgerechnet in aller Öffentlichkeit liebten, finden wir beide keine Erklärung. Warum. Warum. Warum. Dieses Wort hämmert in meinen Schläfen. Anschließend dürfen wir gehen.

Als wir nach Hause kommen, ist das Haus plötzlich nicht mehr alt und abbruchreif, sondern ein schönes neues Einfamilienhaus mit einem wunderschönen großen Garten. Mein Mann und ich lächeln uns zu und gehen hinein. Meine Erregung aber ist die ganze Zeit nicht von mir gewichen.«

Die wissenschaftliche Deutung: »Wenn man – wie Dagmar R. – glücklich und zufrieden ist und alles erreicht hat, was man sich vorgestellt und gewünscht hat, dann taucht sicher manchmal das Gefühl auf, dieses Glück vor anderen demonstrieren zu wollen. In ihrem Traum demonstriert Dagmar R. dies, indem sie ihre partnerschaftliche Sexualität zur Schau stellt. Vielleicht gerade deswegen, weil sie diese als beispielhaft, befriedigend und glücklich erlebt. Jeder kann sie beobachten und ihr zusehen, auch wenn es die Normen eigentlich verbieten. Und siehe da: Das Lebens-Haus der Träumerin gestaltet sich immer besser und wird zusehends schöner und inhaltsreicher!«

Theresa J.,
44, verheiratet, drei Kinder, Hausfrau

Traum Nr. 54 *»An unserem Haus führt eine Straße vorbei. Sie ist breit und spiegelglatt, obwohl gestreut wurde. Unser Auto, in dem ich mit meiner Tochter sitze, rutscht. Viele Menschen, meist Frauen, gleiten und schlittern. Eine Frau trägt einen Stuhl und will mitfahren. Ich erkläre ihr, daß ich keinen Führerschein habe, da ist sie böse. Wir schieben das Auto nun.*

Das Auto steht plötzlich in einer Art Verschlag. Ich will einkaufen gehen, besuche statt dessen meinen Onkel, den ich sehr mag. Eine fremde Frau wird böse, weil ich komme. Mein Onkel lacht, umarmt mich und geht mit mir.

›Du, unser Auto springt schlecht an‹ sage ich, ›kannst du vielleicht fahren? Bis zum Supermarkt ist es noch weit.‹ Er nickt. Wir fahren ohne Motorhaube und Frontscheibe. Auf einmal hören wir komische Geräusche. Wir steigen aus und gucken nach.

Plötzlich ist mein Mann da und mein Onkel ist weg. Wir fahren weiter. Ich werfe Riesenrollen aus dem Auto und mache meinem Mann die Sicht frei. Jetzt fahren wir über schlechtes Pflaster und Kantsteine. Wir bleiben in einem hohen Maschendraht seitlich hängen und müssen ausstei-

gen. Ich lade Kartons mit Keksen, Käse und Butter in das Auto. Es ist ein schöner Tag, und die Sonne scheint.«

Die wissenschaftliche Deutung: »Der Traum versetzt Theresa J. in eine hilflose Situation: Sie fährt in einem Auto, das ihr nicht gehorcht, das sich nicht steuern läßt. Außerdem besitzt sie keinen Führerschein, also keine Legitimation, dieses Auto zu lenken. Immer wieder gibt es in unserem Leben Situationen, in denen wir das Gefühl haben, das ›Steuer nicht im Griff zu haben‹. Im Traum versucht Theresa J. einiges, um diese Situation zu retten. Es tauchen zwar Schwierigkeiten auf, doch sie läßt sich nicht unterkriegen. Sie macht ihrem Mann die Sicht frei, schiebt das Auto und stärkt sich schließlich durch Essen. Ihr Traum macht klar, wie wichtig es im Leben ist, sich Situationen anpassen zu können. Jedem von uns ist ja die Möglichkeit gegeben, sein Schicksal zu akzeptieren beziehungsweise etwas daraus zu machen. Theresa J. ist auf dem besten Wege, ihr Leben zu meistern!«

Annemarie F., 43, verheiratet, zwei Kinder, Heilmasseurin

Traum Nr. 55 *»Meine beiden Kinder, heute 21 und 22, sind etwa zehn Jahre alt. Wir befinden uns in einem staubigen Zimmer, in dem nur zwei Betten stehen. Ich habe keine Zeit, die Betten zu beziehen, schlage aber frische Laken über die staubigen Matratzen. Meine Tochter weint, es ist gruselig. Ich will sie in ein Bett legen. Doch sie wehrt sich und klammert sich an mich.*

Plötzlich fühle ich, wie mich jemand von hinten umarmt. Als ich mich umdrehe, ist niemand da. Entsetzt nehme ich meine Tochter und gehe in unser Schlafzimmer. Mein Mann liegt schon im Bett. Wir kuscheln uns alle eng aneinander. Ich fühle mich geborgen. Da kommt mein Sohn ins Zimmer. Er versucht, das Weinen zu unterdrükken. Es tut mir innerlich weh.«

Die wissenschaftliche Deutung: »Das Geschehen vermittelt der Träumerin neben traurigen Momenten doch letztlich ein Gefühl der Geborgenheit. Wie auch immer sich ihre Realität gestalten mag, es scheint so, als ob sie immer wieder mit ihrer Familie zusammenfinden kann. Dies gibt ihr ebenso wie im Traum Geborgenheit und ein glückliches Gefühl der Zufriedenheit. Offensichtlich ist Annemarie F. auch im Leben fähig, Angst und Kummer zu besiegen.«

Valerie O., 56, verheiratet, zwei Kinder, Buchhalterin

Traum Nr. 56 *»Ich will mit dem Zug verreisen, weiß aber nicht wohin. Obwohl es schon spät ist, bin ich noch immer nicht mit dem Kofferpacken fertig. Ich muß schließlich ohne Gepäck und nur mit Unterwäsche und einem Schuh bekleidet los. Ich erreiche den Zug buchstäblich in letzter Sekunde. Erst jetzt wird mir so richtig bewußt, daß ich weder Wäsche noch Paß oder Geld bei mir habe. Die Reise ist eine ziemlich anstrengende und aufregende Angelegenheit.«*

Die wissenschaftliche Deutung: »Ihre Traum-Reise ist sehr aufregend und anstrengend, wie Valerie O. schreibt. Sie strebt nach einem anderen Ort – in Wirklichkeit nach irgend etwas Neuem, an dessen Verwirklichung sie jedoch scheitert. Die Träumerin besitzt den Wunsch, ein bestimmtes Ziel zu erreichen, und peilt es auch an. Aber der nötige Mut und Einsatz fehlen, um den Wunsch in die Tat umsetzen zu können.

Was sie damit nun konkret meint, welches Ziel für sie der Wunschtraum bleibt, kann aus den wenigen Zeilen leider nicht entnommen werden. Vielleicht kann Valerie O. durch Überdenken ihrer Situation dieses unerreichte Ziel ausfindig machen. Mit etwas Mut und Durchsetzungsvermögen wird der Wunschtraum dann möglicherweise Wirklichkeit!«

Nora B., 24, ledig, Dekorateurin

Traum Nr. 57 *»Ich befinde mich in dem Dorf, wo ich etwa vor fünf Jahren mit meinen Eltern gelebt habe. Ich stehe im Garten des Hauses, das früher meinen Eltern gehört hat. Von weitem sehe ich ein Flugzeug, das mich unheimlich fasziniert. Plötzlich merke ich aber, daß das Flugzeug etwas Schlimmes bedeuten muß. Es kommt immer näher, und ich verstecke mich im Haus bei meiner Mutter. Das Flugzeug verschwindet hinter einem Haus. Auf einmal höre ich es krachen, und es steigt Qualm auf. Da weiß ich, daß das Flugzeug eine Bombe abgeworfen hat und jetzt Krieg ist.«*

Die wissenschaftliche Deutung: »Im Traum kommt etwas auf die Träumerin zu, das sie vorerst fasziniert, schließlich aber etwas Schlimmes bedeutet. In der Gefahr versteckt sie sich zu Hause und bei der Mutter. In diesem Traum manifestieren sich einerseits Probleme, Schwierigkeiten und Konflikte, die im Laufe ihrer Entwicklung aufgetreten sind, andererseits auch die Möglichkeit der Zuflucht zu Hause. Allerdings mag das auch nur ein Wunsch sein, bei inneren und äußeren Konflikten bei der Mutter Hilfe suchen zu können. Vielleicht drückt sich im Flugzeug, das auf Nora B. zukommt, etwas von ihrer Angst vor der Zukunft und dem damit verbunden Wunsch nach Sicherheit aus.«

Pia K., 27, verheiratet, ein Kind, Verkäuferin

Traum Nr. 58 *»Ich bin in einer Badeanstalt, in der es verschiedene große Wasserbecken gibt. Man muß durch mehrere Räume laufen, um von einem zum anderen Becken zu kommen. Teilweise erreicht man diese Becken aber nur schwimmend, indem man unter einen mit Wasser gefüllten gläsernen Kasten tauchen muß. Es gibt auch mehrere Becken, wo ich nicht hineingehen mag, weil* *entweder das Wasser zu kalt ist oder das Schwimmbad nur von einer anderen Seite benutzt werden darf. Alles ist sehr weitläufig und groß. Irgendwann suche ich meine Eltern. Ich sehe durch eine Glaswand, daß sie bereits in einen anderen Bereich der Badeanstalt gegangen sind.*

Plötzlich bin ich in einem Wellenbad, und hier beginnt meine große Angst. Ich sehe riesige Wellen auf mich zukommen. Ich versuche verzweifelt, gegen sie anzukämpfen. Am Anfang schaffe ich es auch, aber dann werden die Wellen immer größer, höher und stärker. Ich werde durch ihre Kraft durch die Halle geschleudert und klatsche gegen die Wände. Auf einmal stehe ich auf einem Mauervorsprung knapp unter der Decke. Ein Gefühl der Angst, der Schwerelosigkeit überkommt mich. Dann rollt schon die nächste Welle an, erfaßt mich und schleudert mich durch den Raum. Ich schlucke sehr viel Wasser und bekomme kaum noch Luft.«

Die wissenschaftliche Deutung: »Im Traum befindet sich Pia K. in einer Badeanstalt. Wasser scheint ein wichtiges Element in ihrem Leben darzustellen. Welche spezielle Bedeutung dieses Element für die Träumerin hat, müßte sie jedoch selbst abklären.

Das Wasser in ihrem Traum trägt sie jedenfalls nicht. Sie kann sich ihm – und vielleicht auch im Leben – mit seinen unterschiedlichen Spielbreiten nicht anvertrauen. Die Träumerin hat immer wieder das Gefühl, dagegen ankämpfen zu müssen. Also ein Kampf gegen die Elemente! Außerdem ist in ihrem Traum der Bezug zu Vertrauenspersonen gestört – sie ist von ihnen ja durch eine Glaswand getrennt.«

Gabriele Sch., 38, geschieden, zwei Kinder, Kindergärtnerin

Traum Nr. 59 *»Ich bin auf einer Landstraße. Es sind noch andere Menschen da, die ich aber nicht kenne. Einige Autos fahren vorbei, und ich gehe am Rand der Felder mit* *saftigem grünen Gras entlang. Plötzlich sehe ich ein wunderschönes weißes Pferd. Es schaut mich lieb und mit großen Augen an und kommt direkt auf mich zu. Ich gehe auf die andere Straßenseite und schaue mich nach dem Pferd um. Es folgt mir. Als es mich eingeholt hat, gibt es mir einen liebevollen Stups. Ich stolpere ganz leicht und falle weich ins Gras. Es tut mir nicht weh, so zart war der kleine Schubs. Dann dreht sich das Pferd um und trabt langsam davon ...«*

Die wissenschaftliche Deutung: »Sicherlich steht das Pferd im Traum symbolisch für die Zweierbeziehung schlechthin. Vielleicht hat Gabriele Sch. Sehnsucht nach einer solchen innigen, harmonischen und schönen Beziehung, wie sie im Traum erlebt wurde. Im Traum erfüllen wir uns nicht selten Wünsche, die die Realität unerfüllt läßt!«

Katja D., 22, ledig, Hausmädchen

Traum Nr. 60 *»Ich bin in einem Garten und will Blumen pflücken, was ich aber dann doch nicht tue. Statt dessen gehe ich auf die Straße hinaus. Von weitem sehe ich etwas am Gehsteig liegen. Ein Mann ist aus dem Fenster gesprungen und liegt da. Zweigeteilt, der Oberkörper mit Armen und Kopf, Beine und Unterkörper liegen extra. Das Schlimmste ist, daß er keine Hand hat, nur Muskeln, Fleisch und Blutgefäße. Die Leute stehen da und schauen.*

Plötzlich sehe ich, wie sich seine Augen bewegen. Ich bin vor Schreck wie erstarrt. Ein Muskel an der Schulter beginnt zu zucken, und der Mann krächzt: ›Ich bekomme keine Luft.‹

Ich denke, daß man etwas tun, ihn erschießen (!) müsse. Da kommt eine Frau aus einem Haus, die wie eine Privatkrankenschwester aussieht. Sie sagt, daß er liegenbleiben müsse, und es ihm recht geschähe.«

Die wissenschaftliche Deutung: »Katja D. träumt von einem zweigeteilten Mann, der schließlich auch noch zu sprechen beginnt.

In unseren Träumen tauchen oft Bilder und Inhalte auf, die uns erschrecken. Denn die Traumphantasie ist der ›wachen‹ Phantasie überlegen: Sie kann Dinge maßlos übersteigern und dramatisieren. Außerdem sind wir im Traum viel freier, um aggressive oder sexuelle Gefühle auszudrücken. Im Wachzustand hingegen hemmen uns moralische Schranken und erziehungsbedingte Vorstellungen. In diesem Traum wird ein Mann ›zerstört‹. Dies ist ein deutliches Symbol für Aggression! Katja D. sollte einmal überlegen, in welchem Ausmaß sie in ihrem Leben Aggressionen zuläßt beziehungsweise wegschiebt, ohne sie zu bewältigen.«

Ute H., 30, verheiratet, drei Kinder, Hausfrau

Traum Nr. 61 *»Ich liege in einem großen weißen Bett. Das Bett steht in einem riesigen Krankenzimmer. Alles ist weiß und steril. Ich bekomme ein Baby. Es ist eine Schwester im Raum, die ich nur undeutlich sehe. Ich kenne sie nicht. Ich habe große Angst und Schmerzen. Die Entbindung geht ›zugedeckt‹ vor sich. Nach der Entbindung zieht die Schwester das Baby unter der Decke hervor. Es ist ein Mädchen, und ich bin erleichtert, denn die Angst ist vorbei.«*

Die wissenschaftliche Deutung: »Eine Geburt im Traum steht nicht nur für einen Menschen, der geboren wird. Geburten symbolisieren vielmehr auch Dinge, Pläne oder Projekte, mit denen man ›schwanger geht‹, das heißt, die man zwar ausdenkt und entwickelt, bei denen man letztlich aber nicht genau weiß, was dabei entsteht beziehungsweise herauskommt. Unsicherheit und Ungewißheit können uns sehr wohl mit Angst erfüllen – so wie das Symbol Geburt im Traum von Ute H. Sie weiß wohl am besten, welche Angst ihr Leben momentan überschattet...«

Christa T., 35, verheiratet, zwei Kinder, Goldschmiedin

Traum Nr. 62 *»Ich laufe in einem kurzen Hemd durch die Straßen. Obwohl ich immer wieder versuche, das Hemd hinunterzuziehen, gelingt es mir nicht. Ich schäme mich schrecklich.«*

Die wissenschaftliche Deutung: »Christa T. träumt, mit einem kurzen Hemd durch die Straßen zu gehen. Es gelingt ihr nicht, das Hemd weiter hinunterzuziehen, und so schämt sie sich schrecklich, in diesem Aufzug herumzulaufen.

Möglicherweise möchte sich die Träumerin einerseits gerne zeigen – was sich in der Realität aber gar nicht auf den Traum beziehen muß (›kurzes Hemd‹) –, andererseits hat sie Angst davor. Sie sollte einmal darüber nachdenken, wie es um ihr Selbstvertrauen bestellt ist! Traut sie sich selbst viel oder wenig zu? Sieht sie die Leistungen anderer glorifiziert oder realistisch? Die Beantwortung dieser Fragen wird Christa T. sicher dabei helfen, sich im Alltag besser zu behaupten.«

Rita L., 47, verheiratet, ein Kind, Köchin

Traum Nr. 63 *»Ich bin in dem Haus, aus dem mein Mann und ich vor 21 Jahren ausgezogen sind. Es ist kurz nach Mittag, und ich gehe zum Briefkasten hinunter. Doch es ist keine Post drin. Ich bin sehr enttäuscht. Dann gehe ich wieder die Treppe hoch zu unserer Wohnung. Plötzlich wohnen fremde Leute in meiner Wohnung. Das regt mich natürlich furchtbar auf.«*

Die wissenschaftliche Deutung: »Der Briefkasten in diesem Traum ist Symbol für den Kontakt zur Außenwelt. Als die Träumerin in den Briefkasten schaut, ist dieser jedoch leer, das heißt, der Kontakt zur Außenwelt ist abgebrochen, denn es schreibt ihr niemand – aus welchem Grund auch immer.

Rita L. ist traurig darüber, denn sie hätte doch so gerne Kontakt zu anderen Menschen gehabt. Im alltäglichen Leben scheint es ihr ähnlich zu gehen. Auch hier sehnt sie sich nach mehr Aussprache und einem größeren Freundeskreis. Möglicherweise kann sie diesem Wunsch durch neue Aktivitäten (Sportclub, Gesprächsrunden usw.) nachkommen.«

Melanie A.,
18, ledig, Auszubildende

Traum Nr. 64 *»Ich sitze auf einem Baum und sehe, wie meine Eltern, meine Geschwister, Verwandte und Bekannte vor meinem Grab stehen. Ich möchte etwas sagen, aber keiner hört mich und keiner sieht mich. Alle stehen nur am Grab und weinen.«*

Die wissenschaftliche Deutung: »Obwohl man sich von Eltern, Verwandten und Geschwistern gemocht und geliebt fühlt – oder vielleicht gerade deswegen? –, meint man manchmal, wenn man gerade aus irgendeinem Grund auf sie wütend ist, daß man sie mit dem eigenen Tod am ehesten traurig machen kann. Also eine Form von Bestrafung für die Umgebung!

Vielleicht war Melanie A. in der Realität über irgend etwas unglücklich, so daß sie diesen Rachetraum geträumt hat. Im Traum hat sie dann wenigstens Genugtuung, nämlich die Trauer der anderen. Und dies kann sie auch noch ›miterleben‹, obwohl sie doch eigentlich ›tot‹ ist!«

Irene V.,
25, ledig, arbeitslos

Traum Nr. 65 *»Ich bin eine Liebesdame in einem Bordell, aus dem ich schon mehrmals vergeblich weggelaufen bin. Jetzt breche ich wieder einmal aus. Ich gehe zu meinem*

Freund und bitte ihn, mir zu helfen und mit mir weit weg zu fliegen. Aber er sagt gar nichts, beachtet mich nicht, guckt einfach durch mich hindurch. Sein Gesicht ist starr wie eine Maske. Nach kurzer Zeit kommt mein Zuhälter und nimmt mich wieder mit, ohne Schläge und ohne laute Worte, so eine Art sanfte Gewalt, gegen die ich mich nicht wehren kann. Bald breche ich wieder aus, und das Ganze beginnt von vorne...«

Die wissenschaftliche Deutung: »Irene V. träumt, eine Prostituierte zu sein, das heißt, sie muß sich gegen ihren Willen immer wieder zu Liebesdiensten zur Verfügung stellen. Sie darf aber nicht vergessen, daß sie es ja ist, die den Traum gestaltet. Die Träumerin macht sich also selbst zu einer Frau, über die andere bestimmen können. Offensichtlich hat sie auch manchmal in ihrem Leben, in der Realität, das Gefühl, etwas zu tun, was sie eigentlich gar nicht will.

Irene V. sollte einmal ihre ganz persönlichen Bedürfnisse und Vorstellungen herausfinden, definieren und abgrenzen. Sie muß sich darüber klar werden, was sie will beziehungsweise ablehnt. Nur so kann sie ihre Persönlichkeit prägen und eine eigene Lebenslinie finden.«

Doris R., 17, ledig, Schülerin

Traum Nr. 66 *»Unsere Klasse macht einen Ausflug. Seltsamerweise ist das Ziel ein Haus, und zwar von der Bauart her das Haus meiner Oma, die im selben Dorf wohnt wie wir. Unser Klassenlehrer erklärt leicht verlegen, daß man jetzt seine ›Geschäfte‹ auf einer Matte verrichten müsse, da sonst keine Gelegenheit dazu da sei. Er gibt mir diese Matte – sie sieht genau wie unsere Badezimmermatte aus – und einen Schlüssel. Ich weiß, daß ich jetzt vorgehen, das Haus schon mal aufschließen und die Matte irgendwo plazieren soll. Ich gehe in das Haus hinein, und drinnen sieht es* *wirklich genauso aus wie bei Oma. Die Toilette ist auch an der üblichen Stelle, aber nach der Ankündigung des Lehrers weiß ich ja, daß sie nicht funktioniert. Also lege ich die Matte vor die Toilette ins Flürchen auf den Boden. Plötzlich muß ich selber ganz dringend auf die Toilette. Also hocke ich mich nieder. Als ich meine Ausscheidungen noch einmal betrachte, haben sie genau die Form und Größe von einem Ballen Heu, nur eben die übliche Farbe von Kot. Sie sind auch mit zwei Schnüren zusammengebunden, genau wie ein Heuballen. Doch ich wundere mich gar nicht über die Form und die völlig unwirkliche Größe des Kotes. Als allerdings der Lehrer und der Rest meiner Schulklasse das Haus betreten, bekomme ich ein unheimliches Schamgefühl, weil ich als erste, noch bevor die anderen da waren, die Matte benützt habe. Dies ist mir so entsetzlich peinlich, daß ich dem Lehrer und der Klasse gegenüber ganz verlegen Entschuldigungen stammle. Außerdem glaube ich, schon den üblen Geruch von Kot wahrzunehmen. Der Lehrer und die Klasse verhalten sich jedoch dem Ganzen gegenüber ziemlich gleichgültig und gehen an mir vorbei die Treppe hinauf.«*

Die wissenschaftliche Deutung: »Doris R. ›wählt‹ im Traum das Haus ihrer Oma als Ausflugsziel, also dürfte dieses beziehungsweise die Oma eine Rolle in ihrem Leben spielen, vielleicht auch in bezug auf Sauberkeit. Im Traum gibt sie viel von sich, wobei auch die Ausscheidung von etwas Wertvollem anklingt, da in der Träumerin die Vorstellung beziehungsweise das Bild von Heu auftaucht, welches zur Fütterung verwendet wird. Das alles erscheint ihr natürlich – was ja unsere Ausscheidungsfunktionen auch sind! Es überkommen sie dann allerdings Schuldgefühle, weil sie sich vorgeschoben hat. Sowohl die Klasse als auch der Lehrer erscheinen allerdings weder positiv noch negativ beeindruckt.

Kot kann vielerlei bedeuten. Er drückt in diesem Fall bildlich einen Ausscheidungsprozeß aus. Dabei kann es sich auch um Gefühle, Gedanken usw. handeln, die man von sich gibt beziehungsweise geben will. Der Heuballen symbolisiert, wieviel die Träumerin von sich gibt beziehungsweise geben will.«

Susanne H.,
33, ledig, Exportsachbearbeiterin

Traum Nr. 67 *»Ich habe das Gefühl, daß in meinem Kopfkissen, auf dem ich liege, junge Vögel sind. Das versetzt mich in Panik. Ich stehe auf und gehe zur Schublade, in der mein Besteck liegt. Dann nehme ich mein Brotmesser heraus und schneide mein Kopfkissen auf. Ich greife mit meiner Hand in die Federn, doch es sind gar keine Vögel drin.«*

Die wissenschaftliche Deutung: »Ob Susanne H. wohl schon darüber nachgedacht hat, was die jungen Vögel in ihrem Kopfkissen symbolisieren könnten? Im Schlaf will sie der Sache jedenfalls auf den Grund gehen. Manchmal können derartige Träume etwas mit Schwangerschaftsphantasien oder erotischen Wünschen zu tun haben. Keine Sorge, solche Phasen durchläuft jede Frau!«

Liselotte E.,
51, geschieden, ein Kind, Drogistin

Traum Nr. 68 *»Ich befinde mich an einem kleinen, runden Teich, der voller schwarzem Schlamm ist. Rechts und links im Schlamm liegen junge Männer oder vielmehr Knaben. Ich bemühe mich um den einen rechts, der bis zu den Schultern im Schlamm liegt. Ich will ihn mit dem dunklen Schlamm, der wie eine Decke ist, zudecken, damit er nicht friert. Aber es gelingt mir trotz ziehen und zerren nicht. Der Schlamm gleitet immer wieder zurück, so daß die Schultern freibleiben.«*

Die wissenschaftliche Deutung: »Die Träumerin müht sich ab, den jungen Mann mit dem Schlamm zuzudecken, was jedoch nicht gelingt. Anscheinend geht es um eine Sache oder einen Menschen, für den sie etwas tun will, doch erreicht sie nicht das, was sie sich wünscht. Der gute Wille gelte für die Tat.«

Beatrix W.,
26, ledig, Fremdsprachen-Korrespondentin

Traum Nr. 69 *»Ich bin mit meinen Eltern in einer Kutsche auf dem Weg zur Kirche, um die Hochzeit meiner Eltern (!) zu feiern. Während der Fahrt meint meine Mutter, daß ich zu schlampig angezogen sei. Ich laufe zu Fuß nach Hause, um mich umzuziehen.*

Wieder auf dem Weg zur Kirche, treffe ich ein befreundetes Ehepaar vor einem Schaufenster, es ist festlich angezogen. Es diskutiert lautstark über seine bevorstehende Trennung. Ich fange an zu weinen, als ich den Streit mitbekomme.«

Die wissenschaftliche Deutung: »Verbindung und Trennung – zwei Polaritäten in unserem Leben, die wesentlich unsere Gefühlswelt beeinflussen...

Für ihre Eltern, als Repräsentanten des Establishments, ist Beatrix W. zu schlampig. Die üblichen Konfliktsituationen zwischen den Generationen sollen hier deutlich gemacht werden.

Zur Hochzeit ihrer Eltern fährt sie wahrscheinlich deshalb, weil sie sich vielleicht doch eine ›ganz tolle‹ fixe Beziehung zu einem Partner wünscht. Ihr Traum über die Trennung des mit ihr befreundeten Ehepaares verstärkt diesen Eindruck.

Beatrix W. sollte versuchen, sich von unbewußten konservativen Wertvorstellungen (Hochzeit ihrer Eltern – ach wie schön!) zu befreien und nach echter Freundschaft und Partnerschaft streben.«

Erika P.,
28, ledig, Fotografin

Traum Nr. 70 *»Es ist Abend und schon dunkel. Meine Eltern, Großeltern, mein Bruder und viele andere mir bekannte und auch unbekannte Menschen sind mit mir zu einem großen Ball eingeladen. Das Fest findet in einer dreistöckigen weißen Villa statt, die altertümlich gebaut ist, mit runden Säulen, Verzierungen und Schnörkeln, teilweise von Efeu umrankt.*

Davor ist ein riesiges Grundstück mit Wiese und Bäumen, sehr gepflegt und wie ein Park angelegt. Es gibt auch einen Springbrunnen, der bei Nacht beleuchtet ist. Die ganze Villa strahlt in hellem Licht. Alle drei Stockwerke stehen den Gästen zur Verfügung.

Die Leute sind alle ausgelassen, lustig und in heiterer Stimmung. Wir sind alle sehr festlich angezogen, die Frauen in schicken, langen, raffinierten Ballkleidern, die Männer in dunklen oder weißen Anzügen. Ich selbst habe ein schulterfreies, tief dekolletiertes Kleid aus dunkelblauer Seide mit lauter kleinen Goldsternchen an. Es ist sehr auf Taille geschnitten, hat aber einen weiten, bauchigen Rock, der bei jeder Bewegung mitschwingt. Dazu trage ich passende lange Handschuhe und Pumps mit hohen, schmalen Absätzen.

Aus den Räumen dringen Musik und das Reden und Lachen der Gäste. Jeder unterhält und amüsiert sich gut, einige Paare tanzen, andere wieder holen sich am aufgebauten Buffet etwas zu essen und trinken. Plötzlich merken ich und andere, daß die Villa zu brennen anfängt. Wir sagen allen Gästen Bescheid, aber es gibt keine Panik, wir gehen seelenruhig und gelassen aus der Villa in den dazugehörigen Park. Ich schaue nun in die lockenden Flammen, die mich ganz seltsam faszinieren. Beim Anblick der rotgold leuchtenden Flammen spüre ich etwas Angst und Aufregung, aber auch etwas Beruhigendes, und ich empfinde das Feuer als schön.

Dann suche ich meine Familie und Freunde. Ich sehe sie alle auf einer Seite des Parks beisammenstehen. Noch immer spricht niemand ein Wort, alles schaut gebannt auf das Feuer. Niemand versucht zu löschen, und keiner holt die Feuerwehr. Inzwischen sind noch ein paar Nachbarn dazugekommen, alle mit Schlafanzug, Bademantel, Nachthemd bekleidet. Langsam wird das Feuer weniger, und es beginnt allmählich zu dämmern. Die meisten Gäste und Nachbarn gehen einfach weg, als wäre nichts geschehen. Nur meine Familie und meine Freunde stehen noch da. Plötzlich wird mir kalt und ich sage: ›Mein Gott, warum tut denn niemand etwas?‹ Da bekomme ich einen Mantel umgelegt und mir wird wieder wärmer. Jemand zieht mich an sich und legt den Arm um mich. Ich kann aber nicht erkennen, wer das ist. Ich fange an zu weinen. Ich schaue immer noch auf die Villa, die jetzt fast ganz niedergebrannt ist, dabei laufen mir die Tränen über mein Gesicht. Dann kommt die Feuerwehr. Aber es gibt nichts mehr zu löschen, und so fährt sie wieder ab. Plötzlich sage ich: ›Jetzt ist alles aus, jetzt habe ich alles verloren! Was soll nur werden, was soll ich nur tun?‹ Irgend jemand hält mich fest und sagt zu mir: ›Mach dir keine Sorgen, es wird schon wieder alles in Ordnung kommen. Wir sind doch alle da, und es ist nichts weiter passiert!‹ Darauf antworte ich: ›Wir werden eben neu anfangen und das schöne Haus wieder aufbauen, aber es wird trotzdem anders sein‹ . . .«

Die wissenschaftliche Deutung: »Erika P. träumt vom Feuer. Sie beobachtet fasziniert die Flammen, wie sie alles vernichten, zu Asche machen. In ihrem Traum sind unendlich viele Symbolgehalte: Das versengende Feuer um sie herum, das wohl auch zum Teil in ihr ist, da sie gefühlsmäßig stark beteiligt ist. Aber sie ist elegant gekleidet, etwas distanziert dabei, wenn Flammen – Gefühle – lichterloh brennen. Alles fällt in sich zusammen, aber aus der Asche kann viel Neues entstehen. Manches muß erst vernichtet worden sein, um neu aufgebaut werden zu können.«

Roswitha I., 28, verheiratet, drei Kinder, Hausfrau

Traum Nr. 71 *»Ich werde von einer reitenden Meute verfolgt. Ich renne in eine schmale Straße, in der lauter alte Gebäude stehen (wie im Mittelalter). Die Straße wird immer enger. Als ich nicht mehr weiter kann und mich in die Enge getrieben fühle, hebe ich einfach ab und fliege wie ein Vogel davon. Die Reiter gucken verblüfft hinter mir her.«*

Die wissenschaftliche Deutung: »Auch wenn die Träumerin so sehr bedrängt wird, findet sie eine Möglichkeit auszuweichen: Sie fliegt ganz einfach davon. So löst sie sich vom Boden ›der Tatsachen‹ und kann spielend und mühelos Distanzen überwinden.

Wie sieht es nun in ihrer Realität aus? Vielleicht ›hebt sie da auch einfach ab‹ und flüchtet wie im Traum, wenn sie meint, daß es nicht mehr weitergeht.«

Helene C., 25, verheiratet, zwei Kinder, Büroangestellte

Traum Nr. 72 *»Ich gehe auf einem einsamen Feldweg um eine riesige Mauer, die wie eine Festung aussieht, bis ich zu einem großen Tor komme. Das Tor ist mit Blumen und in der Mitte mit einem schönen Tier verziert. Dann sehe ich eine Person im Rollstuhl, die sich auf das Tor zubewegt, um es zu öffnen. Plötzlich geht das Tor von selbst ohne ein Geräusch auf. Ich versuche, das Gesicht der Person zu erkennen, aber ich sehe kein Gesicht.«*

Die wissenschaftliche Deutung: »Die Träumerin versucht, das Gesicht der Person im Rollstuhl zu erkennen, schafft das aber nicht. Sie geht den einsamen Feldweg entlang einer Mauer bis zu einem schönen Tor. Helene C. fragt sich bestimmt, was hinter dem Tor beziehungsweise der Mauer liegt und wie der Mensch aussieht. Wir möchten doch sehen, wie ein Mensch wirklich ist, möchten wissen, wie er denkt, fühlt und handelt. Manchmal kennen wir sogar die Personen nicht, die uns nahestehen, wie zum Beispiel unsere eigenen Eltern.«

Brigitte O., 36, verheiratet, zwei Kinder, Sekretärin

Traum Nr. 73 *»Mein Freund kommt mit einer Puppe aus dem Sexshop zu mir und sagt: ›Nun habe ich endlich eine Frau, die jede Nacht neben mir liegt.‹ Die Puppe hat schwarze Reizwäsche an. Außerdem erzählt er noch, daß sie besonders große Schamlippen besäße! Später liege ich mit meinem Freund im Bett. Mein Oberkörper ist nackt, obwohl ringsherum Leute sind, unter anderem auch meine Mutter: Mein Freund versucht, zärtlich mit mir zu sein, doch meine Mutter verbietet es ihm.«*

Die wissenschaftliche Deutung: »Der Traum verrät das wohl manchmal etwas zu schwache Selbstbewußtsein der Träumerin – wie es scheint, besonders in sexueller Hinsicht. Wahrscheinlich machen ihr auch die von zu Hause anerzogenen Moralvorschriften und daraus resultierende Ängste zu schaffen. Brigitte O. sollte jedoch bedenken, daß es in einer Partnerschaft nicht auf sexuelle Details, besondere Praktiken oder vielleicht Tabus ankommt. Was zählt, ist ihre Persönlichkeit, die Ganzheit und Menschlichkeit ihrer Person mit ihrer Möglichkeit und Art der Sexualität. Sie sollte einmal mit ihrem Partner über dieses Thema sprechen. Ein Gespräch dieser Art kann für sie in jedem Fall nur gewinnbringend und aufschlußreich sein!«

Nicole St., 36, geschieden, zwei Kinder, Fotografin

Traum Nr. 74 *»Ich befinde mich mit meinen beiden Kindern, die im Traum noch klein sind, in einem alten Haus und will ein Paar Schuhe vom dort wohnenden Schuster* *von der Reparatur abholen. Die Frau des Schusters sagt, ich solle in die Werkstatt gehen, diese befinde sich im oberen Stockwerk.*

Ich suche den Treppenaufgang und sehe eine schmale eiserne Leiter, die als Trittbrett schmiedeeiserne Verzierungen hat. Ich gehe drei Stufen hinauf und bitte meine Kinder, unten zu warten. Auf einmal verliere ich einen Schuh. Ich will den zweiten Schuh zu meiner Sicherheit auch abstreifen, aber behalte ihn an, um das Gleichgewicht auf der Treppe nicht zu verlieren. Also klettere ich mit einem Schuh an den Füßen weiter.

Die schmiedeeisernen Trittbretter haben zwischen den Verzierungen Löcher, so daß ich den Boden unter mir sehen kann und mir schwindlig wird. Trotz meiner Ermahnungen klettert mir meine jüngere Tochter nach. Ich steige weiter die Leiter hinauf und sehe den Boden der Werkstatt ebenfalls als schmiedeeisernen Boden mit Verzierungen und Durchsicht in die Tiefe. Im Hintergrund sitzt der Schuster und arbeitet. Ich denke, daß ich mich auf diesem Boden nicht halten kann. Aber meine Tochter ist schon oben. Ich sehe sie nicht mehr und habe Angst. Ich robbe auf dem Bauch die letzten Stufen zum Boden hinauf. Es ist kein Geländer mehr da zum Festhalten. Plötzlich zittert der Boden unter mir, obwohl er von festen Eisenträgern gestützt wird, aber auf einmal ist der Boden wieder fest und ruhig. Ich überlege, ob ich mich trauen kann, zum Schuster hinaufzulaufen. Dann denke ich wieder, wenn der dort arbeiten kann, dann kann auch ich zu ihm hin, der ist älter als ich und geht jeden Tag auf diesen schmiedeeisernen Boden hinauf zum Arbeiten. Ich richte mich langsam aus meiner Bauchlage auf und mache die ersten sicheren Schritte.«

Die wissenschaftliche Deutung: »Im Leben wie im Traum befindet sich Nicole St. in einer schwierigen Situation. Sie steigt nach oben. Obwohl der Boden unter ihren Füßen nicht sicher ist. Es kostet sie große Mühe und Anstrengung, ihr Gleichgewicht nicht zu verlieren. In der Realität bemüht sie sich wohl darum, das seelische Gleichgewicht zu halten. Ein Ringen, das jeder Mensch in kritischen und problematischen Situationen durchlebt. Und genau dies spiegelt der Traum wider...«

Ute G.,
17, ledig, Schwesternschülerin

Traum Nr. 75 *»Ich stehe vor unserem Krankenhaus, das völlig umgebaut und teilweise unterirdisch ist. Plötzlich kommt eine Geistergestalt mit entstellter Fratze auf mich zu. Kurz vor mir entwickelt sie sich zu einem Mann, der einen Dolch in der Hand hält. Er sticht zu und verletzt mich an den Schultern. Ich raffe mich auf und will weglaufen. Aber aus irgendeinem inneren Zwang drehe ich mich noch einmal um. Da sehe ich, wie der Mann meinem Freund Robert den Dolch in den Rücken rennt. Robert steht mit enblößtem Oberkörper da, mit dem Rücken zu mir. Er bricht zusammen, aber aus seiner Wunde fließt kein Blut. Der Mann sticht immer wieder zu, er schlachtet ihn regelrecht wie ein Schwein ab. Ich gerate in Panik, schreie und laufe davon.«*

Die wissenschaftliche Deutung: »Der Dolch in diesem Traum muß nicht für Verwundung und Tod stehen, wie Ute G. annimmt, sondern kann sehr wohl andere symbolische Bedeutung haben. Beispielsweise kann ein Dolch die Männlichkeit schlechthin symbolisieren.

Erst wird die Träumerin vom Dolch getroffen, und schließlich findet zwischen zwei Männern (Rivalen) ein ernster Kampf statt. Sie hat dabei große Angst und kann dadurch den Traum nicht zu Ende träumen. Denn sie wacht vorher auf beziehungsweise gerät in Panik und läuft weg. Vielleicht wäre ihr Freund Robert zuletzt doch noch als Sieger aus dem Kampf hervorgegangen. In Träumen ist schließlich alles möglich.«

Kerstin H., 22, ledig, arbeitslos

Traum Nr. 76 *»Ich bin mit vielen Menschen auf einem grünen Berg mitten in der Wüste. Rund um den Berg liegt Sand, nur der Berg ist mit Gras bepflanzt. Am Anfang scheint die Sonne. Die Menschen gehen spazieren oder liegen in der Sonne, genau wie ich. Dann sehe ich auf einmal meine Eltern, meinen Freund und die Eltern meines Freundes. Ich gehe zu ihnen, wir setzen uns ins Gras und reden. Plötzlich wird der Himmel ganz schwarz und dicke Gewitterwolken ziehen auf. Es fängt zu donnern und zu blitzen an. Die Menschen laufen aufgeregt durcheinander.«*

Die wissenschaftliche Deutung: »Der Traum vom grünen Berg in der Wüste zeigt eine Stimmung von Harmonie und Eintracht – bis zu dem Zeitpunkt, an dem das Gewitter einsetzt. Anscheinend verhält es sich im Leben der Träumerin ähnlich. Sie lebt gegenwärtig in Harmonie und relativer Zufriedenheit. Im Unterbewußtsein ist jedoch die Angst da, irgend etwas könnte anders, schlechter werden und so ihr Glück gefährden. Leider besteht unser Leben nicht nur aus schönen und sonnigen Tagen. Solange es uns aber gutgeht, sollten wir diesen Lebensabschnitt in vollen Zügen genießen!«

Daniela T., 39, geschieden, vier Kinder, Lektorin

Traum Nr. 77 *»Ich stehe am Bett meiner vierundsiebzigjährigen Mutter, als sie aus heiterem Himmel einen Herzschlag bekommt. Daraufhin fahre ich zu einem Bekannten und frage ihn, ob er mir bei der Suche nach einem Grabstein helfen könne. Dann fahren wir gemeinsam nach Hause zurück, und als wir am Bett meiner Mutter sind, atmet sie wieder.«*

Die wissenschaftliche Deutung: »Daniela T. träumt von ihrer Mutter, die zuerst stirbt und dann wieder zu atmen beginnt, als sie ihr schon einen Grabstein ausgesucht hat. Doch ihre Mutter lebt. Die Träumerin will ihr – mit dem Grabstein – ein ›Denkmal‹ setzen und damit etwas abschließen. Aber so einfach ist das nicht! Ein Mensch lebt nicht nur körperlich real neben uns, sondern auch geistig abstrakt in uns. Gedanken, Erlebnisse sind nicht mit einem Grabstein beizusetzen. Sie leben weiter – eben in uns!«

Silke J.,
46, verwitwet, zwei Kinder, Hausfrau

Traum Nr. 78 *»Es ist Nacht. Ich tanze mit einem Mann am Rande einer Ortschaft, die ich nicht kenne. Ich fühle mich dabei körperlich vollkommen eins mit ihm. Er ist groß und schwarzhaarig, offensichtlich ein Ausländer.*

Der Mann bringt mich an die Rückseite eines Hauses, an dessen Wand im Freien ein großes Bett steht. Wir legen uns ins Bett und reden. Mehrere Leute stehen um uns herum und schauen uns an. Der Mann sagt mir, daß er mich heiraten will.

Dann gehen wir zusammen einen Abhang hoch, Bäume sind da und ein großes, eingezäuntes Gelände. Darin befinden sich viele Hammel.

Plötzlich kommen viele Verwandte des Mannes. Sie sehen wie Zigeuner aus und wollen mich in einen Zigeunerwagen bringen. Ich bekomme Angst. Der Mann ist nicht mehr da. Also beschließe ich abzuhauen. Ich renne barfuß los. Ich renne und renne ganz schnell und wundere mich, daß mich der Mann nicht einholen kann. Dann bin ich froh, daß ich gerettet bin.«

Die wissenschaftliche Deutung: »Im Traum hat Silke J. einen Freund, mit dem sie sich beim Tanz vollkommen eins fühlt. Er möchte sie heiraten, doch sie läuft aus Angst fort und ist froh, dieser Beziehung entflohen zu sein.

Der Mann scheint die Träumerin mehr zu lieben als sie ihn. Wie sie schreibt, ist es im Leben bei ihr zumeist umgekehrt. Vielleicht will sie sich im Traum einmal für ihre zu starken Gefühle an einem Mann rächen, indem sie sich entfernt. Dabei sollte sie aber eines nicht vergessen: Was läßt einen Menschen denn tiefere Gefühle empfinden, zu lieben – oder geliebt zu werden? Eigentlich ist doch keine Liebe gleich. Wie kann man dann abwägen . . . ?«

Monika F., 41, verheiratet, ein Kind, Rezeptionistin

Traum Nr. 79 *»Ich bin in Italien. Eine Bombe fliegt immer wieder auf meinen Hals zu. Aber sie erreicht mich nicht, da ich sie mit meiner Hand aufhalten kann. Danach laufe ich in Panik durch Italien und sehe viele Tote.«*

Die wissenschaftliche Deutung: »Monika F. träumt, in Italien von einer Bombe bedroht zu werden. Sie fühlt sich also in einem Land bedroht, in dem sie nicht zu Hause ist, das ihr fremd, aber die Heimat ihres Mannes ist. Im Traum gelingt es ihr, sich geschickt zu wehren und sich dadurch zu retten. Allerdings ist sie nicht imstande, die Angst abzulegen, daß es ihr wie den anderen ergehen könnte. Die Frage, welche Angst sie in ihrem Leben verfolgt, muß Monika F. selbst beantworten.«

Ilse Z., 34, verheiratet, zwei Kinder, Stenokontoristin

Traum Nr. 80 *»Ich bin gerade bei meinen Eltern, als wir hören, daß in mehreren Schrebergärten eingebrochen wurde. Wir fahren sofort zu unserem Gartenhaus. Von außen sieht man nichts, auch drinnen kann man nicht erkennen, daß da vielleicht eingebrochen wurde. Es fehlt nichts und trotzdem sagen die Leute, daß hier einer drinnen war. Irgend jemand erklärt uns, wie sich das Ganze wahrscheinlich abgespielt hat: Die Einbrecher hätten das Dach ein* *bißchen zurückgeschoben, so daß sie ans Fenster konnten, und dann hätten sie die Tür aufgemacht.*

Das Häuschen selbst ist viel größer als eine Wohnung mit Küche und Wohnzimmer. Für den Fall, daß noch einmal einer einbrechen sollte, schmiere ich auf Tische und Schränke Öl, damit man hinterher die Fingerabdrücke hat. Dann sehe ich in der Küche, daß sich an der Decke etwas bewegt. Bei näherem Betrachten erkenne ich, daß es Fische sind. Mein Mann entfernt sie und wirft sie in den Küchenofen. Aber es sind immer noch welche da, und man bekommt sie nicht weg.

Danach bin ich auf meinem Kajütboot, das aber an Land festgemacht ist. Es kommt ein Sturm auf mit Regen. Ich fange an Deck zu hüpfen an. Da sagt man mir, ich solle aufhören, weil das Boot sonst zu stark wackle.«

Die wissenschaftliche Deutung: »Der Traum handelt von einem Einbruch. Doch bei diesem kann man nicht sehen, was ›drinnen‹ vorgegangen ist. Anscheinend möchte die Träumerin verhindern, daß wieder etwas (in ihr Inneres) einbricht, beispielsweise Schwierigkeiten, Sorgen oder Probleme. Doch manche Dinge lassen sich eben nicht so leicht bereinigen und ausrotten (›Fische‹). Wie der Traum zeigt, ist Ilse Z. manchmal bereit, ein gewisses Risiko auf sich zu nehmen (›Hüpfen im Boot‹). Vielleicht ist diese Risikobereitschaft auch in ihrem Lebensalltag vorhanden.«

Anita R.
48, verheiratet, ein Kind, Kosmetikerin

Traum Nr. 81 *»Ich liege im Bett. Plötzlich sehe ich eine Ratte über meine Bettdecke laufen und dann noch eine. Die Ratten kommen von überallher und werden immer mehr. Eine beißt sich in meinem Nacken fest. Ich schleudere sie an die Wand und springe entsetzt aus dem Bett. Doch auch am Fußboden wimmelt es nur so von Ratten. Ich versuche verzweifelt, die Tiere totzutreten.«*

Die wissenschaftliche Deutung: »Ratten-Träume sind nicht Androhungen von unangenehmen Ereignissen – wie Anita R. meint –, sondern ein Symbol für Angst. Es ist die Angst vor ihren eigenen starken Gefühlen und Impulsen, aber auch ihren Aggressionen.

Sie glaubt, sich derartige Stimmungen nicht erlauben zu dürfen. Anita R. sollte aber zu ihrer gesamten Charakterstruktur stehen und ruhig auch einmal ›negative‹ Gefühle ausleben.«

Veronika L., 33, verheiratet, Innenarchitektin

Traum Nr. 82 *»Ich sitze mit meinem Mann in einem Bierzelt auf einer Bank. Uns gegenüber sitzt eine große, blonde, vulgäre Frau mit vollschlanker Figur. Sie spricht mit uns, und auf einmal stellt sie fest, daß sie im selben Sternzeichen und am selben Tag geboren ist wie mein Mann. Aus diesem Grund freunden sich die beiden sofort an, geben sich einen Kuß und vergessen alle anderen Menschen um sich herum. Ich sitze da und bin völlig verzweifelt.*

Dann muß ich sogar mitansehen, wie mein Mann aufsteht und mit dieser Frau tanzt. Da er nicht mehr zurück an unseren Tisch kommt, und ich von allen anwesenden Männern zum Tanz gebeten werde, tanze ich schließlich mit einem reizenden jungen Mann. Er trägt komischerweise den gleichen Trenchcoat, den auch mein Mann hat, was in mir eine eigenartige Vertrautheit und Geborgenheit bei diesem Fremden auslöst. Ich fühle mich erlöst durch ihn, und wir tanzen auch. Auf einmal sehe ich, daß mein Mann das Bierzelt mit der schrecklichen Frau lustig und heiter verläßt.

Ich folge mit meinem Begleiter. Er meint, daß ich doch ihn jetzt hätte, daß er immer zu mir stehen würde und daß ich so etwas nicht nötig hätte. Ich gehe unbewußt meinem Mann nach und sehe ihn mit dieser Frau in einem Geschäft telefonieren. Ich bin außer mir, gehe hinein, schreie ihn an und frage, ob das seine Treue und Liebe auf ewig sei, die er mir immer versprochen hat. Mein Mann hört gar nicht auf mich, sondern telefoniert seelenruhig mit seinem Vater weiter. Er sagt, daß sein Vater recht gehabt und daß ich nie zu ihm gepaßt hätte, weil ich viel zu elegant und fein und hysterisch sei. Aber jetzt hätte er eine tolle Frau kennengelernt, mit der er zusammenbleiben würde. Daher würde er sich von mir scheiden lassen.

Ich werde beinahe ohnmächtig vor Enttäuschung, verlasse weinend den Laden und gehe zu dem anderen Mann. Er legt seinen Arm um mich und tröstet mich. Bei ihm fühle ich mich geborgen. Ich will am liebsten gleich zum Rechtsanwalt gehen und mich von meinem Mann scheiden lassen, weil ich ihm so etwas nie verzeihen und es vor allem nie vergessen könnte. Trotzdem bin ich nicht allein, weil dieser Mann mit dem Trenchcoat da ist und sagt, daß er mich liebt.«

Die wissenschaftliche Deutung: »Vielleicht hegt die Träumerin manchmal wirklich Zweifel, ob sie die richtige Frau für ihren Mann ist. Falls diese Unsicherheit tatsächlich vorhanden ist, so bedeutet das noch lange nicht, daß ihr Mann ebenfalls an seiner Wahl zweifelt.

Im Traum tanzt der Mann von Veronika L. mit einer anderen Frau, verliebt sich in diese und will sich schließlich von der Träumerin trennen.

Wir müssen eben auch in einer Ehe akzeptieren, daß Liebe und Treue Eigenschaften sind, zu denen man seinen Partner nicht verpflichten kann. Man kann diese Gefühle weder erzwingen noch herbeiführen. Sie kommen von selbst oder gar nicht. Je weniger Besitzansprüche Veronika L. jedoch an ihren Mann stellt, desto freier kann sich ihre Beziehung entwickeln und entfalten. Sie sollte vielleicht einmal ihre Einstellung zur persönlichen Freiheit eines Menschen überdenken – speziell in Beziehung auf ihren Partner!«

Olivia E., 37, geschieden, Sozialarbeiterin

Traum Nr. 83 *»Ich stehe mitten auf einem großen Platz. Von allen Seiten kommen verschiedene Fahrzeuge auf mich zu. Es sind Autos, Lastwagen und sogar Panzer. Sie rollen immer näher und kreisen mich regelrecht ein. Ich habe keine Chance zu fliehen. Schließlich werde ich von einem Panzer überfahren.«*

Die wissenschaftliche Deutung: »Im Traum von Fahrzeugen überfahren zu werden, deutet auch auf ein ›Sich-überrollt-Fühlen‹ im Alltag hin. Vielleicht glaubt Olivia E., daß sie von anderen Menschen nicht akzeptiert wird und sich erst liebenswert machen muß. Dabei versäumt sie jedoch, ihre Persönlichkeit genügend darzustellen und nach außen zu kehren. Mehr Selbstbewußtsein würde ihr sicherlich gut tun!«

Judith Sch., 24, verheiratet, ein Kind, Hausfrau

Traum Nr. 84 *»Ich bin im Wohnort meiner verstorbenen Großmutter. Auf der Straße treffe ich eine Gruppe junger Leute, mit denen ich rasch ins Gespräch komme. Ein junger Mann beeindruckt mich dadurch, daß er mir erzählt, er habe seine beiden Brüder durch einen Unfall verloren. Ich kann seine Trauer verstehen, da meine Freundin dieses Schicksal mit ihm teilt. Ich erzähle ihr später von dieser Begegnung.*

Dann trenne ich mich von der Gruppe und begebe mich in ein fremdes Haus, in ein Zimmer, wo ein benütztes Bett steht. In dieses Bett lege ich mich und schlafe ein. Ich wache auf, als Personen in das Zimmer treten. Ein Mädchen, ein Junge und der Gesprächspartner von vorher. Er bleibt bei mir, und es ist mir, als hätten diese Leute nach mir geschaut, weil ich mich nicht wohl gefühlt habe.

Später befinde ich mich an Deck eines Schiffes. Die See ist sehr stürmisch. Meine Mutter kommt an Bord und auch mein Kind ist bei mir. Meine Mutter wird ausgelacht, als sie mit den anderen Leuten sprechen will. Das Schiff ist auf hoher See.

Der Schauplatz wechselt und wieder befinde ich mich allein in dem gleichen Zimmer wie vorher, wo ich anscheinend etwas vergessen habe. Ich glaube, ich suche den jungen Mann. Im Hintergrund höre ich Stimmen vom Schiff. Die See wird noch stürmischer, und die großen und starken Leute werden gebeten, sich zwischen die Frauen und Kinder zu setzen.

Dann bin ich auf einmal in einer Art Lager (wie ein Flüchtlingslager), wo ich wieder mit dem Mann von vorher zusammentreffe. Da wird er zu meinem Freund. Später sehe ich Fotos, auf denen wir zusammen mit anderen Leuten auf der Wiese schlafen.«

Die wissenschaftliche Deutung: »Der Traum beginnt, indem die Träumerin mit einer Gruppe junger Leute ins Gespräch kommt. Diese kümmern sich um sie und wollen wissen, wie es ihr geht. Offensichtlich vermißt Judith Sch. im Alltag diese Aufmerksamkeit. Sie schreibt, viel allein zu sein und zuviel allein bewältigen zu müssen. Im Traum verarbeitet sie dies. Weiter nimmt sie zwei wichtige Personen auf das Schiff mit: Mutter und Kind.

Die See ist bewegt – was auf das Leben von Judith Sch. übertragen den Wunsch nach mehr ›Bewegung‹ (Abwechslung) bedeutet.

Immer wieder begegnet die Träumerin dem jungen Mann, ihrem Gesprächspartner. Vielleicht kommt hier ein Wunsch nach einem verständnisvollen Partner zutage. Einem Partner, der sich einem anvertraut, und dem man sich selbst auch anvertrauen kann.

Judith Sch. sollte einmal mit ihrem Mann über ihre Träume und Probleme sprechen. Ein offenes Gespräch wäre in ihrem Fall sehr wichtig!«

Corinne N.,
20, ledig, Friseurin

Traum Nr. 85 *»Im Schrank meines ehemaligen Verlobten sitzen einige Tiere, die wie Wiesel aussehen und Fleischfresser sind. Ich muß sie mit lebenden Mäusen füttern. Einem der fleischfressenden Tiere muß ich die Hälfte der Maus, mit der ich es vorher gefüttert habe, wieder wegnehmen, weil sie noch für ein anderes Tier reichen soll. Der halbe Kopf ist weg, aber die graue Maus lebt noch und beißt mich mehrmals in die Hand. Mein Vater sieht das, nimmt die Maus und schleudert sie weg. Ich betrachte noch einmal die Bißwunden. Das Blut sieht aus wie geronnenes Blut und nicht wie frisches. Ich habe starke Schmerzen.«*

Die wissenschaftliche Deutung: »Im Traum muß Corinne N. etwas geben. In diesem Fall sind es Mäuse, die von ihr an Tiere verfüttert werden. Sie gibt ihnen also Futter. Als sie einem dieser Tiere sein Futter wieder wegnehmen muß, verursacht ihr das Schmerzen.

Möglicherweise hat dieser Traum etwas mit der Beziehung zu ihrem ehemaligen Verlobten zu tun. Sie hat ihm auch etwas von sich gegeben, dann aber wieder entzogen. Sicher hat dieser Prozeß der Ablösung der Träumerin Schmerzen bereitet. Trotzdem scheint es, als sei die Wunde nicht mehr so frisch.«

Renate H.,
26, verheiratet, ein Kind, Fabrikarbeiterin

Traum Nr. 86 *»Ich bin etwa fünfzehn Jahre alt und laufe nachts durch die Häuserreihen einer Großstadt, und zwar innen. Die benachbarten Häuser sind durch einen Gang miteinander verbunden. Ich gehe in jedes Kinderzimmer und wecke die Kinder, die zum Teil schon auf mich warten. Dann spiele ich mit ihnen. Das paßt aber den Eltern nicht und sie verjagen mich.*

Ich flüchte auf die gegenüberliegende Straßenseite in ein Haus mit zwei blauen Glastüren, das wie eine Kirche aussieht. Als ich jedoch durch das Portal an der Längsseite gehe, sehe ich, daß es eine Spielhölle ist. Rechts auf einem Podest steht ein Mann im Anzug, der meinen Arm nimmt und mich zu der Tür ins Hinterzimmer führen will. Ich reiße wieder aus und laufe in ein anderes Zimmer. In diesem Raum befinden sich Animierdamen und Männer in Anzügen. Sie tun so, als sähen sie mich nicht. Dann laufe ich endgültig auf die Straße hinaus.«

Die wissenschaftliche Deutung: »Der Traum ist schillernd von der Vielfältigkeit des Lebens. Er zeigt Gegensätze auf, die wohl bei vielen Menschen im verborgenen schlummern. Renate H. träumt von mehreren Seiten und Aspekten ihres Charakters, welche ihre ganz spezielle Persönlichkeit ausmachen. Einerseits sieht sie sich als fünfzehnjähriges kinderliebendes Mädchen (...›auf das die Kinder schon warten‹). Andererseits findet sie sich in einer Spielhölle wieder, also in einer verruchten Welt von Geld und Sex. Ein dritter Gesichtspunkt ihres Traumes wäre noch der religiös-kirchliche, symbolisiert durch das Haus mit den Glastüren. Manche dieser angeschnittenen Charakterzüge werden im Lebensalltag der Träumerin mehr, andere wieder weniger ersichtlich sein.«

Linda D.,
18, ledig, Lehrling

Traum Nr. 87 *»Ich bin alleine zu Hause. Es klingelt an der Tür. Ich mache auf, und ein guter Freund von mir, der aber vor einem Jahr mit seinem Moped tödlich verunglückt ist, steht draußen. Ich weiß, daß mein Freund tot ist. Trotzdem freue ich mich, ihn zu sehen. Wir verbringen einen schönen Tag miteinander. Es ist fast so wie früher. Am Abend verschwindet er dann genauso schnell, wie er gekommen ist.«*

Die wissenschaftliche Deutung: »Linda D. träumt, einen tödlich verunglückten Freund wiederzusehen. Im Traum hebt sich eben oft sogar der Tod auf. Hier haben Tod und Endgültigkeit andere Bedeutung und andere Relationen. Die Sehnsucht nach dem guten Freund läßt ihn wieder leben. Bilder früherer Zeit sowie Erlebnisse entstehen scheinbar realistisch vor den Augen der Träumerin. Vergangenes kann im Traum wach und längst Vergessenes aufgefrischt werden…«

Gerda V.,
53, ledig, Steuerberaterin

Traum Nr. 88 *»Ich befinde mich in einem Gebäude, das zwar Fenster hat, aber keine Scheiben. Außerdem ist es ein Labyrinth, aus dem ich nur sehr schwer einen Ausgang finde. Wenn ich ihn endlich gefunden habe, stehe ich auf einmal vor einer riesigen Sanddüne. Ich laufe mit drei Kindern die Düne hinauf und auf der anderen Seite wieder hinunter. Am Strand angekommen, sehe ich vor mir das Meer, das ganz plötzlich haushohe Wellen schlägt.«*

Die wissenschaftliche Deutung: »Die Träumerin befindet sich in einem Haus, das keine Fensterscheiben besitzt. Dies symbolisiert ungehinderten Kontakt zur Außenwelt. Sie kann mit allen Leuten reden, sich verständigen – ohne störende Scheiben dazwischen. Wahrscheinlich kann sie sich anderen Leuten gut mitteilen, und es fällt ihr auch nicht schwer, über problematische Dinge zu sprechen. Es scheint ihr jedoch ein Ausweg, eine Lösung zu fehlen. Der tatsächliche Ausgang beziehungsweise Zugang zu ihr ist nämlich erschwert. Dies symbolisiert das Labyrinth. Ein direkter Weg ist verbaut. Probleme, die auftauchen, machen die Träumerin unsicher. Sie weiß in Krisensituationen nicht mehr, wo es eigentlich langgeht. Die gleiche Deutung geht auch aus dem zweiten Teil des Traumes hervor. Immer wieder treten Schwierigkeiten auf: Die Träumerin muß

Dünen überwinden, um zum Meer zu gelangen. Auch hier ist nicht alles wie erwartet – haushohe Wellen überraschen sie.

Gerda V. sollte in Ruhe ihre gegenwärtigen Probleme überdenken und geradlinige Lösungen suchen. Sie hat bestimmt die Kraft, Schwierigkeiten zu überwinden.«

Yvonne P., 29, geschieden, drei Kinder, Verkäuferin

Traum Nr. 89 *»Mein Freund kommt am Wochenende zu Besuch, und wir wollen ungestört sein. Aber kaum schließen wir die Tür zu meiner Wohnung, hören wir aus dem Wohnzimmer laute Stimmen. Überall sitzen meine Schwestern, mein Bruder und andere Verwandte herum. Sie haben alle ihre Kinder mitgebracht. Ich sage ihnen, daß sie gehen sollen. Aber keiner von ihnen denkt auch nur daran, nicht einmal meine Mutter. Alle wollen in meiner kleinen Wohnung übernachten.*

Also ergreifen mein Freund und ich samt meiner jüngsten Tochter die Flucht. Im Hausflur stolpern wir beinahe über einen Ascheneimer. Wir müssen durch den Hinterausgang raus. Auf dem Hof aber liegt ein großer Haufen Tornister und Etuis! Wieder ist uns der Weg versperrt. Also räumen wir alles zur Seite. Doch als wir auf der Straße sind, bietet sich uns das gleiche Bild. Überall, wo wir hingehen, sind entweder Tornister oder meine gesamte Verwandtschaft. Ich höre sie lachen. Man gönnt meinem Freund und mir keine ruhige Minute, geschweige denn ein ruhiges Plätzchen.«

Die wissenschaftliche Deutung: »Die Suche nach einem ruhigen Plätzchen wird im Traum zu einem regelrechten Hindernislauf. Wie es scheint, hat Yvonne P. in ihren Beziehungen viele Schwierigkeiten zu überwinden. Doch je mehr sie versucht, diesen auszuweichen, um so vielfältiger werden sie.

Die Träumerin sollte danach trachten, einen neuen Weg zu finden, um ihre ›Freiheit‹ zu erobern. Vielleicht sollte sie in manchen Situationen eher standhalten und ernsthaft versuchen, sich durchzusetzen.«

Natalie I.,
45, geschieden, drei Kinder, kaufm. Angestellte

Traum Nr. 90 *»Eine große Menge Menschen sitzen oder liegen auf dem Boden, es ist eine Art Zeltlager. An den Bäumen zwischen ihnen hängen Schlangen. Direkt über mir ist zwar kein Baum, aber ich ekele mich fürchterlich und habe große Angst, mit einer Schlange in Berührung zu kommen. Darum schaue ich immer zu den Bäumen hoch und erwarte, daß sich eine Schlange plötzlich in die Menschenmenge fallen läßt. Anscheinend haben die anderen keine Furcht. Mit Entsetzen schaue ich auf die Erde rundherum, und mir kommt der Gedanke, in ein von den anderen etwas entfernter stehendes Zelt zu gehen. Aber ich gehe nicht, weil ich fürchte, auch dorthin könnte sich eine Schlange verkrochen haben.«*

Die wissenschaftliche Deutung: »Natalie I. träumt von Schlangen, die sie in bedrohlicher Weise umgeben. Einerseits könnte der Traum Ausdruck ihrer Angst vor Auseinandersetzungen sein. Andererseits hat die Schlange manchmal auch sexuelle Symbolik. Auf diese Art, nämlich im Traum, können sich möglicherweise ihre sexuellen Ängste verkörpern.

Es kommt nicht selten vor, daß wir nach einer angstvoll erwarteten Situation erkennen müssen: Ja, eigentlich war unsere Angst unbegründet! Oft verursachen Ereignisse Ängste in uns, die im Grunde genommen überhaupt nichts Angsterregendes an sich haben.

Natalie I. sollte einmal darüber nachdenken, welche Situationen und Dinge ihr Angst einflößen, und warum das so ist.«

Eva A.,
12, ledig, Schülerin

Traum Nr. 91 *»Ich sehe vor mir einen langen, geraden Weg. Am Ende dieses Weges befindet sich eine Tür. Rechts und links vom Weg ist nichts außer Dunkelheit. Dann höre ich hinter der Tür eine dunkle Stimme rufen: ›Komm, komm doch!‹ Die Stimme spricht laut, doch sehen kann ich niemanden. Trotzdem habe ich Angst davor.«*

Die wissenschaftliche Deutung: »Angst vor der Dunkelheit kommt bei Kindern häufig vor. Die Frage nach dem ›Warum‹ kann man dann nur in den seltensten Fällen beantworten. Oft spielen Ängste vor Einbrechern, Mördern oder Gespenstern eine gewisse Rolle. Gerade bei besonders behüteten Kindern kann diese Angst auftreten.

Im Traum von Eva A. ist die undurchsichtige Dunkelheit noch gekoppelt mit einer lockenden Stimme, die die Träumerin zu ›verlocken‹ sucht. Möglicherweise spiegelt ihr Traum einen inneren Zwiespalt wider: einerseits den Wunsch, etwas Verbotenes zu tun – andererseits die Angst vor den Folgen.«

Stella K.,
27, verheiratet, Zahntechnikerin

Traum Nr. 92 *»Mein Mann und ich sind auf unserer Verlobungsfeier, kurz danach ist Polterabend, dann kommt die weiße Hochzeit. Sie findet in einer kleinen Kirche statt. Alle Gäste sind schon drin, nur ich habe mich verspätet. Mein Mann sitzt vorne in der ersten Reihe. Die Kirche ist mit herrlichen Blumen geschmückt. Ich gehe langsam nach vorne.*

Je näher ich dem Altar aber komme, um so deutlicher sehe ich einen Sarg. Ich versuche weiterzugehen, aber es fällt mir plötzlich immer schwerer. Auf einmal sehe ich meinen Mann auf mich zukommen. Er nimmt meine Hand und geht mit mir weiter nach vorne. Ich stehe jetzt mit ihm vor dem Sarg. Es liegt ein Mann oder eine Frau darin. Ich kann aber nicht erkennen, wer es ist, obwohl mir diese Person nicht unbekannt ist. Dann muß ich fürchterlich weinen.«

Die wissenschaftliche Deutung: »Im Traum sieht Stella K. eine Gestalt in einem Sarg liegen – und das bei ihrer Hochzeit! Diese Gestalt steht symbolisch für Dinge, die ausgelöscht und tot sind, also beerdigt werden sollten. Das können Wünsche, Ideale, Ideen und ähnliches sein. Im Traum hilft der Träumerin ihr Mann, mit diesem schmerzlichen Abschiednehmen fertig zu werden. Darüber darf sie sich wirklich freuen.«

Irmgard W., 44, verheiratet, drei Kinder, Lehrerin

Traum Nr. 93 *»Ich will die Toilette aufsuchen. Das tue ich auch, muß aber feststellen, daß keine Tür da ist und ich daher nicht abschließen kann. Außerdem kann man die Toilette nicht benutzen, weil sie in ekelerregender Weise verschmutzt und verstopft ist.«*

Die wissenschaftliche Deutung: »Irmgard W. träumt, eine Toilette aufsuchen zu wollen, aber keine benützbare finden zu können. Sie will sich einschließen, denn dieser Bereich des Menschlichen scheint für sie nicht so wertvoll zu sein wie andere Bereiche. Er ist eher behaftet mit Schmutz und Ekel.

Hier stellt sich die Frage, wie es der Träumerin wohl mit ›Schmutz‹ beziehungsweise den negativen Seiten des Lebens geht. Kann sie Probleme alleine lösen oder verschließt sie sich vor ihnen?

Irmgard W. sollte einmal ergründen, wie ihre Handlungsweise im Problemalltag aussieht, um eventuell etwas daran verbessern zu können.«

Petra H., 21, ledig, Fotolaborantin

Traum Nr. 94 *»Ich habe mich von meinem Freund wegen Streitigkeiten getrennt. Daher will ich zusammen mit meinen alten Bekannten einen Ausflug machen. Es sind aber lauter Pärchen. Ich komme mir deshalb sehr verloren vor. Meine beste Freundin bemerkt das und weiß sofort, warum. Sie meint, daß sie für mich auch einen Partner finden würde.*

Dann kommen wir an einem Krankenhaus vorbei. Plötzlich steht er da, mein Exfreund, in einem Rollstuhl, beide Beine bis übers Knie weg. Ich schreie und fange an zu weinen. Dann laufe ich schnell zu ihm. Ich fliege in seine Arme, und er drückt mich ganz fest. Auf einmal sind wir in seinem Zimmer, wir halten uns immer noch in den Armen und küssen uns. Wir sind beide sehr glücklich und wollen uns nie mehr trennen.

Da kommt ein anderer Mann aufs Zimmer, der sehr gut aussieht und dem auch ich gefalle. Er zeigt mir das in aller Offenheit. Mein Freund läßt es darauf ankommen, wie ich reagiere. Ich weise den anderen heftig ab und umarme meinen Freund. Der meint, ich solle es mir gut überlegen, ob ich bei ihm bleiben will. Aber meine Entscheidung steht schon fest, ich will nur ihn.«

Die wissenschaftliche Deutung: »Im Traum setzt sich Petra H. mit der Trennung von ihrem Freund auseinander. Obwohl ihm beide Beine amputiert wurden, will sie trotzdem bei ihm bleiben, auch wenn sie ein anderer Mann umwirbt. Dieser Traum zeigt deutlich ihre zwiespältigen Gefühle. Sicher sind in ihr (eingestanden oder uneingestanden) Wut- und Rachegefühle vorhanden, die gleichzeitig ein schlechtes Gewissen und Schuldgefühle auslösen. Aber sie hat auch positive Emotionen gegenüber ihrem Freund, von dem sie sich zum Zeitpunkt des Traumes innerlich noch nicht lösen konnte.«

Franziska B.,
49, geschieden, zwei Kinder, Verw.-Angestellte

Traum Nr. 95 *»Ich gehe mit einigen Leuten auf einem Weg, links und rechts sind hohe Hügel. Auf einem Hügel steht ein Bauernhof. Der Bauer füttert das Federvieh mittels einer Rutsche, die den Berg runtergeht, mit Körnern. Unter den Tieren sind auch sechs Gänse. Eine Gans wendet sich plötzlich mir zu, beginnt laut zu schreien und mit den Flügeln zu schlagen. Ebenso plötzlich fliegt sie auf mich zu und hackt auf mich ein, auf den Kopf und den ganzen Körper. Ich bekomme die Gans am Kragen zu fassen und töte sie. Daraufhin werde ich ins Gefängnis gebracht und zum Tode verurteilt. Alle Zeugenaussagen, die bestätigen, daß es Notwehr gewesen ist, nützen nichts. In meiner Zelle bekomme ich Besuch von meinem Bekannten, der mir Bier eingießt, aber das Glas wird nie voll. Seine Mutter, die ich nicht kenne, begleitet ihn. Sie streicht mir übers Haar und sagt, daß alles wieder gut werde.«*

Die wissenschaftliche Deutung: »In ihrem Traum tötet Franziska B. eine Gans, die sie zuvor angegriffen hat. Es ist Notwehr, und doch kann sie es vor Gericht nicht beweisen.

Wie sieht es nun im Alltag bei ihr mit Konfliktsituationen aus? Ist sie fähig, diese zu lösen? Wenn ihr jemand feindselig gegenübertritt, entstehen in ihr wohl auch Aggressionen, die sie sich nur ungern eingesteht. Sie bekommt für diese ›bösen‹ Empfindungen Schuldgefühle. Dabei sollte die Träumerin ihre Empfindungen auf keinen Fall verdrängen. Sie sollte lieber darüber sprechen, das hilft!«

Sandra V.,
23, ledig, Packerin

Traum Nr. 96 *»Ich befinde mich auf einem Bahnhof. Dort treffe ich zwei frühere Freundinnen, die beide ihr Kind dabei haben. Auch ich habe ein Baby mit. Doch plötzlich habe ich das Gefühl, daß meines gar kein Kind ist , sondern* *nur eine Puppe. Ich sehe es nochmals ganz genau an, und es ist wirklich eine Puppe. Ich habe Angst, die anderen beiden könnten es auch sehen. Deshalb gehe ich nach Hause und lasse die Puppe irgendwo liegen.*

Plötzlich höre ich eine Lautsprecherdurchsage, daß bei einem Kiosk ein Baby gefunden wurde. Ich weiß, daß es mein Kind sein muß. Doch zugleich glaube ich immer noch, daß es nur eine Puppe ist, und will deshalb nicht mehr zurückgehen.«

Die wissenschaftliche Deutung: »Im Traum hat Sandra V. ein Baby. Doch plötzlich befällt sie das Gefühl, es sei nur eine Puppe. Auch als durch den Lautsprecher der Fund eines Kindes gemeldet wird, traut sie sich diese Möglichkeit, ein richtiges Baby zu haben, nicht recht zu. In diesem Zusammenhang wäre es interessant zu wissen, wie sich die Träumerin wohl in der Realität selbst erlebt. Hat sie das Gefühl, daß Dinge, die von ihr kommen, auch etwas wert sind? Oder neigt sie eher dazu, ihr Licht unter den Scheffel zu stellen, ihre Fähigkeiten also unter- und die der anderen überzubewerten? Es scheint, als hätte sie eine sehr negative Sicht, die Welt zu betrachten. Sie schreibt nämlich, nichts Positives in ihrem Leben zu finden. Wahrscheinlich hat sie schon sehr viel Krisen durchlebt. Trotzdem sollte sie versuchen, zu positiverem Denken zu gelangen. Denn sonst wird das Leben zum Teufelskreis: Haben wir erst einmal eine bestimmte Sicht der Welt erlangt, machen wir immer wieder jene Erfahrungen, die dazu passen – weil wir für die anderen, positiveren gar nicht ›offen‹ sind!«

Kathrin G., 47, verheiratet, vier Kinder, Beamtin

Traum Nr. 97 *»Um mich herum herrscht ein furchtbares Durcheinander. Es sieht fast so aus wie im Krieg. Ich weine und kann vor Schwäche kaum noch gehen. Zwei Bekannte müssen mich stützen. Vor mir taucht plötzlich eine schwar-*

ze Gestalt auf. Da falte ich die Hände zu einem Gebet. Die Gestalt kommt ganz langsam vom Himmel herab und schwebt auf mich zu. Ich sehe die heilige Maria. Aus ihrem linken Auge fließen Tränen. Ich schreie immer wieder: ›Heilige Maria, hilf mir!‹ Dann strecke ich beide Hände zu ihr hin. Sie kommt langsam in meine Hände. Ich werde ruhig, und sie zerläuft in meinen Händen.«

Die wissenschaftliche Deutung: »Im Traum hat Kathrin G. einen Weg gefunden, um Probleme zu bewältigen, durch die Anrufung der heiligen Maria kehrt Ruhe in sie ein. Vielleicht hilft ihr auch in der Realität das Gebet, wenn es darum geht, Konflikte zu lösen. Sie sollte diesen Weg auf jeden Fall einmal ausprobieren.«

Bärbel V., 18, ledig, Auszubildende

Traum Nr. 98 *»Ich gehe durch eine Wildnis. Gerade flüchten Giraffen vor Löwen, die ich nicht sehe. Doch drei Giraffen gehen wieder an den Platz zurück, an dem sie vorher standen. Gleich darauf laufen sie wieder fort. Zwei große Giraffen laufen zu den anderen zurück, nur die dritte, eine kleine Giraffe, läuft in eine andere Richtung. Sie läuft auf mein Zuhause zu, das in der Wildnis steht. Ich hole sie und trage sie ins Haus, ich möchte sie behalten. Plötzlich verwandelt sich die Giraffe in eine Mischung aus einem Leoparden und einem Wildschwein und sieht jetzt aus wie ein Pudel. Ich nehme den Mischling mit in unseren Keller. Da kommt eine unserer Katzen und faucht das Tier an. Es läuft weg und versucht sich zu verstecken. Ich versuche es aus seinem Versteck herauszuziehen. Es strampelt und sagt: ›Alle mögen ja nur dich!‹ Ich nehme es mit in die Wohnung. Dort wäscht meine Schwester etwas und redet vom Fernsehen, meine Mutter fährt zu Verwandten, die wir in Wirklichkeit am Tag zuvor besucht haben. Der Mischling ist vergessen.«*

Die wissenschaftliche Deutung: Eine Giraffe läuft in eine andere Richtung. Sie wandelt sich und hat viele verschiedene Seiten: Leopard, Wildschwein, Pudel. Diese stehen im Traum für verschiedene Antriebe, daß heißt für verschiedene Seiten unseres Seelenlebens. Die verschiedenen seelischen Dimensionen möchte die Träumerin aus dem Versteck ziehen. Sie möchte vermeiden, diese einzusperren beziehungsweise wegzuschieben. Wir wagen ja oft nur eine Seite – nämlich die allgemein tolerierte – unseres Wesens zu leben. Das erweist sich als besonders schwierig! Nicht selten reagiert man beispielsweise im Familienkreis aus reiner Gewohnheit mit ›alten‹ erlernten Verhaltensweisen. Bärbel V. sollte versuchen, sich über die verschiedenen Dimensionen ihres Wesens einmal klar zu werden.«

Ulla S.,
45, ledig, Industriekauffrau

Traum Nr. 99 *»Ich befinde mich mit meinem Auto auf einer spiegelglatten, weißblauen Eisfläche. Seltsamerweise muß ich ausgerechnet diese Richtung nehmen. Die Fläche sieht aus wie ein großer zugefrorener See. An den Rändern dieser Eisfläche liegen Eisbrocken in verschiedenen Größen. Die Eisfläche selbst ist hell erleuchtet, während die Landschaft in düsteres Licht getaucht ist. Man sieht schemenhaft schwarze, kahle Bäume.*

Plötzlich komme ich mit meinem Pkw ins Rutschen und schlittere einer abschüssigen Eisrinne entgegen. Trotz verschiedener Lenkversuche kann ich den Wagen nicht unter Kontrolle bringen. In diesem Moment taucht meine verstorbene Mutter auf und stemmt sich gegen den Wagen, um ihn zum Stillstand zu bringen. Auf der glatten Eisfläche kommt meine Mutter selbst ins Rutschen und fällt hin.

Durch diesen Sturz öffnet sich plötzlich das Eis zu einem Spalt. Meine Mutter wird in diese Eisspalte sogartig und ruckweise immer tiefer hineingezogen, und zwar mit dem Kopf zuerst. Das Eis schlägt wie Wellen über meiner Mutter zusammen. Ich bin starr vor Entsetzen und im ersten Moment unfähig zu helfen. Dann versuche ich, meine Mutter an den Händen oder an der Bekleidung festzuhalten, doch es klappt nicht. Ich kann gerade noch ihr linkes Bein erwischen. Es nützt aber alles nichts, der Sog ist zu stark. Zum Schluß habe ich bloß ihren linken schwarzen Halbschuh in der Hand.«

Die wissenschaftliche Deutung: »Die Landschaft ist düster. Die Träumerin sieht schemenhaft schwarze, kahle Bäume – ein Ausdruck ihrer Traurigkeit über den Tod der Mutter. Das Auto kommt ins Rutschen, und die Mutter versucht es zu halten. Die Träumerin kann dies nicht verhindern, denn sie hat ja auch in der Realität den Tod der Mutter nicht verhindern können. Auf jeden Fall ist ihre Mutter nicht gestorben, um ihr zu helfen und sich für sie zu opfern. Sollten derartige Gedanken und Gefühle in Ulla S. sein, so sollte sie diese sorgfältig überprüfen und sich nicht mit Schuldgefühlen belasten.«

Männer-träume

Uwe J., 43, ledig, Steuerberater

Traum Nr. 1 *»Ich bin auf einem Trainingsplatz mit noch einem anderen Spieler. Eine Trainerin ist auch dabei. Sie zeigt mir, wie ich das Spielfeld betreten soll. In Richtung Publikum winkend, trete ich durch eine Tür aufs Spielfeld. Der Ball ist aus Schaumgummi oder Styropor. Er ist aber nicht rund, sondern länglich, oben und unten breiter, in der Mitte schmäler, wie eine Taille. Ich kann dieses Gebilde kaum werfen beziehungsweise mit dem Fuß schießen. Plötzlich aber habe ich einen richtigen, sehr großen Ball in Händen. Damit kann ich spielen...«*

Die wissenschaftliche Deutung: »Dieser Traum läßt Sportbegeisterung anklingen. Offensichtlich spielt der Sport eine gewisse Rolle im Leben des Träumers. Im Traum hat er anfänglich Probleme mit einem etwas ungwöhnlich aussehenden Ball. Doch schließlich kann er mit einem ›normal‹ geformten Ball das Spiel durchführen, womit die Probleme behoben sind. Der Traum zeigt, wie Probleme durch völlig unverhoffte Situationen oft verschwinden und aus dem Weg geräumt werden. Man sollte also auch in schwierigen Situationen nicht verzweifeln. Ein ›Ausweg‹ findet sich immer!«

Markus W., 24, ledig, Verkäufer

Traum Nr. 2 *»Des öfteren träume ich davon, bei meiner Exfreundin zu sein. Diese jedoch zeigt an mir kein Interesse. Ich muß dann mitansehen, wie sie es mit anderen treibt, obwohl sie einen festen Freund hat. Wenn ich bei ihr bin, dann fahre ich immer mit einem schweren Pkw vor, obwohl ich selbst kein Auto besitze.«*

Die wissenschaftliche Deutung: »Wahrscheinlich hat der Träumer die Trennung von seiner Freundin innerlich noch nicht ganz vollzogen und versucht nun im Traum, dieses Erlebnis zu verarbeiten.

Sein Bemühen wird ersichtlich, sich von ihr zu distanzieren und emotional abzulösen: er ist es, der das Mädchen ›fremdgehen‹ läßt. Denn es ist immer der Träumer selbst, der den Traum inszeniert.

Der schwere Pkw hingegen ist als Statussymbol zu werten und könnte den Wunsch ausdrücken, die Freundin beeindrucken zu wollen. Träume sind – wie auch in diesem Fall – sehr häufig ein Mittel, um innerlich noch nicht ganz Verarbeitetes schneller zu bewältigen.«

Alfons G.,
35, geschieden, Buchhalter

Traum Nr. 3 *»Ich bilde mir ein, meine Exfrau liegt neben mir (keine Sexgedanken), ich will nach ihr greifen – weg! Ich spreche mit ihr, lasse aber das Thema ›Trennung‹ vor drei Jahren aus. Jedesmal, wenn ich im Traum nach ihrer Hand greifen will, wache ich auf. Diese Art von Traum ist mehr oder weniger intensiv von Fall zu Fall.«*

Die wissenschaftliche Deutung: »Der Träumer schreibt von einer zerbrochenen Beziehung. Diese Partnerschaft hat in ihm ein starkes Gefühl der Sehnsucht nach Nähe und Geborgenheit (nicht unbedingt Sexualität) hinterlassen. Dies drückt sich auch im Traum aus. Es wäre nun notwendig herauszufinden, wo die Grenzen seiner Realisierungsmöglichkeiten liegen!«

Herbert A.,
61, verwitwet, Beamter

Traum Nr. 4 *»Ich halte eine schöne Frau in den Armen. Ein wohliges Gefühl durchströmt mich. Doch vergeblich versuche ich, ihr Gesicht zu erkennen. Bei diesem Bemühen muß ich plötzlich feststellen, daß die angenehme*

Erscheinung verschwunden ist. Ich renne – einmal rase ich sogar mit dem Wagen – hinterher, ohne die Schöne zu entdecken. Die Landschaften, Straßen, Plätze – ja sogar die Menschen, denen ich begegne – sind mir unbekannt und gleichgültig. Wenn ich dann feststelle, daß ich trotz meiner Raserei nicht von der Stelle gekommen bin, wache ich enttäuscht auf und stelle fest, daß der Platz neben mir leer ist. Was bleibt, ist das schöne Gefühl, das ich anfangs bei der Begegnung habe.«

Die wissenschaftliche Deutung: »Wie gerne würde man manchmal Traumbilder, in denen sich unter anderem auch Sehnsüchte, Wünsche und Vorstellungen widerspiegeln, festhalten!

Der Träumer sehnt sich nach einer Partnerschaft – hat jedoch damit einige Probleme. Er sollte versuchen, diese Probleme in der Realität zu klären.«

Erwin K., 58, verheiratet, zwei Kinder, Portier

Traum Nr. 5 *»Als Kind träumte ich oft, daß eine kleine Kugel auf mich zurollt und zu einer großen, breiten Walze wird, der ich durch Laufen zu entkommen versuche, was aber nicht gelingt. Ich werde überrollt und wache dann mit einem Schrei auf.*

Jetzt träume ich sehr häufig folgendes: Ich gehe mit meiner Geliebten zu irgendeiner Veranstaltung oder in eine Gaststätte. Es dauert nicht lange, und irgendein fremder Mann, der meist sehr gut aussieht, nimmt mit ihr Augenverbindung auf. – Dann dauert es nicht lange, und sie ist plötzlich nicht mehr da. Verzweifelt rufe ich nach ihr, suche sie in allen Räumen, auf der Straße. Aber sie ist wie vom Erdboden verschwunden. – Manchmal sehe ich sie dann plötzlich weit vor mir. Ich renne sofort hinter ihr her, rufe und schreie, aber ich kann sie nicht einholen, nicht ergreifen.«

Die wissenschaftliche Deutung: »Der Kindheits-Traum, bei dem eine kleine Kugel immer größer und breiter wird – symbolisiert die ›Gewichtigung‹ von allen Dingen. Aus der Entfernung betrachtet erscheint so manche Situation klein und bedeutungslos. Beim Näherkommen sieht die Sache jedoch oft ganz anders – nämlich gewichtiger, gefährlicher beziehungsweise schwerwiegender aus. Der Träumer wurde früher sicherlich zeitweise von Dingen ›überrollt‹, die eine ›Mücke waren und zum Elefanten wurden!‹

Der Traum aus letzter Zeit zeigt eine gewisse Angst vor Konkurrenzsituationen auf. Der Träumer fühlt sich machtlos, hilflos und weiß nicht, wie er sich verständlich machen soll. Er sollte überlegen, inwieweit diese Angst sich in seinen Alltag hineingefressen hat. Erfaßt sie ausschließlich den Lebensbereich, der ihn mit seiner Geliebten verbindet, oder bereits mehr? Ängste kann man bewältigen!«

Achim B.,
28, ledig, Schlosser

Traum Nr. 6 *»In meinem Traum war Krieg. Ich wollte sterben und habe deshalb Haarshampoo getrunken.«*

Die wissenschaftliche Deutung: »Krieg bedeutet Aggression. In diesem Traum ist sehr viel Aggression enthalten, der der Träumer jedoch nicht standhalten konnte. Das Haarshampoo, das er trinkt, ist in dem Fall ein Mittel der ›Flucht‹, auch wenn er weiß, daß es sicherlich nicht zum Tode führen kann. Der Träumer müßte sich darüber klar werden, vor welchen Aggressionen er davonläuft.«

Johann T.,
66, geschieden, ein Kind, Pensionär

Traum Nr. 7 *»Ich träume von großen Seen, von schönen Bergen und manchmal auch von häßlichen Menschen-Frauen! Ich bin seit vielen Jahren chronisch krank...«*

Die wissenschaftliche Deutung: »Der Träumer schreibt von großen Seen und schönen Bergen. – Die Natur dürfte in seiner Erlebniswelt also eine bedeutende Rolle spielen. Sie erfüllt seine Träume, auch wenn er in der Realität vielleicht gar nicht so oft die Möglichkeit hat, schöne Seen und Berge aufzusuchen.

In anderen Träumen sieht Johann T. im Gegensatz zu den schönen Naturszenen ›häßliche Menschen‹. Wahrscheinlich symbolisieren die ›häßlichen Menschen‹ das negative Gefühl gegenüber den schlechten Eigenschaften seiner Mitmenschen. Träume sind nämlich sehr wohl fähig, die Gefühlswelt zu ›verkleiden‹ und zu personifizieren – also ihr einen Körper zu geben. Bei als ›schlecht und böse‹ empfundenen Dingen ist dieser Körper eben nicht immer schön...«

Benedikt Z.,
62, verheiratet, drei Kinder, Postbediensteter

Traum Nr. 8 *»Ich bin in einer fremden Gegend und finde nicht mehr nach Hause, laufe durch Felder und über Gartenzäune, bis es dunkel wird. Frage ich, wie weit es bis zu meinem Heimatort ist, dann sind es etwa fünfzig Kilometer.*

Dann laufe ich immer schneller – bis ich plötzlich die Augen aufmache.«

Die wissenschaftliche Deutung: »Der Träumer ›irrt‹ im Traum durch eine fremde Gegend. Er sucht den richtigen Weg und weiß nicht recht, in welcher Richtung es ›langgeht‹.

In etlichen Lebensphasen fragt man sich, ob die Richtung, der Weg, den man eingeschlagen hat, überhaupt der richtige ist. Auch im höheren Alter ist eine Orientierung auf Lebensziele oft noch von großer Bedeutung! Denn: Ein Ziel braucht jeder Mensch, um glücklich oder zufrieden sein zu können!«

Martin L.,
67, geschieden, Pensionist

Traum Nr. 9 *»Ich bin in einer Stadt. Habe ein mir bekanntes Ziel. Doch plötzlich komme ich in einen mir unbekannten Stadtteil und finde den Weg nicht mehr. Ich komme nicht hin, wo ich eigentlich hin wollte.«*

Die wissenschaftliche Deutung: »Der Träumer verfolgt ›Ziele‹, die anders gelöst werden, als er ursprünglich vorhatte. Vielleicht geht es ihm in Wirklichkeit ähnlich. Seine Traumschilderungen deuten an, daß es ihm nicht sehr leicht fällt, sich unvorhergesehenen Situationen anzupassen und mit diesen fertig zu werden.«

Herwig M.,
42, verheiratet, ein Kind, Geschäftsmann

Traum Nr. 10 *»Der Ort der Handlung ist entweder immer ein riesiger unbekannter Bahnhof oder ein großes Haus meiner väterlichen Vorfahren, das viele Zimmer hat. Ich irre durch Gänge, Räume, Hallen und Wartesäle auf der Suche nach einer Toilette, weil ich dringend ein ›großes Geschäft‹ zu erledigen habe. Meine Suche ist ergebnislos, denn es gibt nirgends ein geeignetes Örtchen. Schließlich ist das Bedürfnis so groß, daß ich ein sehr brüchiges und meinen Vorstellungen nach ungeeignetes Klo aufsuche. Dort gebe ich so viel Kot von mir, daß er trotz häufiger Spülung nicht verschwindet und das Klo langsam überquillt. Ich gebe mir alle Mühe, mein Mißgeschick zu beseitigen, aber es hilft nichts. Je mehr ich beseitigen kann, desto mehr quillt aus der Toilette. Ich werde immer hektischer, um diesen Vorfall vor anderen Leuten zu verbergen, aber es hilft nichts. Die Leute auf dem Bahnhof kommen zur Tür herein, sehen, daß noch besetzt ist, und gehen wieder, oder meine Tante kommt trotz verschlossener Tür herein, fragt, wann ich fertig bin, und geht wieder. Während* *meiner immer hektischer werdenden Bemühungen, den vielen Kot zu beseitigen, kommen und gehen Menschen, die nur feststellen, daß sie hier nicht zur Toilette gehen können, und verschwinden wieder. In diesem endlosen Kreislauf meiner Bemühungen und dem Kommen und Gehen von Menschen verliert sich der Traum im Endlosen, und ich schlafe traumlos weiter.«*

Die wissenschaftliche Deutung: »In seinen Träumen sucht der Träumer eine Toilette. Trotz vieler Gänge, Räume, Hallen und Wartesäle irrt er vergeblich umher, um ein ›stilles Örtchen‹, ein Klo, zu finden. Als er endlich eines aufgetrieben und sein Geschäft verrichtet hat, schafft er es nicht, den vielen Kot zu beseitigen...

Hier stellt sich die Frage nach der Erziehung des Träumers: Wie war seine Sauberkeitserziehung in bezug auf Analität, aber auch in bezug auf Ordentlichkeit generell? War da irgendwo ein Platz für ›Mist‹ – den man gemacht hat (›für Scheiße, die man gebaut hat‹) – also für Dinge, die nicht so perfekt ausgefallen sind? Oder waren das alles Sachen, die man sich eher aberziehen mußte?«

Josef D., 63, verheiratet, zwei Kinder, Kaufmann

Traum Nr. 11 *»Ich träume, daß ich auf die Toilette muß und finde auch den entsprechenden Raum. Er ist in der Regel sehr groß, weist mehrere Klosetts auf, die alle alter Bauart sind: aus rohem Holz mit der kreisrunden Öffnung, sogenannte Plumpsklos, wie man sie früher hatte. Obwohl ich nötig muß, mag ich keines benutzen, weil sie alle unsauber sind, mit Kot beschmiert. Dazu kommt noch, daß diese Holzgestelle immer ein wenig zu hoch sind und man sich nicht recht setzen kann. In dem Raum sind auch immer Leute, die mir zusehen könnten; nicht daß sie mich beobachten – sie sind nur da. Aus all diesen Gründen kommt es im Traum nie zu einer Entleerung.«*

Die wissenschaftliche Deutung: »Der Träumer hat den Drang, sich zu ›entleeren‹ – doch immer wieder wird dies durch verschiedene unpassende Umstände verhindert (Leute, Schmutz, Höhe des Klos usw.).

Möglicherweise deutet das darauf hin, daß er ein eher introvertierter Mensch ist. Das heißt, er kann nur schwer aus sich herausgehen oder etwas von sich (her-)geben. Dies kann sich auch auf sein Gefühlsleben beziehen! Es fällt ihm vermutlich schwer, mit anderen Menschen über sein ›Innenleben‹ zu sprechen, ihnen das Herz auszuleeren. Der Träumer sollte versuchen, sich anderen gegenüber mehr zu öffnen. Das kann oft Wunder wirken!«

Rainer W., 54, zwei Kinder, Prokurist

Traum Nr. 12 *»Ich gehe nackt durch die Straßen und mache dann in aller Öffentlichkeit ›ein großes Geschäft‹. Die vorbeigehenden Leute beachten mich nicht, sie stören mich aber auch nicht.«*

Die wissenschaftliche Deutung: »Der Träumer geht nackt durch die Straßen, um dann schließlich in aller Öffentlichkeit ›ein großes Geschäft‹ zu verrichten.

Er hält sich somit nicht an Konventionen und Normen – ein Gegensatz zu den Menschen seiner Umgebung. Er fühlt sich überlegen, allem gewachsen und denkt sich: ›Scheiß drauf‹ (wie der Volksmund sagt). Na, und das tut er dann schließlich auch!«

Paul C., 19, ledig, Mechaniker

Traum Nr. 13 *»Ich bin unterwegs, teilweise zu Fuß oder mit dem Auto und komme in unmögliche Situationen. Zum Beispiel ist ein Teil der Autobahn durch einen Sandberg unbefahrbar, und ich muß zu Fuß weitergehen. Dann* *wechselt die Szene, und ich sehe fünf Männer, die total nackt sind, sich, auf der Straße sitzend, mit einer Frau und mehreren Personen unterhalten. Danach bin ich irgendwo unterwegs und zwischendrin sind wieder die fünf nackten Männer ›eingeblendet‹.«*

Die wissenschaftliche Deutung: »Der Träumer kommt trotz der Hindernisse vorwärts und läßt sich durch nichts von seinen Zielen abhalten. Wenn er in der Realität auch so handelt, dann ist ihm nur zu gratulieren. Er sollte auch bewußt über die Gefühle reflektieren, die der Anblick der fünf nackten Männer bei ihm ausgelöst hat. Es gibt viele bewußte und unbewußte Motive, warum diese im Traum nackt aufgetreten sind. Beispielsweise die Furchtlosigkeit der Männer vor Nacktheit. Im übertragenen Sinn würde dies bedeuten, daß diese ihr Inneres zeigen und über sich reden können. Oder Nacktheit als Form eines aggressiven Aktes.«

Michael E.
25, geschieden, Dreher

Traum Nr. 14 *»Ich träume, daß ich alleine nackt dastehe unter einer riesigen Menge von nackten Frauen und dann weglaufe. Oder ich sitze allein auf einer riesigen grünen Wiese, und auf einmal sind dort nur noch Schlangen. Oder ich bin im Urwald und muß ums Überleben gegen jede Art von Tieren kämpfen, aber auf einmal hebe ich die Hände und laufe weg.«*

Die wissenschaftliche Deutung: »Der Träumer gerät in eine Reihe ›gefährlicher Situationen‹: Eine riesige Menge nackter Frauen, unter denen er als einziger Mann nackt steht. Die Frau wird damit überdimensional und vervielfacht dargestellt. Schlangen können oft Sexualität symbolisieren! Vielleicht ist es auch gar nicht so sehr die Frau als Mensch, vor der er Angst hat, sondern die weibliche Sexualität, die er fürchtet. Häufig sind die Gefahren und

Ängste im Traum überzeichnet beziehungsweise keine realistischen Gefahren. Man sieht dann gleichsam Gespenster.«

Arnulf G., 52, geschieden, vier Kinder, Chauffeur

Traum Nr. 15 *»Ich gehöre zu einer Gruppe, die sich einmal in der Woche trifft. Diese Gruppe hat einen neuen Treffpunkt bekommen: einen Neubau. Zu diesem Versammlungsraum gehört eine Teeküche. Jede Gruppe hat dort einen Schrank für Kaffee, Tee, Milch, Zucker usw.*

Die Leiterin dieser Gruppe will mir den Schlüssel zu ›unserem‹ Schrank geben. Ich lehne es ab. Wenn ich den Schlüssel zu dem Schrank habe, dann ›muß‹ ich bei jedem Treffen dabei sein, weil die anderen Gruppenmitglieder sonst keine Getränke bekämen.«

Die wissenschaftliche Deutung: »Der Schlüssel in diesem Traum symbolisiert ›Zugang‹! Einerseits ›Zugang‹ zum Schrank und dessen Vorräten, andererseits ›Zugang‹ zur Leiterin selbst. Arnulf G. lehnt eine derartige ›Amtsübertragung‹ jedoch entschieden ab. Verpflichtungen dieser Art bedeuten für ihn einen gewissen Freiheitsentzug.

Denn: Der Träumer will weder eine engere Beziehung eingehen, noch Verantwortung übernehmen.«

Bertram L., 48, ledig, Schaffner

Traum Nr. 16 *»Ich versuche die Tür meiner Wohnung aufzuschließen, aber der Schlüssel dreht sich im Schloß wie ein Kugelschreiber in der Hand. Nachdem ich die Tür berühre, öffnet sie sich ohne Schlüssel. Als ich die Wohnung betrete, befinde ich mich in völlig fremden, viel größeren Räumen, als sie meine Kleinwohnung hat. Die Wohnung wimmelt vor Handwerkern, ist aber unmöbliert. Die Räume sind riesig, die Decken haben viel Goldstuck,* *ebenso die Wände. Auf mein Erschrecken über soviel Gold beruhigen mich die Handwerker. Es handelt sich bei dem Gold um Isolierungen, die danach weiß gestrichen werden. Auf meine Frage, warum über der Scheuerleiste die Wände längs aufgeritzt sind, sagt man mir, daß dort eine Alarmanlage verlegt wird.«*

Die wissenschaftliche Deutung: »Der Träumer versucht die Wohnung aufzusperren: mit einem Schlüssel. Doch dieses ›undynamische Instrument‹ gewährt ihm nicht den erwünschten Zugang. Dieser wird ihm erst durch die Berührung mit der Tür (Fingerspitzengefühl) zuteil. Doch was sich da eröffnet, ist völlig unbekannt, ist nichts aus seinem Erfahrungsbereich.

Wohnungen, Häuser usw. symbolisieren im Traum oft ›menschliche Gebäude‹. Sie stehen für einen selbst oder für andere Menschen und Beziehungen. Also, was Bertram L. durch den Schlüssel nicht erreichen konnte, schafft er durch Fingerspitzengefühl.«

Rudolf D., 68, verwitwet, zwei Kinder, Jurist

Traum Nr. 17 *»Immer wieder sehe ich mich im Traum als Soldat im Krieg, und zwar in Situationen, die ich nie erlebt habe.*

In neuerer Zeit träume ich oft von Umzügen von einer Wohnung in die andere. Dabei ist zu bemerken, daß diese Wohnungen nicht identisch sind mit der, die ich selbst bewohne, und mit denen, die ich von meinem Verwandten- und Bekanntenkreis her kenne.«

Die wissenschaftliche Deutung: »Umzugsträume symbolisieren bei diesem Träumer eine nach wie vor vorhandene Flexibilität! Seine Wohnsituation – das ›Lebenshaus‹ – ist erfreulicherweise nicht erstarrt oder im Starrwerden begriffen, sondern immer noch änder- und erneuerbar.«

Wilhelm K., 53, geschieden, zwei Kinder, Kaufmann

Traum Nr. 18 *»Es findet eine Tagung in einem schönen, bergigen Ferienort statt. Dieser Ferienort ist auch mein Wohnsitz. Nach Beendigung der Tagung, an der Geschäftsfreunde, Rechtsanwälte, meine behandelnden Ärzte, Sparkassenleiter, Bürgermeister und Vertreter aller Parteien teilgenommen haben, wollen die zirka vierzig bis fünfzig Personen, die mir alle namentlich bekannt sind, meinen fast fertigen Neubau besichtigen.*

Vor dem Haus steht mein völlig zerstörter Pkw. Wir gehen um das Haus, um von der Südseite das Innere zu betreten. Die Panoramaverglasung ist zerstört. Wir stehen nun in einem großen, hallenartigen Raum, der bis zum Dach offen ist. In halber Höhe des Raumes befindet sich eine Balustrade, von der die einzelnen Zimmer abgehen. Jetzt suchen alle Anwesenden nach den Tätern. In einem Zimmer finde ich meine Tochter, die weinend über ihren Stofftieren liegt. Sämtliche Räume in diesem Stockwerk sind restlos zerstört.

Plötzlich sehe ich im Dachfirst einen meiner ehemaligen Angestellten. Ich klettere hinauf, und nach kurzem Kampf fällt er in einen in der Halle stehenden Behälter. Dieser Behälter ist ungefähr zehn mal zehn Meter groß, und er ist mit einer weißen, zähen Masse gefüllt. Ich renne in die Halle zurück, in der alle anwesenden Personen tatenlos den Behälter umstehen. Unter dem Beifall aller Personen stoße ich den Täter mit einer Stange immer wieder vom rettenden Rand. Nach zehn Minuten versinkt er schließlich.

Alle Personen, es sind nur Männer, beglückwünschen mich und geloben absolutes Stillschweigen. Die Architekten machen sofort Pläne zur Beseitigung des Behälters. Ich will das Haus jedoch nicht mehr behalten und verkaufe es am gleichen Nachmittag an zwei Parteivertreter der CDU. Durch den Erlös kann ich in der gleichen Stunde ein ähnliches Objekt erwerben.

Bei einem anschließenden festlichen Essen taucht plötzlich auch meine Frau auf. Sie ist das einzige weibliche Wesen in meinem Traum. Durch leises Winseln meines Hundes werde ich vermutlich geweckt. Noch nie habe ich einen Traum gehabt, in dem ich fast alle Namen der Leute kannte, in dem sich fast alles mit der Realität decken könnte und der mit einem Mord endet.

Bemerken möchte ich noch: Bei dem Traum-Opfer handelt es sich um den Mann, der meine Ehe zerstört hat.«

Die wissenschaftliche Deutung: »Das Haus des Träumers hat schwere Schäden erlitten. In seinem Leben hat ähnliches stattgefunden. Wunschvorstellungen wurden zerstört. Im Traum wird außerdem der Wunsch wach, jenen Mann zu vernichten, der zwischen ihn und seine Frau getreten ist. Vielleicht mag auch in ihm der Wunsch aufgetaucht sein, alle bisherigen Beziehungen abzubrechen (›das Haus zu verkaufen‹). Dennoch sollte der Träumer auch daran denken, wieviel Schönes er in seinem Leben genießen konnte!

Die Scheidung bedeutet Schwierigkeiten, die notwendig sind, um eine eigene Persönlichkeit zu entwickeln und Toleranz zu erlernen. Denn unser ›Lebens-Haus‹ ist ›unfertig‹ bis zu unserem Tod. Man muß immer wieder erneuern, umziehen und umbauen. Daher ist es wichtig, flexibel und offen zu bleiben. Denn wenn man sich verschließt, kann man das Schöne nicht mehr sehen – und das wäre schade.«

Michael V., 18, ledig, Schüler

Traum Nr. 19 *»Im Traum sind es Terroristen, die mein Zuhause zerstören. Das Schlimme ist aber, daß ich zwar von dem Vorgang weiß, aber nichts mache. Ich helfe niemandem, obwohl ich weiß, daß diese Männer nahestehende Personen getötet haben. Als ich selber dann in meinem Traum aufkreuze, liegt alles vor mir in Schutt und Asche. Ich habe ein schreckliches Gefühl.«*

Die wissenschaftliche Deutung: »Michael V. träumt von Terroristen, die sein Zuhause zerstören. Ja, Träume wählen manchmal radikale Lösungen, um verborgene Wünsche und neue Vorstellungen aus unserem Inneren zu verwirklichen. In ihnen ist uns noch jene Freiheit gegeben, die wir in der Realität schon lange verloren haben (zum Beispiel: ›alles denken zu dürfen‹). Die Zerstörung des Heimes symbolisiert möglicherweise die innere Unzufriedenheit des Träumers mit ›veralteten, eingefahrenen‹ Strukturen des Elternhauses.«

Joachim R., 38, verheiratet, ein Kind, Steuermann

Traum Nr. 20 *»Es fängt damit an, daß ich ausgelassen herumtolle und Krieg spiele, so wie lebhafte Kinder es tun. Ich springe dann auf eine Mauer. Langsam fängt diese Mauer unter mir zu rutschen an. Obwohl ich mich festhalte, wird der Sturz immer schneller. So geht es eine ganze Zeit. Bis dann eine hohe Mauer kommt. Kurz bevor ich auf diese Mauer aufschlage, wache ich schweißgebadet auf.«*

Die wissenschaftliche Deutung: »Joachim R. träumt von einer Mauer, die unter seinen Füßen zu rutschen beginnt. In unseren Träumen sowie in der Realität gibt es immer wieder Situationen, wo wir den ›Boden unter den Füßen verlieren‹. Dieses Gefühl verursacht in den meisten Menschen panische Angst. Der Träumer sollte einmal darüber nachdenken, ob es vielleicht einen Punkt in seinem Leben gibt, der ihn ängstigt und verunsichert.«

Hans E., 56, verheiratet, ein Kind, Wirt

Traum Nr. 21 *»Ich träume, daß ich von einem großen und einem kleinen Schäferhund angefallen werde. Diese stehen auf einer Mauer und wollen sich auf mich stürzen. Durch Werfen gelingt es mir vorerst, sie in Schach zu halten, dann* *aber werden sie immer zudringlicher, und ich ergreife eine Steinhägerflasche und erschlage beide.«*

Die wissenschaftliche Deutung: »Als vermutlich gutmütiger Mensch wehrt sich der Träumer gegenüber Aggression zuerst einmal mit sanfter Gewalt, ›rottet‹ sie dann aber aus. Nur wird es immer weitere ›Hunde‹ geben, die mit dem ins Unbewußte verdrängten Triebleben zu tun haben.«

Gustav S., 33, verheiratet, ein Kind, Bankangestellter

Traum Nr. 22 *»Ich gehe über einen Damm, wo sich rechts und links – weit unten – dunkles Wasser befindet. Die ganze Umgebung scheint kein Ende zu finden, doch noch unheimlicher erscheint mir das Wasser.*

Oder ich stehe am Ufer und schaue übers Wasser weit in die Ferne. Plötzlich ist ein unheimlicher, dichter Nebel über dem dunkelgrauen Wasser. In diesen Träumen habe ich fürchterliche Angst.«

Die wissenschaftliche Deutung: »Das Wasser hat für Gustav S. sicherlich eine elementare Bedeutung! Im Traum bedeutet es im übertragenen Sinn auch die weniger durchsichtige, nicht so bewußte Seite seiner Seele. Das Wasser ist dunkel. Bei einem Traum liegt sogar dichter Nebel darüber, so daß man nicht unter die Oberfläche sieht. Oft haben wir mehr Angst als notwendig! Nämlich vor den uns unbewußten oder wenig bewußten Seiten. Vielleicht wird er einmal in einem seiner Träume sogar ins Wasser eintauchen und dann die Dinge aus einer neuen Perspektive sehen!«

Gerhard T., 34, verheiratet, Anstreicher

Traum Nr. 23 *»Ich schlafe mit meiner Frau im gemeinsamen Ehebett, plötzlich stehen die beiden Betten im Zimmer in zirka einem halben Meter hohen Wasser. Ich sage meiner*

Frau, sie solle sich keine Gedanken machen, ich werde für den Abfluß sorgen. Ich hole einen Meißel und fange damit an, ein Loch in die Schlafzimmerwand zu schlagen. Langsam läuft das Wasser ab.«

Die wissenschaftliche Deutung: »Im Traum symbolisiert das ansteigende Wasser ein Problem. Doch der Träumer schreitet zur Tat mit einem Meißel, um die Sache wieder in Ordnung zu bringen und in den Griff zu bekommen. Mit Erfolg, wie man sieht! Möglicherweise ist der Traum ein typisches Beispiel für das tatkräftige Handeln des Träumers in der Realität.«

Wolfgang M.,
53, geschieden, zwei Kinder, Baumeister

Traum Nr. 24 *»Ich habe vor einigen Jahren ein größeres Segelboot gekauft. Seitdem träume ich sehr oft, daß mein Boot unter Wasser liegt, obwohl es an den Leinen noch fest ist.«*

Die wissenschaftliche Deutung: »In diesem Traum steht das Boot unter Wasser – obwohl es an den Leinen befestigt ist. Diese Situation symbolisiert sicherlich die Sorge, etwas zu verlieren, was dem Träumer wichtig ist. Dies muß nicht unbedingt das Boot sein.«

Thomas N.,
28, ledig, Drucker

Traum Nr. 25 *»Ich stehe irgendwo an einem Ufer. Wenig später kommt ein herrenloses Schiff vorbeigefahren. Das Schiff ankert direkt vor mir. Ich sehe, daß das Schiff halb mit Wasser überflutet ist. Ich traue mich zuerst nicht einzusteigen. Da sehe ich eine große, grüne Heuschrecke, die genau in dem Wasser landet, das sich in dem Schiff befindet. Das Wasser ist grau und dreckig. Ich springe auf das Schiffsdeck und stehe bis zu den Knien im Wasser. Das Schiff bewegt* *sich auf dem Wasser wie bei Windstärke zwölf. Die Heuschrecke schwimmt bis an die Reling, startet und fliegt weg. Ich kann sehr schlecht laufen auf dem Schiff – wegen des vielen Wassers. Außerdem hat das Schiff weder Führerhaus noch Ruder. Ich versuche krampfhaft, von dem Schiff herunterzukommen. Mit viel Kraft schaffe ich es auch. Kaum bin ich runter von dem Schiff, da kommt die grüne Heuschrecke wieder und springt ins dreckige Wasser. Auf einmal – wie ein Blitz – ist das Wasser weg. Das Meer, auf dem ich mich befinde, ist plötzlich ruhig. Auch die Heuschrecke ist nicht mehr da.«*

Die wissenschaftliche Deutung: »Das ›Schiff‹ in diesem Traum ist herrenlos – ohne Führerhaus und Ruder.

In manchen Phasen des Lebens wird man ebenfalls den Eindruck nicht los, das Leben eigentlich nicht so recht im Griff zu haben, es nicht optimal zu steuern, da andere zu sehr bestimmen und herrschen. Oft klären sich diese Dinge schneller als erwartet: Die bedrohliche Heuschrecke verschwindet, die See ist ruhig.«

Werner O.,
50, verheiratet, zwei Kinder, Elektriker

Traum Nr. 26 *»Ich erhebe mich vom Boden und schwebe über den Straßen, um die Leute zu beobachten. Dieses Gefühl genieße ich sehr. Dieser Zustand dauert hie und da den ganzen Traum lang. Gelegentlich werde ich von den Leuten entdeckt, die versuchen, mich herunterzuholen.«*

Die wissenschaftliche Deutung: »In seinem Traum schwebt Werner O. Er hat dabei ein angenehmes Gefühl, das er genießt. So hat er Distanz zu den Dingen (auch zu den negativen) und kann alles besser überblicken und beobachten. Bedauerlicherweise gefällt das seinen Mitmenschen nicht, und sie versuchen, den Träumer auf den Boden (der Realität, der Tatsachen) zurückzuholen.«

Heinz W., 36, geschieden, Gärtner

Traum Nr. 27 *»Ich falle ohne Ende und ohne mir irgendwie dabei weh zu tun in einem schwerelosen Raum. Eine wunderbare, blonde, braunäugige Frau streichelt mich zärtlich, ohne mich zu berühren, und trotzdem spüre ich ihr Streicheln.«*

Die wissenschaftliche Deutung: »Träume können für uns schön und angenehm sein. Das fast schwerelose Schweben, das Gestreicheltwerden ohne Berührung, ergibt einen Zustand, in dem nichts vom Träumer gefordert wird, keine Leistung erbracht werden muß. Im Traum gelingt Heinz W. etwas, wouzu er in der Realität nicht so in der Lage zu sein scheint.«

Gernot A., 27, ledig, Angestellter

Traum Nr. 28 *»Ich träume oft, daß ich über den Städten Schwimmbewegungen mache und immer höher ›schwimme‹. Die Menschen versuchen mich am Bein wieder herunterzuziehen, aber ich mache heftige Beinbewegungen und ›schwimme‹ noch höher, obwohl ich vor der Höhe große Angst habe.«*

Die wissenschaftliche Deutung: »Gernot A. träumt zu fliegen, ja eigentlich zu schwimmen, und das in großer Höhe.

Auf diese Art und Weise distanziert er sich unbewußt vom Alltag und seinen Problemen. Die ›anderen Menschen‹ wollen ihn aber nicht in seinem ›Höhenflug‹ belassen! Vielmehr ziehen sie den Träumer mit aller Gewalt in die Realität zurück. Eine Situation, die – wenn auch im übertragenen Sinn – sicher auch auf den Alltag von Gernot A. zutrifft.«

Günther B.,
54, verheiratet, drei Kinder, Bankangestellter

Traum Nr. 29 *»Häufig träume ich von meiner früheren Ehe und von Bekannten, die mir Böses wollen. Ich entziehe mich der Gefahr meistens durch Flucht. Es gelingt mir, ganz hoch in die Lüfte zu fliegen. Dabei erlebe ich ein Glücksgefühl, das ich in Worten nicht ausdrücken kann. Wenn ich dann wieder auf die Erde komme, empfängt mich eine applaudierende Zuschauermenge.«*

Die wissenschaftliche Deutung: »Der Träumer holt sich im Traum, was er in Wirklichkeit vielleicht oft vermißt: Gelöstheit, Glücksgefühl und Anerkennung. Das ist gut für ihn, und er soll dieses Erlebnis im Traum ungetrübt genießen. Vielleicht könnte Günther B. aber doch versuchen, auch seine Realität positiver zu gestalten.«

Hermann G.,
54, ledig, Arbeiter

Traum Nr. 30 *»Ich habe promoviert und den Doktortitel bekommen. Dieser wird zuerst nicht anerkannt. Als ich aber sage, ich bin doch der Doktor Hoffmann, glaubt man mir. Dann spreche ich unterwürfig bei hohen Herren vor, bin aber plötzlich selbst der große Boß und springe mit meinen Untergebenen nur so um. Unvermittelt sind der Richter, die Geschworenen sowie das ganz Publikum gegen mich. Der Tenor ist einstimmig: Sie Schwindler, Sie Betrüger usw. Der Richter verkündet das Todesurteil. Es wird vollstreckt. Ich werde aufgelöst zum Nichts.«*

Die wissenschaftliche Deutung: »Der Träumer promoviert und bekommt den Doktortitel. Er erfüllt sich so ein erstrebenswertes, erhofftes Ziel, das er in der Realität nicht erreichen konnte. Im Traum bestraft er sich für diesen ›Betrug‹ äußerst grausam. Denn der Träumer selbst ist es ja, der den Richter das Todesurteil verkünden läßt.«

Erhard F.,
29, ledig, Monteur

Traum Nr. 31 *»Freunde und ich stehen auf einem Berg, der meterhoch mit Schnee bedeckt ist. Der Berg ist terrassenmäßig abgestuft. Wir springen von Terrasse zu Terrasse bis zum Fuß des Berges. Dort ist ein Wachhaus. Soldaten marschieren vorbei. Einer von den letzten sieht mich blöd an und beschimpft mich. Ich schlage zu, und er fällt tot um. Die Soldaten haben alle Gesichter wie Mongolen. Sie jagen mich. Ich verstecke mich im Wächterhaus, doch sie finden mich. Der Anführer verurteilt mich zum Tode. Plötzlich kommt ein zweiter Anführer, in dem ich meinen Onkel erkenne, mit dem ich mich sehr gut verstehe.*

Der Mongolenführer befiehlt meinem Onkel, mich mit dem Messer abzustechen. Mein Onkel weigert sich natürlich, aber er hat das Messer mit der Klinge schon auf mich gerichtet. Ich weiß, daß er selbst umkommt, wenn er mich nicht ersticht. Da renne ich los und steche mir das Messer selbst in den Bauch. Ich sehe nur noch, daß mein Onkel mich mit erleichtertem, aber traurigem Gesicht ansieht.«

Die wissenschaftliche Deutung: »Der Träumer schlägt einen Soldaten, der danach tot umfällt. Dafür wird er gegen Ende der Handlung zum Tode verurteilt – wonach er sich selbst das Messer in den Bauch rennt.

Wahrscheinlich drücken sich in diesem Traum gewisse Schwierigkeiten im Umgang mit eigenen und fremden Aggressionen aus. In dem Traum von Erhard F. fallen die Aggressionen gleichsam auf ihn zurück.«

Alfred O.,
60, verwitwet, zwei Kinder, arbeitslos

Traum Nr. 32 *»Ich sehe mich selbst tot, dabei sitze ich auf dem Ast eines Baumes, bin völlig angezogen und sehe so aus, wie ich etwa mit fünfunddreißig bis vierzig Jahren* *ausgesehen habe. Ich betrachte mich selbst und wundere mich. Irgendwie erschrocken oder traurig bin ich dabei nicht. Etwa eine Woche später träume ich von meiner von mir geschiedenen Frau, die vor vier Jahren gestorben ist und die ich bis zur letzten Minute gepflegt habe. Ich sehe sie tot im Bett liegen, und sie sieht so gut aus wie vor ihrer schweren Krankheit.«*

Die wissenschaftliche Deutung: »Beide Träume beinhalten tote Menschen. Im ersten Traum sieht sich Alfred O. selbst und im zweiten Traum seine geschiedene Frau tot, aber idealisiert ›dargestellt‹. Er erlebt sich als Fünfunddreißig- bis Vierzigjährigen, sozusagen in der Blütezeit des Lebens. Er wird im Traum mitten aus dem Leben gerissen – nämlich ›im Baum sitzend‹...

Manchmal denkt man, es wäre besser, in einem ›guten Zustand‹ Abschied nehmen zu können und nicht erst nach einem Versiegen und Verfließen der Lebenskräfte. Eigentlich möchte man einen natürlichen Vorgang abbrechen oder verkürzen.«

Markus W., 14, ledig, Schüler

Traum Nr. 33 *»Ich bin mit meinen Freunden und einer Armee in ein benachbartes Dorf geritten. Vor diesem Ort treffe ich vier Schulkameraden. Sie stehen auf einem erhöhten Plateau. Sie haben auch eine Armee, aber eine schwächere. Ein Kampf entbrennt. Zum Schluß gehe ich auf sie zu und kämpfe gegen sie. Ich vernichte sie und wende mich dann meiner jetzigen Freundin zu und kämpfe unerklärlicherweise auch gegen sie. In manchen Kämpfen besiegt sie mich, in manchen ich sie.«*

Die wissenschaftliche Deutung: »Dieser Traum zeigt, daß Markus W. imstande ist zu kämpfen und etwas durchzusetzen. Auch kann er auf Menschen zugehen und sich ihnen ›stellen‹. Dieser gewisse Mut ist in manchen Situationen notwendig – wenn er auch Überwindung kostet.«

Björn H.,
23, ledig, Sportwart

Traum Nr. 34 *»Ich träume von Delphinen. Ich spiele mit diesen Tieren. Allerdings stehe ich am Ufer, und die Tiere halten sich im Wasser auf. Ich werfe ihnen einen Gegenstand zu, und die Delphine bringen mir diesen Gegenstand zurück. Außerdem sind um mich herum sehr viele Menschen, die ich aber nicht kenne.«*

Die wissenschaftliche Deutung: »Björn H. träumt von Delphinen! Um deren Symbolwert in diesem Traum jedoch exakt deuten zu können, müßte man wissen, was sie für ihn in der Realität bedeuten. Er spielt im Traum mit diesen Tieren. Dazu braucht er aber festen Boden (Ufer). Es sieht so aus, als ob er Fixpunkt wäre bei diesem Hin und Her, Geben, Nehmen und Bekommen...«

Peter K.,
43, verheiratet, ein Kind, Angestellter

Traum Nr. 35 *»Ich habe mit jungen Leuten in einem Haus allerhand Unfug getrieben. Dann gehen wir weg. Wir stellen bald fest, daß Verfolger mit Knüppeln hinter uns her sind. Meine Kumpels haben auch Knüppel, ich nicht. Ich sehe mich nach ›einer Waffe‹ um, finde auch einen Knüppel und sage: ›Jetzt bin ich auch bewaffnet.‹ Dann laufen wir alle halbhoch ins Wasser. Ich erledige alle meine Verfolger, ich glaube vier, indem ich sie mit Schlägen auf den Kopf betäube.«*

Die wissenschaftliche Deutung: »In diesem Traum fühlt sich Peter K. unter all den mit Knüppeln versehenen Kumpels ohne Waffe. Aber wenn er deutlicher hinsieht, hat auch er einen Knüppel – mit dem er schließlich auch alle besiegt. Es bleibt kein einziger Rivale und Verfolger übrig! Der Traum zeigt, daß Peter K. fähig ist, seinen Mann zu stehen und nicht davonläuft.«

Lothar A.,
31, ledig, ein Kind, Schaufenstergestalter

Traum Nr. 36 *»Meine Träume beinhalten meistens Verkehrsmittel aller Art, die ich entweder knapp verpasse oder in denen ich schon sitze, aber den Anschluß verpasse. Ich versuche dann über Schienengleise, Rollfeld, Tunnel usw. den Anschluß noch zu bekommen, werde aber unterwegs aufgehalten, verlaufe mich oder wache vorher auf, wenn ich meine, am Ziel zu sein. Meistens sitzen in den Zügen, Schiffen oder Flugzeugen Verwandte, Bekannte, ehemalige Schulkameraden oder Arbeitskollegen. Manchmal auch alle zusammen. Dann bin ich entweder auf dem Weg zur Berufsschule (damals über hundert Kilometer), auf einer Klassenreise oder nehme an einer anderen Geselligkeit teil.«*

Die wissenschaftliche Deutung: »Der Träumer hat das Gefühl, in seinem Leben ständig etwas zu verpassen. Natürlich kennt jeder von uns derartige Gedanken. hier scheint diese Sorge jedoch verstärkt zu sein. Möglicherweise liegen die Wurzeln dazu jedoch in der Kindheit von Lothar A.«

Heinz D.,
28, ledig, Bankkaufmann

Traum Nr. 37 *»Ich befinde mich in München und bin mit einem Freund zusammen. Es ist herrlich schönes Wetter, und wir beschließen, Ski zu fahren. Mein Freund läßt sich in einem Reisebüro über die verschiedenen Skigebiete und die dort herrschenden Wetterverhältnisse berichten.*

Er erstattet mir den folgenden Bericht: In allen bekannten Skiorten habe es sehr ›dicken Nebel‹. Und zwar sei es nicht nur eine Nebelschicht, sondern deren drei. Im Traum stelle ich mir dies wie drei übergeordnete Kisten vor; ist eine durchbrochen, so wartet die nächste. Die letzte Schicht scheint zudem eine Höhe zu erreichen, in welcher das

Skifahren objektiv ausgeschlossen ist. Mein Freund erklärt mir aber auch, daß wir auf Risiko hin aufbrechen könnten, und daß wir vielleicht zufällig auf eine nebelfreie Zone stoßen würden. Der Traum endet, ohne daß ich mich für eine der beiden Möglichkeiten entschließen konnte.«

Die wissenschaftliche Deutung: »Der Traum endet, ohne daß Heinz D. sich für eine der beiden Möglichkeiten entschließen konnte. Selbstzweifel, Depressionen usw. sind oft mit Entscheidungsschwierigkeiten gepaart. Man sollte öfters den Mut aufbringen, Entscheidungen zu treffen. Der Traum mag da ein prinzipielles Problem, das auch im Wachen besteht, aufzeigen.«

Anton G.,
47, verheiratet, drei Kinder, Kranführer

Traum Nr. 38 *»Ich träume oft, daß ich entweder an einem Brunnenrand, auf einem Balkon, am Rand einer Grube oder auf anderen Höhen stehe, von denen ich immer abstürze. Ich komme nie auf dem Boden an oder werde aufgefangen. Immer falle ich nur und wache dann voll Angst und Unruhe auf.«*

Die wissenschaftliche Deutung: »Anton G. steht an einem Brunnenrand, auf einem Balkon und vor einem Abgrund, und immer wieder verfolgt ihn das Gefühl zu fallen. Wohin er fällt, ist ungewiß. Das heißt, er befindet sich zwar häufig am Rande seiner Möglichkeiten, hat jedoch alle Aussichten auf einen guten Verlauf offen...«

Werner D.,
48, verheiratet, ein Kind, Dekorateur

Traum Nr. 39 *»Aus dem Nichts schwebe ich in einen hell erleuchteten Raum, einen goldenen Saal. Dort ist ein riesiges kaltes Buffet aufgebaut, und alle Beteiligten, ob arm* *oder reich, leben wie im Schlaraffenland. Speisen und Getränke werden von netten Mädchen serviert. Danach erklingt zarte Musik, es wird getanzt, und alle sind bester Laune. So wache ich auf und fühle mich auch glücklich und zufrieden.«*

Die wissenschaftliche Deutung: »Werner D. träumt von einer Art Schlaraffenland und fühlt sich dadurch glücklich und zufrieden. Wenn sein Leben so ausgeglichen und harmonisch verläuft, warum sollten nicht auch seine Träume dieses Lebensgefühl zum Ausdruck bringen?«

Herbert N., 65, verheiratet, Hotelier

Traum Nr. 40 *»Mir sind meine Eltern zweimal im Traum erschienen. Dabei wechselten wir einige Worte und alles war zu Ende. Natürlicher als diese ›Traum-Begegnung‹ konnte es nicht sein. Kurze Zeit später begegnete mir im Traum mein älterer Bruder. Wir sprachen kein Wort, und er verschwand wieder.«*

Die wissenschaftliche Deutung: »Dem Träumer ist etwas gelungen, das man sonst nicht zuwege bringt: nämlich die Vergangenheit präsent, wieder lebendig zu machen. Er hat ›Totes‹ auferstehen lassen und sich als Inszenator des Traumes möglicherweise einen verborgenen Wunsch erfüllt: Er konnte die längst Verstorbenen wieder sehen und auch mit ihnen sprechen. Ja, dies ist halt in Wirklichkeit unmöglich!«

Bernhard M., 25, ledig, Werbefachmann

Traum Nr. 41 *»Ich bin bei meinen Eltern in einem ländlichen Vorort, etwa zweihundert Kilometer von meiner jetzigen Wohnung entfernt, zu Besuch. Ich stehe auf dem* *kleinen Vorplatz vor der Kellertür unterhalb der Treppe und bemerke, daß ein Unwetter aufzieht. Ich sehe in der Ferne eine große Stadt mit Hochhäusern (welche dort nicht existiert). Die Hochhäuser sind von dunklen Unwetterwolken eingehüllt, und dann bemerke ich die dunkle Säule eines Hurrikans über die Stadt hinwegfegen. Plötzlich verwandelt sich diese Unwettersäule in ein Gemisch aus phantastischen Farben, welche bis zum Universum zu reichen scheinen. Diese Farben verschlingen sich zu verschiedenen, zum Teil flechtartigen Gebilden, welche bis in das Universum reichen. Dann entspringen daraus riesige Drachen in verschiedenen Himmelsrichtungen, die aus den fließenden, kräftigen Farben zu bestehen scheinen. Ich mache mir noch Sorgen um die Stadt, als einer dieser Drachen seinen enormen Feuerstrahl auf das Haus meiner Eltern richtet. Der Feuerstrahl reicht jedoch nur bis kurz vor das Grundstück. Ich habe große Angst, daß der Drache sich noch weiter nähern könnte, während er noch einige Male Feuer spuckt. Das ist jedoch nicht der Fall. Urplötzlich, wie diese Farben kamen, verschwinden sie auch wieder, und zwar in einer vergleichbaren Form, welche der Zurückspulung eines Filmes in einem Projektor ähnlich ist. Danach herrscht wieder schönes Wetter, jedoch auch eine große Stille.«*

Die wissenschaftliche Deutung: »In diesem Traum geht es um die Eltern des Träumers beziehungsweise um deren Haus, welches von einem Fabelwesen, dem feuerspeienden Drachen, bedroht wird. Aber letztlich passiert nichts – alles war nur wie ein Spuk. Der ›Drache‹ verschwindet genauso schnell, wie er kam.

In ähnlicher Weise können in uns zeitweise starke Gefühle aufsteigen, die uns dann ängstigen. Vielleicht gab oder gibt es derartige Gefühle oder Konflikte im Zusammenhang mit den Eltern von Bernhard M.? Doch wie in seinem Traum verfliegen derartige Probleme oft schneller, als man glaubt!«

Fritz P., 54, ledig, Abteilungsleiter

Traum Nr. 42 *»Meine Freundin und ich sitzen in einem Raum und haben beide die Erkenntnis, daß wir Paprika und dicke Bohnen über alles lieben. Darüber freuen wir uns so, daß wir ein Fest geben, wo es um Paprika und dicke Bohnen geht.«*

Die wissenschaftliche Deutung: »Dieser Traum scheint mir ausschließlich das ›Würzige, Besondere‹ des Lebens zu symbolisieren! Fritz B. und seine Freundin lieben ›Paprika‹ und ›dicke Bohnen‹, was sie sogar veranlaßt, ein Fest zu geben, wo nur diese Dinge gereicht werden. Sie können beide genießen. Der Träumer sollte sich fragen, ob es da nicht Parallelen zu seinem Leben gibt...«

Burghart K., 26, geschieden, ein Kind, Krankenpfleger

Traum Nr. 43 *»Ich träume, daß ich auf der Straße zusammenbreche und dann vom Notarzt auf die Intensivstation eines Krankenhauses gebracht werde, wo man versucht, mein Leben zu erhalten, und wo ich mit Elektroschocks mehrmals ins Leben zurückgeholt werde – aber nur für kurze Zeit. Am Ende versagt aber dennoch die Technik: Der ›Mann im schwarzen Anzug‹ war schneller, er hat über mich gesiegt. Für meine Eltern ist das ein großer Schock, den besonders meine Mutter nicht verkraftet. Während ich schon tot bin, schaue ich grinsend auf meine Eltern und Umgebung und denke: ›Ihr haltet mich nicht auf dieser Welt, nun habe ich es doch geschafft, zu sterben...‹«*

Die wissenschaftliche Deutung: »In seinem Beruf hat der Träumer sicher schon oft miterlebt, wenn Menschen in Not sind – kompetente Leute helfen mit all ihren Kräften. Genau diese Situation überträgt er auf sein eigenes Leben. Er will, daß sich seine Mitmenschen (oder ein spezieller Partner) mit ihm beschäftigen und ihm Liebe geben. Ein Verlangen, das ganz natürlich ist. Die Eltern sind hier nur Stellvertreter, Burghart K. will, daß jemand ihn lieb hat, der ihm nachweint.«

Kurt L., 37, geschieden, zwei Kinder, Schlosser

Traum Nr. 44 *»Ich reite durch eine Gegend mit Bergen, die mir fremd ist, ich bin aber alleine. Ich entdecke ein Jagdschloß und werde eingeladen. Da ich unterwegs einmal vom Pferd gefallen bin, kann ich mich nun erfrischen und erhalte neue Garderobe. Zur Unterhaltung finde ich einige hübsche Mädchen. Es wird getanzt, gefeiert. Ich bin einige Tage Gast und reite nur ungern weg. Ein junges Mädchen hat sich in mich verliebt.«*

Die wissenschaftliche Deutung: »Sicherlich enthält dieser Traum Wunschinhalte, die der Träumer sich hier erfüllen kann. Alles wird ihm in dem Jagdschloß zuteil – allerdings muß er davor erst ›vom Pferd fallen‹...

Möglicherweise hat Kurt L. das Gefühl, erst einmal ›gefallen‹ sein zu müssen, um Gutes erleben oder Zuwendung erfahren zu können.«

Richard V., 32, geschieden, ein Kind, Tapezierer

Traum Nr. 45 *»Ich schreie eine mir fremde Frau an, sie solle ihr Kind (etwa drei bis vier Jahre alt) von mir weg halten, sonst müsse ich es erschießen. Wir sind auf einer großen Wiese.«*

Die wissenschaftliche Deutung: »Der Träumer versucht, die Trennung von seiner Frau zu verarbeiten. Darin äußert sich Einsatz und Mut! Eine Trennung – auch innerlich – zu vollziehen, ist ein langwieriger Prozeß. Doch er ist auf dem besten Weg, es zu schaffen.«

Wolfgang E., 36, ledig, Postbeamter

Traum Nr. 46 *»In meinem Traum streiten Menschen, die ich nicht sehe. Auf einmal sehe ich einen großen Wald und eine Wiese. Ich stehe auf der Wiese und bemerke, wie plötzlich ein heißer Regen aus Pech über den Wald und die dort streitenden Menschen kommt. Die Bäume sind sofort kahl und sehen aus wie aufrechtstehende Gerippe. Plötzlich sehe ich einen Mann aus dem Wald – der noch raucht – kommen. Sein Kopf ist, wie die Bäume, kahl. Ebenso sind keine Augen zu sehen – die Stirne geht einfach weiter bis zum Mund. Ich fühle keine Angst, sondern überlege mir nur, wie man einem solchen Menschen begegnen solle. Einerseits fühle ich Mitleid, andererseits Hilflosigkeit ihm gegenüber. Er kommt auf mich zu und hat einen langen weißen Knochen in der Hand. Damit will er mich treffen. Ich kann ihm nicht böse sein, weil ich weiß, daß er nichts sieht und daß ich ja nur einen Schritt zur Seite zu gehen habe, was ich auch mache. Er geht an mir vorbei.«*

Die wissenschaftliche Deutung: »Über die ›streitenden Menschen‹ geht in diesem Traum ein ›Pechregen‹ nieder! Sie werden somit ihrer Stärke beraubt und hilflos gemacht.

Auch der ›Blinde‹ kann den Träumer nicht treffen. – Hiermit wird der aggressive Konflikt, den er per Distanz erlebt, für ihn ungefährlich.«

Rudolf I., 22, ledig, Buchdrucker

Traum Nr. 47 *»Der ganze Traum spielt sich auf dem Grundstück meiner Eltern ab, wo das Wohnhaus und die Werkstatt stehen. Es ist Nacht, nur der Mond leuchtet. Im Traum ist ein Schimpanse bei mir, und wir, auch meine Eltern, werden überfallen. Es wird ständig auf uns geschossen. Wir flüchten von einem Raum in den anderen. Zum*

Teil spielt es sich auch in der Werkstatt ab, wo wir uns hinter den Maschinen verstecken. Nun weiß ich aber, auf was es die Leute abgesehen haben. Vielleicht auf den Affen. Das Tierchen hat eine Heidenangst und klammert sich an mich. Und ich würde den Affen auch unter keinen Umständen laufen lassen oder hergeben. Es wird jedoch nie jemand getroffen oder gefangen! Wir alle werden nur gehetzt und gejagt! Die Drohung ist aber ganz klar, durch die Schüsse, die dauernd fallen.«

Die wissenschaftliche Deutung: »Im Traum wird Rudolf I. bedroht, wobei er daran denkt, daß dies eventuell auf den Affen gemünzt sein könnte. Der Affe stellt einen Teil seines verdrängten Innenlebens dar, das dem Träumer wichtig ist. Es dürfte sich dadurch symbolisch etwas für ihn Bedeutsames ausdrücken. Die Wichtigkeit zeigt sich auch darin, daß ja nie jemand getroffen, verletzt wird, obwohl so etwas in Träumen üblicherweise häufig vorkommt!«

Friedrich S.,
34, verheiratet, drei Kinder, Tischlermeister

Traum Nr. 48 *»Mit meiner Familie befinde ich mich in einem Land, das ich nicht kenne. Es ist ein karges und ödes Land, nur ein paar Bäume in der Ferne. Wir wohnen in einem Holzhaus oder einer Blockhütte. Wir sitzen drinnen ruhig am Tisch, als wir draußen Hilferufe hören. ›Macht auf, macht auf, so macht doch endlich auf, es bringt mich um.‹ Dann plötzlich Totenstille. Wir haben Angst. Ich besitze ein Kleinkalibergewehr und stelle es schußbereit ans Bett. Dann ein Scharren an der Tür, unsere Nerven sind bis zum äußersten gespannt, und wir fragen uns, sollen wir die Tür aufmachen oder nicht? Wir wollen aber wissen, was es ist, es könnte ja auch der Fremde sein, der Hilfe braucht. Deshalb gehen wir langsam zur Tür, ich halte das Gewehr im Anschlag. Als meine Frau den Querbalken von der Tür wegnimmt und die Türklinke herunterdrückt, springt die*

Tür mit einem Ruck auf. Was ich sehe, ist grauenvoll. Vor mir liegt ein total zerfleischter Mensch und davor steht ein riesiger Bär. Im nächsten Augenblick drängt er in die Tür. Ich hebe das Gewehr und schieße mehrmals. Der Bär bleibt in der Tür liegen.

Als ich mich nun daran mache, den Bären fortzuschaffen, höre ich von den anderen Häusern her fürchterliche Schreie und Hilferufe. Draußen laufen jede Menge wilder Tiere herum und fallen die Menschen an, um sie zu zerfleischen. Es sieht so aus, als hätten sich die Bären, Luchse, Pumas, Kojoten und Wölfe zusammengetan, um sich an den Menschen zu rächen.«

Die wissenschaftliche Deutung: »In seinem Traum erlebt Friedrich S. die Bedrohung durch menschenzerfleischende Tiere. In Wirklichkeit hat er Angst vor der vernichtenden Aggression und Brutalität in seinem eigenen Unbewußten. Er bemüht sich, diese Brutalität aus seiner Welt herauszuhalten und auf diese Weise die Familie davor zu schützen. Sein Traum zeigt auf einer bewußten Seite den Frieden – auf der anderen Seite, als Gegenpol, die Aggression, das Zerfleischende.

In dem Maße, in dem der Träumer die Aggression in sich und bei sich zuläßt und akzeptiert, wird sein Leben ausgeglichener sein. Denn: Bedrohung und ›wilde Tiere‹ gibt es immer und überall. Es ist nur die Frage, wie man mit ihnen umgeht und damit fertig wird.«

Sebastian R.,
31, geschieden, Fernfahrer

Traum Nr. 49 *»Ich habe plötzlich zwei Katzen zu Hause, von denen eine besonders im Vordergrund steht. Ich decke sie mit Kissen zu. Einmal finde ich sie auf dem Balkon. Es ist sehr kalt, aber sie will nicht ins Zimmer hereinkommen. Beide sind wieder mit Kissen zugedeckt, aber sie zittern trotzdem.«*

Die wissenschaftliche Deutung: »Der Träumer sieht zwei Katzen, die von ihm mit Kissen zugedeckt werden. Eine von den beiden steht dabei ›im Vordergrund‹ und wird somit im Traum hervorgehoben. Diese Katze symbolisiert also etwas im Träumer selbst oder jemanden, der ihm besonders wichtig ist. Vielleicht steckt ein heimlicher Kinderwunsch hinter seiner Fürsorge für die Tiere?«

Jochen D., 25, ledig, Verkäufer

Traum Nr. 50 *»Ich sitze mit meinem Vater im Wohnzimmer vor dem Fernsehgerät. Ich blicke durch das weiße Fensterkreuz nach draußen und sehe eine blaue Wasserwelle mit weißer Gischt. Ich nehme meinen Vater bei der Hand und ziehe ihn mit mir. Bevor wir das Haus verlassen, schalte ich noch den Fernseher aus. Der Fernsehknopf ist mit einem Herz bezeichnet. Mein Vater und ich sind draußen. Er geht bergauf. Es ist matschig. Auf dem Boden vor dem Berghang finde ich mehrere Münzen. Ich springe über Holzhürden im Zickzackkurs nach oben. Oben auf dem Berg sind alle Familienmitglieder versammelt.«*

Die wissenschaftliche Deutung: »In diesem Traum kommt der Vater des Träumers sowie die restliche Familie vor. Seinen Vater nimmt er bei der Hand und zieht ihn mit sich. Es ist anzunehmen, daß der Vater in Jochen D.s Leben eine bedeutende Rolle spielt beziehungsweise gespielt hat. Dies kann nun im positiven wie im negativen Sinn möglich sein ...«

Michael R., 28, ledig, Speditionskaufmann

Traum Nr. 51 *»Auf der Fahrt von meinem Zuhause nach Düsseldorf (habe dort einmal eine zeitlang Praktikum am Flughafen gehabt!) treffe ich im Zug einen früheren Schulkameraden, den ich seit gut drei Jahren nicht mehr gesehen* *habe. Er erzählt mir auf meine Frage, wie es ihm denn so ging, folgendes: Er habe sein Abitur noch mal machen müssen, weil das eine nicht anerkannt worden ist. Aber sein jetziges Ergebnis sei viel besser als das vorherige ›Abi-Ergebnis‹ ausgefallen.«*

Die wissenschaftliche Deutung: »Dieser Traum ist Symbolträger von ›Leistungen‹. Der Träumer sollte sich fragen, welche Rolle Leistung eigentlich in seinem Leben spielt. Überfordert er sich nicht zeitweise durch zu hohe Maßstäbe, die er sich steckt?«

Robert U., 29, geschieden, ein Kind, techn. Angestellter

Traum Nr. 52 *»Ich befinde mich auf einem Bahnhof. Ich gehe an einem Zaun entlang, hinter dem irgendwelche Gestalten stehen, es müssen grausame Kreaturen sein! Denn neben mir stehen einige Kisten, und in diesen Kisten liegen grausam zu Tode gequälte Löwen. An ihren Köpfen sind sie aufgedunsen, und die Nasenlöcher stehen weit offen. Mir ist sofort auf grausame Art und Weise klar, daß diese Tiere eben ihr Leben lassen mußten, denn einige, deren Leiber aufgerissen sind, zucken noch mit ihren Augen. Ebenso eindeutig ist, daß diese Wesen einen sehr langen und tapferen Todeskampf hinter sich haben. Dann gehe ich zu den Bahnhofsgleisen empor, und irgend jemand begleitet mich. Auf dieser kleinen Erhebung kommt mir ein großer, relativ schlanker Gorilla mit einem etwas kleineren entgegen. Die Stimme neben mir sagt: ›Schau dir diese Sklaven an, alle sind tot, nur diese Heuchler leben noch!«*

Die wissenschaftliche Deutung: »Dieser Traum beinhaltet sicherlich Aggressionen, aber gleichzeitig auch starke Ängste vor Stärke, Grausamkeit und Schmerz. Traum-Tiere verkörpern aber auch sehr oft das Triebleben des Träumers, das Robert U. offenbar mit allen Mitteln unterdrückt. Die Trieb-Tiere werden getötet. Sie tun ihm zwar leid, abe auch die zahmen Gorillas werden von ihm als ›Sklaven‹, also in völliger Unterdrückung gehalten.«

Bernd P.,
19, ledig, Fotograf

Traum Nr. 53 *»Ich arbeite als Fotograf für eine kleine Tageszeitung. Der zuständige Redakteur ruft mich an und schickt mich zu einem Schulfest meiner früheren Grundschule und zu einem großen Fest in meiner Stadt. Ich telefoniere mit dem Rektor, der früher auch mein Lehrer war. Dann gehe ich zu einem großen Fest. Es sind viele Leute da, und sie warten, daß etwas passiert. Ich muß mich durchdrängen, um zum Ort des Geschehens zu kommen. Es beginnt ein Tierrennen mit vielen kleinen und großen Tieren. Ein Pferd geht an die Spitze. Die Reiterin ist die zehnjährige Tochter einer Familie, der ich aushilfsweise für meinen kleinen Bruder Zeitungen zugestellt habe. Ein zweiter Reiter versucht noch ranzukommen. Die Strecke geht steil bergauf. Ich laufe nebenher und habe keine Probleme zu folgen. Nachdem die erste Reiterin im Ziel ist, beobachte ich, wie sie sich mit ihrer Familie freut.*

Ich laufe weiter und bin irgendwo bei einem Bahnhof, an dem eine Landstraße entlangführt. Ich beginne der Landstraße entlang nach Hause zu laufen. Plötzlich habe ich irgendein Fahrzeug. Nach einer kurzen Fahrstrecke sehe ich, wie ein Fahrzeug an einer Ampel, wo eine Baustelle ist, hält. Ein anderes Fahrzeug kommt gefahren. Ich sehe voraus, daß es einen Zusammenstoß geben wird. Beim Unfall wird keiner verletzt. Aus den Fahrzeugen steigen lauter junge Leute aus. Ich mache Fotos. Mit ein paar jungen Leuten stehe ich auf einer Holzwippe, die auf und ab wippt. Anschließend gehe ich in ein benachbartes Haus, worin eine ältere Dame wohnt, um Fotos aus dem Fenster zu machen.

Es fliegen von unten geworfene Gegenstände ans Fenster. Nachdem der Vorfall beendet ist, merke ich, daß in meinem Mund Zähne locker sind. Die ältere Dame kommt mit einer Zange und zieht die Zähne raus. Darunter sieht man nachkommende Zähne. Im Mund ist ein große Wunde entstanden, die mir die Frau zunäht.«

Die wissenschaftliche Deutung: »Der Träumer geht zu einem Fest mit einem Tierrennen. Er läuft mühelos mit, obwohl die Strecke steil bergauf geht. (Beruflich ist er auch schnell aufgestiegen.) Bei der Szene mit dem Unfall gibt es keine Verletzungen. Möglicherweise vermeidet er es auch in der Realität, andere Menschen zu ›verletzen‹. Dann werden ihm die Zähne gezogen und damit die Möglichkeit genommen zu beißen!

Aber bald schon kommen wieder neue Zähne nach, die Bernd P. erneute ›Kraft‹ zum ›Zubeißen‹ geben. Er erhält wieder ›Biß‹, ›Verstärkung‹ und kann den anderen ›die Zähne zeigen‹.«

Rainer Z.,
33, verheiratet, ein Kind, arbeitslos

Traum Nr. 54 *»Ich gewinne mehrmals im Lotto und bin dadurch sehr reich und habe hohes Ansehen. Meine Schulden kann ich alle bezahlen. Mit einer schwarzen Limousine fahre ich in meine ehemalige Firma. Ein Fahrer öffnet mir die Tür, es ist Winter. Ich bin mit einem eleganten, schweren Pelz bekleidet, und in der Hand habe ich eine Hundepeitsche.*

Ich gehe zu meinem ehemaligen Chef und lasse ihn auspeitschen. Vom Direktor der Firma lasse ich mir einen Scheck von 10000 Mark ausstellen, als Entschädigung für meine Entlassung.

Mein Bruder kommt zu mir und bittet mich um Geld, ich weise ihn zur Tür hinaus, da er mir, als ich in Not war, jede Hilfe verweigert hat.«

Die wissenschaftliche Deutung: »In diesem Traum kommen sehr deutlich Rachegedanken und Wünsche zum Vorschein. Rainer Z. reagiert so seine Frustrationen ab und verarbeitet Erlebnisse, die er sicherlich als Demütigung empfunden hat...«

Klaus T., 22, ledig, Verkäufer

Traum Nr. 55 *»Ich bin bei einem Bauern als Knecht beschäftigt. Eines Tages erhalte ich den Auftrag, die Kühe von einer Weide auf eine andere zu bringen. Ich gehe los und komme bei der Weide an, um die Kühe abzuholen. Als ich das Gatter geöffnet habe, rennen die Kühe plötzlich alle auf mich zu und überrennen mich, ohne mich dabei zu zertrampeln. Als ich zum Bauer zurückkomme und ihm mitteile, daß die Kühe alle ausgerissen sind, schimpft er mich einen Taugenichts und jagt mich fort.«*

Die wissenschaftliche Deutung: »Klaus T. träumt von Kühen. Diese symbolisieren unter anderem auch ›das mütterliche Nähren und Säugen‹ durch die Milch und Wärme, die sie spenden. Beides sind also Aspekte der ›Weiblichkeit‹. In diesem Traum gerät der Träumer in eine Situation, in der er das Gefühl hat, ›überrannt‹ zu werden. Vielleicht ist das auch die Angst des Träumers, von dem weiblichen Geschlecht überrannt oder gar verschlungen zu werden. Wahrscheinlich hat der Träumer Kontaktprobleme, die auf teilweise sicherlich unbewußte Vorstellungen und Phantasien zurückzuführen sind, die das Weibliche gefährlich und bedrohlich erscheinen lassen.«

Andreas S., 38, verheiratet, Schausteller (derzeit in Haft)

Traum Nr. 56 *»Ich bin im Gefängnis, und eine junge Wärterin – ich sehe sie nur verschwommen – ist eine Freundin meiner Frau. Doch jedesmal, wenn ich sie gehen* *sehe oder reden höre, ist sie im Traum meine Frau, obwohl sie es ja nicht sein kann. Ich liebe diese Gefängniswärterin öfters mit großer Freude – dann ist es vorbei, und ich wache auf.«*

Die wissenschaftliche Deutung: »In unseren Träumen treten des öfteren mehr oder weniger deutlich unsere Wünsche hervor. Häufig vermischen sich dabei Realität und Erträumtes. Dieser Traum ist der erfüllte Wunsch von Andreas S., seine Frau bei sich im Gefängnis zu haben. Gleichzeitig ist er sich aber bewußt, daß dies nicht möglich ist, und so wird eben eine Gefängniswärterin zu ›seiner Frau‹. Im Traum ist es also ohne weiteres möglich, ›zweimal‹ seine Frau vor sich zu haben.«

Norbert T., 27, verheiratet, zwei Kinder, Mechaniker

Traum Nr. 57 *»Es fängt damit an, daß ich mit sehr vielen Gepäckstücken und Schachteln irgendwo auf einem Flughafen stehe und auf meinen Flug warte. Aber immer wieder wird der Flug verschoben. Endlich, nach fast drei Stunden Verspätung, kommt das Flugzeug, die Menschen steigen in die Maschine, und wir starten. Aus Langeweile sehe ich mir die Mitreisenden genauer an und stelle fest, daß keiner von ihnen einen Kopf hat. Es sieht aus, als wenn in Kopfhöhe irgendwie Nebel oder eine sonstige trübe Masse schwebt. Außerdem ist jeder dieser Menschen fremdartig gekleidet, manche sogar in Kostümen oder Trachten aus vorigen Jahrhunderten. Der einzige, der in die heutige Zeit paßt, bin ich.*

Durch dieses Fremdartige bekomme ich es mit der Angst zu tun und stürze ins Cockpit. Aber was stelle ich fest: In der Maschine gibt es weder Pilot noch Copilot. Mir kommt es vor, als wenn die Maschine ziellos in der Luft fliegt, ohne an einem festen Punkt zu landen. Ich setze mich hinter das Steuer und versuche, die Maschine irgendwo zu landen.

Aber alle Instrumente sind blockiert. Dann merke ich, wie die Maschine an Höhe verliert und abstürzt, und zwar ins Wasser. Ich höre die Menschen schreien, obwohl sie keinen Kopf haben.«

Die wissenschaftliche Deutung: »Manchmal haben wir das Gefühl, daß uns die Probleme über den Kopf wachsen, wir sie nicht im Griff haben. Unsere entsprechende Angst kann sich in verschiedenster Form im Traum darstellen. In ›kopflosen Menschen‹, einer ›Maschine ohne Piloten‹, im ›Absturz eines Flugzeuges‹ usw.

Meist passiert in der Realität viel weniger als in den Träumen, so daß wir uns oft unnötig ängstigen. Natürlich ist es schwer, jene Gelassenheit zu erwerben, die uns Probleme ruhiger meistern läßt.«

Alexander Z., 32, ledig, Musiker

Traum Nr. 58 *»Ich träume, daß ein Flugzeug in der Luft plötzlich in Flammen aufgeht, dadurch abstürzt und beim Absturz genau auf mich zukommt. Ich versuche zu fliehen, komme aber kaum von der Stelle; im letzten Augenblick kann ich mich noch hinter irgend etwas in Sicherheit bringen.*

Das brennende Flugzeug schlägt knapp neben mir auf, bricht auseinander, und die brennenden Trümmer treffen mich beinahe.«

Die wissenschaftliche Deutung: »Alexander Z. träumt von einem Flugzeug, das in der Luft plötzlich in Flammen aufgeht. Es explodiert und wird zu einem nicht mehr steuerbaren ›Geschoß‹, das lichterloh brennt und noch dazu ganz in seiner Nähe einschlägt.

Der Träumer sollte zu erforschen versuchen, was in seinem Leben ebenso ›schwer zu steuern‹ ist, mit ihm ›durchgeht‹ oder ihn ›explodieren‹ läßt!«

Franz N., 42, verheiratet, zwei Kinder, Buchbinder

Traum Nr. 59 *»Ich träume, ich bin mit meiner Mutter zusammen, die in Wirklichkeit allerdings schon seit fünf Jahren tot ist. Durch Unachtsamkeit rutscht sie in einen Kanal, versinkt im Wasser und ertrinkt. Ich kann ihr nicht mehr helfen.«*

Die wissenschaftliche Deutung: »Der Träumer hat in seinem Leben die verantwortungsvolle Aufgabe übernommen, die kranke Mutter zu versorgen. Auch mit der liebevollsten Pflege kann man den Tod eines Menschen manchmal jedoch nicht mehr aufhalten. Da kommen uns beispielsweise Gedanken, ob der Tod für den Kränkelnden nicht eher eine Erlösung bedeuten würde? Auch wollen wir selbst frei werden von einer letztlich doch belastenden Verantwortung gegenüber einem uns sehr nahestehenden Menschen.

Ich glaube, daß es für Franz N. wichtig wäre, seine Gegenwart bewußt und aktiv zu gestalten. Denn: Die Vergangenheit hat ihn zwar geformt, ist aber vorbei! Wichtig ist nun sein Leben.«

Erich R., 62, verheiratet, vier Kinder, Ingenieur

Traum Nr. 60 *»Ich träume, daß ich mit dem Auto von einer guten Straße auf eine ganz schmale Straße fahren muß, die gerade so schmal ist, daß ich weder rechts noch links auch nur einige Zentimeter Platz habe. Noch dazu ist diese etwas rissig, so daß ich zügig durchfahren muß, um nicht abzustürzen, denn diese Straße ist an beiden Seiten steil, abschüssig und unendlich tief. Manchmal füllt sich dieses Tal mit Wasser, und dieses fließt über die Straße, so daß man die Orientierung verlieren könnte. Aber dann komme ich immer gut drüben an.«*

Die wissenschaftliche Deutung: »Dieser Traum spiegelt sicher die Lebenssituation des Träumers wider! Oft hat er eine gute, breite Basis (›Straße‹), auf der er mit Leichtigkeit dahingleiten kann. Das Leben in dieser Phase ist schön und unproblematisch. Aber auch unter ungünstigeren Bedingungen (›rissige, enge Straße‹) verliert er nicht den Mut und meistert ›zügig‹ alle Engpässe.

Diese erlebt wohl jeder von uns; nur kommt es auf das Resultat an, wie man sie durchquert. Und das scheint bei Erich R. jedenfalls befriedigend zu verlaufen! Er kommt gut an.«

Mathias R., 24, ledig, Autospengler

Traum Nr. 61 *»Ich spiele Fußball in einem Amateurverein. Ich träume, daß ich in wichtigen Spielen die entscheidende Figur bin, die die entscheidenden Tore schießt.«*

Die wissenschaftliche Deutung: »In Mathias R.s Leben besteht der sehnliche Wunsch, von anderen anerkannt zu werden – im Mittelpunkt zu stehen. Der Traum gibt ihm diese Möglichkeit. Hier wird er geachtet und bewundert, denn durch seinen Einsatz verhilft er zum allgemeinen Sieg.«

Ernst L., 27, verheiratet, ein Kind, Fernfahrer

Traum Nr. 62 *»Ich träume, daß ich mit meinem Lastwagen unterwegs bin. An einer Raststätte will ich eine kleine Pause einlegen. Zunächst will ich das Tempo des Lastwagens verringern und auf die Bremse treten. Ich bemerke aber gleich, daß der Wagen nicht langsamer wird. Mein Fuß sucht die Bremse und findet sie nicht. Irgenwie muß ich aber langsamer werden. Als ich die Fußbremse nicht finde, versuche ich mein Glück mit der Handbremse. Jedoch ohne Erfolg.«*

Die wissenschaftliche Deutung: »Manchmal scheint im Leben der innere Halt zu fehlen. Ernst L. kann die ›Bremse‹ nicht benutzen, um Unglück abzuwenden. Denn sie ist zur Zeit kaputt!

Seine Angst, nicht bremsen zu können, ist in Wirklichkeit die Furcht, daß ihm Kontrolle und Übersicht über sein Leben entgleiten könnten.«

Christian E., 25, ledig, Hilfsarbeiter

Traum Nr. 63 *»Ich träume von einem Raumschiff, das durch das All fliegt. Ich bin auch der Kapitän des Raumschiffes. Im Raumschiff bekomme ich sehr viel Liebe und Verständnis.«*

Die wissenschaftliche Deutung: »Das ›Raumschiff‹ symbolisiert die Geborgenheit schlechthin. Denn ein Raumschiff, das durchs All fliegt, stellt das klassische Verschmelzungserlebnis mit dem Partner dar.

Auf Christian E.s Leben angewendet, ist der Traum folgendermaßen auszulegen: Da der Träumer Schwierigkeiten hat, eine Partnerin zu finden, sehnt er sich nach der Verschmelzung mit dem ›Du‹. Er sehnt sich aber auch nach der Geborgenheit, die er als Kind im Schoße seiner Mutter (vielleicht sogar als Embryo in der Gebärmutter) empfunden hat.

Indem Christian sich als Kapitän eines Raumschiffes fühlt, erlebt er sich als Mensch, der über alles bestimmen kann – auch über sein Glück und seine Zufriedenheit. Alles in allem: Der Traum vermittelt einen Zustand des absoluten Wohlbefindens, in dem der Träumer Geborgenheit, Verschmelzung und Selbstbewußtsein erlebt. Der Träumer sollte aber auf keinen Fall den Fehler machen, auch im realen Leben vor seinen Kontaktproblemen genauso ›davonzufliegen‹ und sich ›abzukapseln‹, um in die Einsamkeit zu fliehen.«

Gerald B., 33, geschieden, zwei Kinder, Frührentner

Traum Nr. 64 *»Ich träume von meiner Lehrstelle, arbeite und fühle mich dabei wohl. Dann fahre ich zu meinen Eltern. Ich gehe in die Gaststätte, unterhalte mich mit Freunden über alle Sachen, oder ich gehe meinen Hobbys nach: Fußball, Fußballschiedsrichter und Handballschiedsrichter. Aber plötzlich fühle ich meine Krankheit und dann nichts mehr, obwohl ich dagegen ankämpfe.*

Dann lachen mich die Menschen aus, und ich schäme mich in Grund und Boden. Ich stehe einsam und verlassen da, bis plötzlich meine letzte Stunde da ist. Dann sehe ich unter Tränen mein Begräbnis.«

Die wissenschaftliche Deutung: »Sicherlich ist der Träumer gerade dabei, sogenannte ›Tagesreste‹ zu verarbeiten und wird dadurch fähig, die von ihm erlebten Realitäten (Ängste) zu meistern. Träume helfen uns nämlich sehr oft ›aufzuarbeiten‹, was unser Unterbewußtsein verdrängt hat. Dabei spielt Gerald B.s Krankheit sicherlich eine entscheidende Rolle, da sie für ihn eine Bedrohung darstellt. Er träumt, daß andere Menschen über ihn lachen. Diese Traumsituation ›erfindet und inszeniert‹ er jedoch selbst! Es scheint, als würde er selbst mit seiner Krankheit nicht ganz fertig werden ...«

Dieter A., 43, verheiratet, ein Kind, Reiseleiter

Traum Nr. 65 *»Ich träume, daß ich einen steilen Berg raufklettere und ihn nicht ganz schaffe, da er sehr rutschig ist. Rechts und links von mir bleiben unbekannte Leute liegen, aber ganz oben komme ich auch nicht an.«*

Die wissenschaftliche Deutung: »In seinen Träumen versucht Dieter A. steile Berge und ähnliches zu erklimmen. Dieses ›Hinaufklettern‹ und ›Emporarbeiten‹ symbolisiert seine hochgesteckten Ziele. Er erreicht viel im Leben, jedoch nicht alles, was er sich bewußt oder unbewußt vorgenommen hat.«

Herbert C.,
27, ledig, Maschinist

Traum Nr. 66 *»Ich stehe auf einem freien Platz, weiß aber nicht, wo. Dann sehe ich eine Leiter liegen, nehme sie, stelle die Leiter mitten auf dem leeren Platz auf und steige die Sprossen empor. Als ich nur noch drei Sprossen vor mir habe, schaue ich nach unten. In diesem Moment merke ich, daß die Leiter ziemlich hoch ist. Im gleichen Augenblick fängt die Leiter zu kippen an. Ich falle mit der Leiter um, und kurz vor dem Aufschlag werde ich wach.«*

Die wissenschaftliche Deutung: »In seinem Traum steigt Herbert C. eine Leiter empor. Während des Hochsteigens ist alles bestens – doch sobald er zurückblickt und nach unten sieht, erfaßt ihn große Angst. Er fürchtet, die Leiter könnte kippen. Dies passiert schließlich auch! Doch noch vor dem Aufprall erwacht der Träumer verängstigt und mit Herzklopfen. Dadurch bleibt ihm der eigentliche Ausgang des Traumes ›verborgen‹. Aber – wer weiß! Vielleicht wäre der Aufprall nach dem Fall ohnehin ganz sanft. Herbert C. sollte versuchen, sich eine derartige, nämlich ›weiche Landung‹, vorzustellen. Möglicherweise verschwindet seine Angst dann auch!«

Kurt L.,
47, verheiratet, zwei Kinder, Büroangestellter

Traum Nr. 67 *»Ich befinde mich in einem fremden Land. Die Polizisten dort tragen schwarze Uniformen. Aus irgendeinem Grund komme ich mit den Beamten in ›Hautkontakt‹. Ich erkläre ihnen, ich hätte mit dieser Angelegenheit, insbesondere ihren Verdächtigungen, nichts zu tun. Ich* *halte ihnen eine Standpauke, die sich gewaschen hat. Dann mache ich eine Linkswendung und gehe mit Genugtuung von dannen.«*

Die wissenschaftliche Deutung: »Polizisten, von denen man träumt, können eine bildhafte Darstellung des Gewissens sein. Vielleicht hat der Träumer diesem auch ›ein Schnippchen geschlagen‹? Besonders wenn die Forderungen unserer inneren Stimme als zu streng empfunden werden, möchte man sich ihnen ganz gerne entziehen.

Kurt L. macht im Traum eine ›Linkswendung und geht mit Genugtuung von dannen‹. So einfach kann man das Gewissen allerdings nicht abschütteln! Aber: Vielleicht findet er Parallelen zu einer Situation in seinem Alltag!«

Konrad B., 36, verheiratet, ein Kind, Lagerleiter

Traum Nr. 68 *»Ich bin zu einer Wehrübung eingezogen. Nun müssen wir einen Schiffsbauch betreten, es ist trübes Licht, die Wände sind aus Eisen. Taucheranzüge aus Eisen stehen nebeneinander. Wir müssen sie anziehen – keiner sagt ein Wort, es ist ganz ruhig. Wir setzen die Helme auf. Mein Helm ist zu groß. Jemand sagt, die Helme müssen dicht sein, damit kein Wasser eindringt. Ich rufe ihm zu, aber er hört mich nicht. Die eiserne Tür wird zugeschlagen und das Licht ausgeschaltet. Wasser läuft in den Raum. Ich schreie was ich kann, aber keiner kommt mir zu Hilfe. Das Wasser steigt immer höher und läuft schließlich in meinen undichten Helm. Irgendwie finde ich mich damit ab, daß ich ertrinke.«*

Die wissenschaftliche Deutung: »Der Träumer muß sich stark wappnen, um diesen Wehrübungen gewachsen zu sein! Trotzdem ist etwas ›undicht‹ und macht ihm Angst. Auch hört er nichts, was ihm ein Gefühl der Unsicherheit und Angst vermittelt. Konrad B. sollte einmal überlegen:

Muß er sich auch in der Realität so stark machen, daß er ›Übergrößen anzieht‹ in seinen Reaktionen und Handlungen? Vermutlich hat er zeitweise trotzdem das Gefühl, manchmal nicht zu Rande zu kommen.«

August D., 19, ledig, Lehrling

Traum Nr. 69 *»Mit meinem Auto fahre ich ein paarmal durch das Dorf, in dem meine Freundin wohnt. Dabei komme ich auch an ihrem Elternhaus vorbei. Vor dem Haus hat sich eine Menschenmenge angesammelt. Auch ein Krankenwagen, die Polizei und die Feuerwehr sind da. Ich wundere mich sehr darüber und fahre deshalb noch einmal langsam an dem Haus vorbei. Da sehe ich meine Freundin auf dem Dach stehen. Sie will sich hinunterstürzen. Entsetzt steige ich aus und schreie die Leute an, sie sollen verschwinden: ›Sie hört auf mich! Laßt mich mit ihr allein!‹ Ich stürze in das Haus und gelange irgendwie auf den Speicher (wo schon ihr Vater mit einem Feuerwehrmann ist) und von dort aufs Dach. Ich rede auf sie ein und versuche sie zu beruhigen. Endlich schaffe ich es. Ich kann zu ihr gehen und sie sicher vom Dach bringen.«*

Die wissenschaftliche Deutung: »In diesem Traum ist August D. der Held. Er allein schafft es, seine Freundin zu retten; noch dazu vor aller Augen! Er findet die richtigen Worte, das Mädchen von seinem Vorhaben – nämlich vom Dach eines Hauses zu springen – abzubringen. Das hat nicht einmal ihr Vater zuwegegebracht! Eigentlich müßte er nach solch einer Tat unendlich dankbar sein – denn schließlich hat der Träumer ja seine Tochter gerettet. Nur: Um all dies in Wirklichkeit erleben zu können, muß August D. das Mädchen zuerst auf das ›Dach‹ steigen lassen. (Er selbst hat ja den Traum inszeniert.) Doch er kann beruhigt sein: Um von anderen akzeptiert zu werden, muß man nicht immer ›Heldentaten‹ vollbringen...

Michael E., 52, verheiratet, ein Kind, Personalreferent

Traum Nr. 70 *»Ich träume, daß alle Leute, denen ich begegne, die Nase rümpfen. In einem Geschäft bemerke ich, daß die anderen Kunden hinausgehen oder von mir abrücken. Mir wird klar, daß es an meinen Füßen liegt: Sie riechen so stark, daß es durch die Schuhe dringt. – Etwas später fasse ich an meinen Kopf und habe einen ganzen Büschel Haare in der Hand.«*

Die wissenschaftliche Deutung: »Der Traum von den übelriechenden Füßen kann einerseits Angst bedeuten. Angst, Bekannte, Freunde usw. könnten sich vom Träumer distanzieren, entfernen. Andererseits könnte dahinter aber auch ein (vielleicht unbewußtes) Suchen nach Freiheit oder einer Möglichkeit, nicht bedrängt zu werden, stecken.

Im zweiten Traum – über Haarausfall – werden verdrängte Ängste vor möglichem Potenzverlust (z. B. im Beruf, in der Sexualität usw.) verarbeitet.«

Detlef F., 25, ledig, Büroangestellter

Traum Nr. 71 *»Wir wohnen in einem Reihenhaus, bei dem wir auch den Dachboden ausgebaut haben. In meinem Traum gehe ich auf den Dachboden. Aber er ist noch nicht ausgebaut, das heißt, ich kann richtig rund gehen. Aber an den Balken des Daches sind an ihren Schwänzen tote Ratten und Mäuse angenagelt. Ich gehe weiter und sehe, daß einige Mäuse schon länger tot sein müssen, da die Augen weit eingefallen und das Fell richtig filzig ist. Mir wird unheimlich zumute, und ich will wieder nach unten gehen. Bevor ich die erste Stufe erreiche, sinkt die Treppe nach unten, so daß ich nicht mehr herunter kann. In diesem Augenblick sehe ich funkelnde Augen, und mir wird klar, daß es nur Ratten sein können. Mir wird auch klar, daß ich* *von ihnen angegriffen werde, denn da sie ja keine andere Nahrung finden können, greifen sie auch Menschen an. Ich bekomme Angst, und die Ratten kommen immer näher. Als die ersten Ratten meinen Körper erreicht haben, wache ich endlich von meinen eigenen Schreien auf.«*

Die wissenschaftliche Deutung: »In diesem Traum befindet sich Detlef F. in einer bedrohlichen Situation. Die Ratten verkörpern etwas, wovor er Angst hat. Vielleicht ist er ein Mensch, der eher sich selbst als anderen etwas zuleide tut? Irgendwie spürt er, daß ihm letztlich niemand helfen kann. Lösen muß jeder seine Probleme selbst! Auch dann, wenn sie zunächst bedrohlich und unbewältigbar erscheinen. Oft glaubt man doch, ein Problem sei ›eingeschlafen‹, wodurch es nicht mehr belasten kann. Doch oft entpuppt sich das als Irrtum!«

Christian G.,
28, verheiratet, zwei Kinder, Bankangestellter

Traum Nr. 72 *»Ich stehe irgendwo in einer mir fremden Umgebung, ein Hund schleicht um mich herum, meistens ein Schäferhund. Er bellt nicht, beißt nicht, er schnuppert nur an mir herum, und trotzdem fühle ich mich – manchmal auch mit meinem Kind – bedroht. Ich greife in sein Maul und reiße mit aller Gewalt mit beiden Händen seinen Rachen auf, so weit, bis er aufhört, sich zu wehren und tot liegenbleibt. Danach wache ich auf, bin erleichtert und habe trotzdem ein schlechtes Gewissen, da er mich ja nicht angegriffen hat.«*

Die wissenschaftliche Deutung: »Der Träumer fühlt sich von einem Hund bedroht, den er schließlich tötet. Der Hund symbolisiert irgend etwas in seinem unbewußten Triebleben, wogegen er sich wehrt. Dabei zweifelt er jedoch, ob er wirklich bedroht und angegriffen wird. Seine ›aggressive‹ Verteidigung macht ihm selbst angst. Möglicherweise bereiten ihm seine eigenen Aggressionen überhaupt Schwierigkeiten!«

Erich H., 51, verheiratet, ein Kind, Kaufmann

Traum Nr. 73 *»Ich gehe in einen Raum beziehungsweise in ein mir unbekanntes Zimmer, das kaum möbliert ist. Durch die Tür kommen sechs große schwarze Katzen mit sehr schönem glänzendem Fell. Die Tiere nehmen kaum Notiz von mir, und ich wundere mich, wo sie nur herkommen. Ich zähle die Katzen auch nicht, ich habe immer nur die Zahl sechs im Kopf. In dem Zimmer ist sonst niemand, und es kommt auch niemand dazu.«*

Die wissenschaftliche Deutung: »Erich H. träumt von schwarzen Katzen mit einem schönen glänzenden Fell. Katzen haben – wie der Mensch auch – viele verschiedene ›Charakterzüge‹. Sie gelten sowohl als unbeständig und eigenwillig wie auch als anschmiegsam und schmeichlerisch. Es käme darauf an zu wissen, wie der Träumer in der Realität zu Katzen steht. Sicher ist jedenfalls, daß die Begegnung mit einer schwarzen Katze kein Unglück bringt. Das ist reiner Aberglaube! Vielleicht vermindert diese Bewußtmachung die Ängste des Träumers.«

Andreas J., 43, geschieden, ein Kind, Setzer

Traum Nr. 74 *»Ich liege ausgestreckt auf dem Rücken im Bett. Eine große, tiefschwarze Katze springt auf mich, schnurrt und legt sich der Länge nach über mich. Ich spüre ihre Berührung und Wärme. Die Katze ist mir nicht unangenehm, obwohl ich Katzen eigentlich nicht so mag.*

In einem anderen Traum führt mein Weg an einer Bungalowsiedlung vorbei. In jedem Vorgarten liegt ein wildes Tier (Tiger, Puma, Löwe usw.), aber friedlich. Sie dösen vor sich hin. Auf einmal springt der Löwe auf, rennt hinter mir her. Da ich nicht entkommen kann, bleibe ich einfach stehen. Der Löwe drückt mich mit einer Pranke ins Gras, legt sich neben mich, hält mich fest umfangen, blinzelt mich an und schläft mit einem Schnarchen ein. Immer wenn ich mich von ihm lösen will, weil ich glaube, daß er fest schläft, blinzelt er mich an und packt mich wieder fester. Ich habe keine Angst.«

Die wissenschaftliche Deutung: »In beiden Träumen sind es Tiere, die dem Träumer ›nahekommen‹. Dies scheint den Wunsch nach Wärme, Nähe und Zärtlichkeit auszudrücken – allerdings auch gepaart mit einer gewissen Zwiespältigkeit in seinem Inneren. (Dies dürfte sich auf Beziehungen zum weiblichen Geschlecht beschränken.)

Die Berührung und Wärme einer Katze ist Andreas J. im Traum angenehm – obwohl er Katzen in Wirklichkeit eigentlich nicht so sehr mag. Im Löwen hingegen drückt sich sein verdrängtes Triebleben aus, das sich in Erinnerung bringt, mit dem er sich aber friedlich arrangiert. Der Träumer sollte überlegen, ob ihm derartige Konflikte in seinem Leben bewußt sind. Die Realisierung von verdrängten Problemen ist nämlich oft der erste Ansatz für einen Ausweg.«

Peter J.,
26, verheiratet, Schweißer

Traum Nr. 75 *»Ich träume, ich bin in einem langen dunklen Gang, der nur von Fackeln beleuchtet wird. Ich stehe da, und plötzlich ist ein ganzes Rudel Wölfe hinter mir her. Sie knurren, und ich beginne zu laufen, aber sie laufen hinter mir her. Dann kommen sie mir immer näher, und ich sehe schon das Blut, das aus ihren Mäulern herausfließt. Dann entkomme ich ihnen und stehe wieder an derselben Stelle wie vorher. Doch jetzt fängt alles wieder von vorne an.«*

Die wissenschaftliche Deutung: »In seinem Traum läuft Peter J. immer im Kreis – das heißt, fort von den Wölfen, die ihn so schrecklich ängstigen. Die Wölfe in seinem Traum sind sicherlich Symbol für sein unterdrücktes Triebleben, das er ins Unbewußte verdrängt. Der Träumer sollte versuchen, doch einmal im Traum den Wölfen standzuhalten und ihnen ins ›Auge zu blicken‹, also nicht auszuweichen.

Vielleicht schafft er es auch, seinen Ängsten und unterdrückten Trieben mehr ›ins Auge zu blicken‹.«

Ludwig K., 44, verheiratet, Friseur

Traum Nr. 76 *»Ich sehe mich im Garten auf einem Campingstuhl sitzen. Im Rücken ist eine hohe Mauer, unter dem Stuhl grüner Rasen, dann ein Plattenweg und wieder grüner Rasen. Ich drehe filterlose Zigaretten. Dann sehe ich durch eine nach innen geöffnete Tür, die in den Garten geht. Neben der Tür sehe ich einen Holzküchenstuhl. Auf dem Stuhl liegt ein Tierkadaver ohne Fell, mit heller glatter Haut. Außerdem sehe ich einen großen Holztisch an einer Wand ohne Fenster und neben dem Tisch wieder einen Holzstuhl, auf dem zwei tote Tiere liegen. Wie das erste Tier – ohne Fell und mit glatter weißer Haut. Bei diesem Anblick packt mich maßloses Entsetzen.«*

Die wissenschaftliche Deutung: »Ludwig K. sieht im Traum tote Tiere ohne Fell und mit glatter, weißer Haut. Er schreibt nicht, warum ihn das Entsetzen packt (weil die Tiere tot oder ohne Fell sind?). Ein Fell bedeutet Schutz und Wärme, gleichsam eine ›dicke Haut‹. Mit einer glatten, weißen Haut allein ist man verletzbarer, schutzloser und natürlich auch empfänglicher für alles. Der Träumer ist ein gutmütiger Mensch! Vielleicht hat er aber auch Angst vor Aggressionen (auch vor seinen eigenen?). Anscheinend läßt er sich zuviel gefallen! Er sollte sich wenigstens nicht die Haut abziehen lassen.«

Malte L.,
45, verheiratet, drei Kinder, Büroangestellter

Traum Nr. 77 *»Ich muß dringend zur Toilette. Ich laufe in ein Krankenhaus. Ich bin dort nur am Suchen. Endlich finde ich eine Toilette, aber die ist so verschmutzt, und es ist gar kein Becken darin. Nur Kot. Also laufe ich weiter. Dann komme ich wieder auf eine Station. Dort sind die Gänge mit Betten und schwer verletzten Menschen belegt. Es ist furchtbar, denn es sind auch Kinder dabei, die an Schläuche und Geräte angeschlossen sind. Dazwischen liegen auch Tote. Ich sehe sehr, sehr viel Blut. Dann drehe ich um, gehe anderswo entlang oder laufe auch zwischen diesen Menschen und Schläuchen hindurch. Ich komme dann in eine große Wartehalle. Ich komme an eine Tür, wo ich denke, es ist ein WC. Aber leider ist es ein Waschraum, und es stehen auch Särge dort drin.«*

Die wissenschaftliche Deutung: »Im Traum werden manchmal bildhaft-symbolisch Probleme, Schwierigkeiten, Konflikte dargestellt. Der Träumer möchte etwas von sich geben, etwas loswerden, und es gelingt ihm nicht. Er kann sich nicht von dem befreien, was ihn drückt. Krankheit, Verletzung und Tod kommen ebenfalls in diesen Träumen vor. Themen, die Malte L. vermutlich besonders ängstigen! Er sollte auch einmal in Ruhe überlegen, was es sein könnte, das ihn ›drückt‹?«

Ulrich M.,
50, verheiratet, ein Kind, Beamter

Traum Nr. 78 *»Im Traum fahre ich ein Auto, das ich nicht in der Gewalt habe. Ich komme in riskante Situationen, aber es geht in letzter Sekunde gut aus. Ich habe aber dabei große Streß- und Angstgefühle. Oder ich schwimme in herrlichen Gewässern, aber unsichtbare Wesen wollen mich an den Füßen hinunterzerren.«*

Die wissenschaftliche Deutung: »Diese Träume sind von Angst gekennzeichnet. Autofahren und Schwimmen – Tätigkeiten, die der Träumer im Leben gut beherrscht – werden hier zum Problem! Schwierige, angstbesetzte Autofahrten können beispielsweise Spannungen und Probleme widerspiegeln, die mit der Lebensbewältigung zusammenhängen.

Ähnlich verhält es sich mit den Ängsten beim Schwimmen. Die ›Wesen‹ in Ulrich M.s Traum, die ihn hinabzerren wollen, sind seine ›unbewältigten Probleme‹. Der Träumer sollte überlegen, welche Sorgen, Ängste und Probleme ihn am meisten beunruhigen. Vielleicht wird ihm dabei klar, daß es besser wäre, sich von manchen Dingen zu distanzieren! Nämlich von jenen Dingen, die er nicht lösen kann.«

Ulf N.,
verheiratet, zwei Kinder, Geschäftsführer

Traum Nr. 79 *»Ich kann im Traum fliegen, muß nur Bewegungen mit meinen Armen machen, und ich habe die Möglichkeit, überall hinzufliegen. Es ist ein ungeheures, angenehmes Gefühl. Ich fliege allen unangenehmen Angelegenheiten davon, und niemand holt mich ein. Diesen Traum genieße ich sehr, und am Tag darauf bin ich immer sehr gut gelaunt. Doch manchmal träume ich, ich bin in einem großen Raum, der ganz mit lila Samt ausgeschlagen ist, obwohl ich die Farbe Lila und Samt überhaupt nicht mag und so große Räume auch nicht. Ich bin dort ganz winzig und hilflos, bekomme ungeheure Angst. Was ich in diesem Raum mache, kann ich nicht definieren. Ich schreie, aber niemand kann mir helfen.«*

Die wissenschaftliche Deutung: »In seinem Traum kann Ulf. N. fliegen. Ein wunderbares Gefühl! Es zählt auch wohl zu den ältesten Wünschen der Menschen, aus eigenem Antrieb fliegen zu können. Im Traum ist das möglich, und so fliegt der Träumer mühelos allen Unannehmlichkeiten davon. Im zweiten Traum hingegen ist Ulf N. winzig klein und hilflos. So verkörpert er die Machtlosigkeit von uns Menschen in vielen Situationen. Vielleicht könnte er herausfinden, ob es nicht doch Situationen oder Dinge in seinem Leben gibt, wo Hilflosigkeit gar nicht so sehr angebracht wäre...«

Oskar W., 22, ledig, Uhrmacher

Traum Nr. 80 *»Ich träume, daß mein Vater einen kleinen Bruder hat, auf den ich aufpasse. Aber dieser kleine Bruder ist total verbrannt, er sieht richtig schwarz aus, ein ganz fürchterliches Bild. Ich habe Angst vor ihm, renne weg, aber mein Vater versteht das nicht. Er rennt mir mit dem kleinen Bruder auf dem Arm nach, um mich an ihn zu gewöhnen. Ich renne ins Badezimmer und verschließe die Tür. Das erste Mal gelingt mir das, doch das zweite Mal schaffe ich es nicht mehr, die Tür abzuschließen, und mein Vater kann ins Badezimmer eindringen. Meine Mutter ist die ganze Zeit über passiv. Doch dann plötzlich schwebe ich in eine Ecke der Zimmerdecke, und niemand kann mich ergreifen.«*

Die wissenschaftliche Deutung: »In Oskar W.s Traum ist der ›kleine Bruder‹ schwarz verbrannt. Ich weiß natürlich nicht, ob er selbst einen Bruder hat, der für ihn ein Problem war, oder ob sich in der Gestalt des kleinen Bruders ein anderer Konflikt symbolisiert. Möglicherweise ist der Träumer vor diesem Konflikt davongelaufen oder tut es immer noch?

Der Vater bedrängt ihn im Traum mit dem Buben; die Mutter reagiert passiv. Spiegelt sich in dieser Situation die Realität in der Beziehung zu den Eltern wider? Im Traum versteht es der Träumer blendend, sich dem Konflikt zu entziehen: Er ›entschwebt zur Decke‹!«

Karl O.,
46, verheiratet, ein Kind, Lehrer

Traum Nr. 81 *»Ich bin bei Freunden eingeladen. Es ist dort sehr weiträumig. Ich befinde mich auf einer abschüssigen, geteerten Straße, die zum Anwesen gehört, laufe langsam hinunter. Am Ende ist irgendein Wasser (Schwimmbad), wo sich viele Leute tummeln. Ich mache mich auf dem Weg dorthin sehr schmutzig. Das ist mir peinlich, und ich will zurück, um mich umzuziehen. Ich gehe langsam den Weg zurück, wobei ich den Schmutz zu verbergen suche, muß durch die Leute hindurch, die mich ansehen, aber nicht böse, ehe mit halbem Interesse.*

Danach bin ich plötzlich in der Küche, die wie meine eigene aussieht, jedoch die Küche der Gastgeber ist. Ich habe eine weiße Schürze umgebunden, die bis zum Boden geht. Ich stehe mit dem Rücken an die Anrichte gelehnt und halte eine nackte junge Frau, deren Beine mir über den Rücken hinabhängen. Sie stützt sich mit den Schultern und nach unten abgeknickten Händen auf dem Boden auf. Ihr Körper hängt also an mir. Das ist mir nicht unangenehm. Ich halte sie, weil sie zu mir Vertrauen hat. Sie weiß nicht, daß die Gäste alle auf ihr Fleisch warten. Sie soll geschlachtet werden. Man hat ihr etwas Einschläferndes zu trinken gegeben. Ihr Kopf ist halb zu mir erhoben.

Jetzt sehe ich, wie auf ihrem Schamhügel drei winzige rotbraune Ameisen herumlaufen, nehme sie weg und zerquetsche sie mit den Fingerspitzen. Dabei klatsche ich leicht auf den Schamhügel, ich will sie ja nicht wecken. Sie wacht jedoch auf, sieht mich mit schlaftrunkenen Augen an und fragt, was denn los sei. Sie wundert sich nicht über ihre Lage und findet das offenbar ganz normal. Ich beruhige sie mit ein paar Worten, und sie schläft wieder ein. Sie hat ein süßes unschuldiges Gesicht. Ich habe ein Gefühl des Unbehagens, weil sie so ruhig ist, nur weil ich da bin, und ich weiß doch, daß ich ihr nicht helfen kann. Mir kommt das wie ein Vertrauensbruch vor.«

Die wissenschaftliche Deutung: »Im ersten Teil des Traumes ist dem Träumer etwas peinlich. Er versucht Dinge vor dem Leben zu verbergen (im Traum ist es Schmutz, der nicht gesehen werden soll). Dann befindet er sich in einer Situation, in der er das Schlachtopfer hält, welches ihm vertraut. Diese Situation kommt Karl O. wie ein Vertrauensbruch vor, obwohl er eigentlich nicht helfen kann.

Vielleicht läßt sich dieses Traumbild auch auf die Realität übertragen? Vermutlich empfindet der Träumer Unbehagen, wenn er nicht helfen kann, obwohl ihm etwas oder jemand anvertraut wird?

Viktor Z., 44, geschieden, Architekt

Traum Nr. 82 *»Ich sehe im Traum eine kleine Insel, geteilt durch ein Wasser. Die Insel ist mit saftigem, grünem Gras bewachsen. Im Wasser schwimmen viele tote Tiere, viel Blut und schleimiger Schaum. Vor allem sind es tote Pferde – die Hinterteile der Pferde ragen heraus. Ich stehe auf der einen Seite der Insel und muß durch das Wasser, um zu der anderen Seite der Insel zu gelangen. Ich muß hinüber und gehe auch durch alle toten Tiere hindurch; es wimmelt von Tieren, und es werden immer mehr sichtbar, vor allem Pferde. Ich versuche, sie beiseite zu schieben, es ist fast unmöglich. Ich erreiche die Insel unter schwersten Strapazen, bleibe sehr traurig zurück und bin fix und fertig.«*

Die wissenschaftliche Deutung: »Viktor Z. träumt, unter schwersten Strapazen von einem ›Inselteil‹ zu einem anderen zu gelangen. Er ist gezwungen, ein Gewässer mit toten Tieren, Blut und schleimigem Schaum zu durchqueren. Dieses ›Wasser‹ symbolisiert anscheinend Konfliktsituationen, Schwierigkeiten und Probleme, mit denen der Träumer fertig werden muß (oder mußte). Aber er schafft es! Es stellt sich nur die Frage, ob man tatsächlich beim Verlassen seines Inselteils in so ein ›schlechtes Wasser‹ kommt?

Vielleicht scheut er sich, seine Isolation aufzugeben – obwohl er dies gerne würde? Im Traum wagt er auch eine ganze Menge – es käme nur auf den Versuch an!«

Ernst S., 38, verheiratet, ein Kind, Maler

Traum Nr. 83 *»Ich gehe mit sechs gesichtslosen Menschen über eine sehr schöne, bunte, blühende Wiese. Aber unter diesen Menschen habe ich sehr große Angst, fühle mich eingekreist. Sie treiben mich immer schneller einem Abgrund zu. Ich kann nicht ausweichen, nicht weglaufen. Diese Menschen lachen und verspotten mich. Sie treiben mich bis an den Abgrund und lachen ganz verrückt. Ich falle, und keiner ist da, der mich halten würde.«*

Die wissenschaftliche Deutung: »Ernst S. träumt von ›gesichtslosen Menschen‹, die ihm Angst und Schrecken einjagen und ihn schließlich in den Abgrund treiben. Sein Vertrauen zu den Menschen scheint total erschüttert zu sein. Er fühlt sich nicht nur im Traum, sondern auch in der Wirklichkeit völlig verlassen und allein. Der Träumer glaubt, hilflos dem Schicksal ausgeliefert zu sein.«

Georg D., 41, geschieden, vier Kinder, Dachdecker

Traum Nr. 84 *»Ich schwimme in einem Schwimmbecken in einem großen Hallenbad. Ich bin der einzige im Wasser. Alle anderen Menschen stehen am Rand vom Becken und starren mich an. Ich will tauchen, doch ich habe Angst. Das Wasser ist sehr tief und droht, mich hinunterzusaugen. Plötzlich sehe ich ein riesiges Spinnennetz, in dem eine grünlich getönte Spinne sitzt, riesig wie ein Haus. Ich zerstöre das Spinnennetz, sie stürzt sich auf mich. Ich habe Schmerzen im Gesicht. Ich sehe mich im Spiegel. Meine eine Gesichtshälfte ist normal, meine andere zerfetzt, ich* *kann meinen Kieferknochen sehen. Die Spinne verfolgt mich, und die Menschen starren mich nur an.«*

Die wissenschaftliche Deutung: »In diesem Traum schwimmt Georg D. allein in einem Schwimmbecken. Dies ist ihm unangenehm, da er rundum von allen Leuten angestarrt wird. Es scheint so, als ob er sich manchmal zu exponiert fühlen würde. In solchen Situationen will er dann am liebsten ›untertauchen‹. Nur die Gefahr, am Ende nicht mehr hochzukommen, macht ihm angst.

In der Spinne ist unter anderem die Aggression durch weibliche Sexualität enthalten, vor der der Träumer unbewußt Angst hat. Er sollte versuchen, zunächst einmal seine Aggression zu erkennen und zu akzeptieren. Danach werden ihm vielleicht Aggressionen von außen (von Menschen seiner Umgebung) nicht mehr so gefährlich erscheinen!«

Josef R., 47, verheiratet, ein Kind, Ingenieur

Traum Nr. 85 *»Zusammen mit einer Frau gehe ich auf einer sich seitlich bewegenden Brücke, die auf der rechten Seite (meiner) ein ziemlich niedriges Geländer hat, auf der linken überhaupt keines. Ich fürchte mich. Die weibliche Person auf der linken Seite und ich geben uns zuerst die Hände und danach legt sie ihren Arm um meine Taille, was mich beruhigt. Wir kommen gut über die Brücke. Auf der linken Seite am Strandweg liegt ein elegant gekleideter Mann, der irgend etwas repariert. Wir zwei gehen rechts auf einem Weg, der viel Gestrüpp hat. Schließlich erreichen wir einen offenen Platz. Dort sind jedoch viele Mücken. Ich sage, hier kann ich nicht bleiben, denn Mücken machen mich nervös, und ich kratze mich am Rücken.«*

Die wissenschaftliche Deutung: »In diesem Traum geht Josef R. über eine Brücke. Diese ist Symbol für eine Verbindung, eine Beziehung oder auch die Überwindung von Gegensätzen. Bei dieser Überquerung wird er sicher geführt von einer Frau, die eine Bezugsperson zu seiner Vergangenheit darstellen mag.

Ansonsten ist der Weg nicht besonders gut gesichert; aber im Schutze der Beziehung gelingt der sichere Übergang. Nun gelangt er auf einen offenen, bequemen Platz mit vielen Mücken. Nun, es gibt eben keinen Vorteil, wo nicht auch ein Nachteil wäre. Nichts im Leben ist ohne Einschränkung.«

Otto F., 39, verheiratet, Buchhalter

Traum Nr. 86 *»Ich muß mit vielen Frauen und Kindern aus einem Kriegsgebiet flüchten. Der Pilot eines Düsenjägers darf nicht starten. Trotz Verbot dürfen wir alle einsteigen, und er will uns in ein anderes Land fliegen. Das Flugzeug ist innen wie ein Betonbau und ringsherum ist alles Glas. Als wir in der Luft sind, greifen uns sechs Düsenjäger an und schießen auf uns. Wir stehen an die Mauer gedrückt, die Kinder hinter uns. Und immer wieder greifen die Düsenjäger an. Sie schießen die Glasscheiben kaputt, und meine Knie sind beide zerschossen. Dann müssen wir notlanden.«*

Die wissenschaftliche Deutung: »Otto F. versucht zu flüchten (aus einer Problemsituation ›Kriegsgebiet‹). Doch erweist sich die Flucht als trügerisch (wir können zwar vor einer unangenehmen Außenwelt flüchten, nicht aber vor den Problemen in uns). Das Düsenflugzeug wird abgeschossen. Es bietet nicht genügend Schutz! Hier stellt sich die Frage: Wie geschützt und sicher fühlt sich der Träumer eigentlich? Er hat die Kinder hinter sich und setzt sich für diese ein, bekommt allerdings auch etwas ab, was ihm weh tut. Es werden ihm dabei seine Knie zerschossen. (Das Leben schlägt ihm Wunden.) Er stürzt aber nicht hinunter, sondern macht eine Notlandung. Oft ist es ja so im Leben, daß sich Bedrohungen als nicht so bedrohlich herausstellen, wie wir anfänglich geglaubt haben.«

Paul T.,
29, ledig, Sozialhelfer

Traum Nr. 87 *»Ich befinde mich in einem sehr großen Saal mit Parkettfußboden. In dem Raum befindet sich ein Sarg, auf dem mein Vater, meine verstorbene Mutter und ein schon verstorbenes, befreundetes Ehepaar meiner Eltern sich dicht drängen. Außerdem stehen da auch ein Klavier und ein Stuhl, auf dem ich am Klavier sitze. Ich spiele das Lied von der Uhr. (Ich trage, wo ich gehe, stets eine Uhr bei mir.) Mein Vater kommt und spielt rechts von mir. Ich singe laut den letzten Satz des Liedes: ›Sieh, Herr, ich habe nichts verdorben, sie blieb von selbst stehen.‹*

Während ich das singe, werden die Tasten unter meinen Fingern zu einem Brett und lassen sich nicht mehr hinunterdrücken. Wie wild versuche ich, die Töne hervorzubringen, aber es kommen keine, dafür singe ich um so lauter noch einmal den letzten Satz. Ich fühle mich verzweifelt, da sagen die Zuhörer: Du hast aber eine schöne Stimme, sie konnte bei dem Klavierspiel gar nicht richtig zur Geltung kommen. Ich solle meine Stimme doch ausbilden lassen, es würde sich lohnen.«

Die wissenschaftliche Deutung: »In diesem Traum treten eine Reihe zum Teil verstorbener Bezugspersonen auf (Vater, verstorbene Mutter usw.). Der Träumer steht im Vordergrund und spielt Klavier, wobei er im Traum den Vater neben sich setzt. Paul T. singt die besagte Strophe: ›Siehe, Herr, ich hab' nichts verdorben, sie blieb von selber stehen.‹ Übertragen könnte das heißen: ›Ich bin es nicht, der schuld ist.‹ (Vielleicht bezieht sich dieser Passus auch auf Partnerschaften mit den entsprechenden Problemen.) Vielleicht sollte der Träumer lieber seine eigene Stimme erschallen lassen, als dem Klavier Töne zu entlocken! Er sollte also einmal seine Bedürfnisse ausleben und seine eigenen Begabungen entdecken, nicht nur die der anderen Menschen!«

Alexander V., 44, geschieden, Elektriker

Traum Nr. 88 *»Ich träume von Wasser, mal klar, mal grau. Ich fahre in einem Boot. Ich kann Leute retten. Ich komme nie selber in Not, und den anderen kann ich problemlos helfen. Aber oft träume ich, ich bin in Not und will per Telefon Hilfe holen. Aber immer ist die Wählscheibe kaputt und ich drehe verzweifelt.«*

Die wissenschaftliche Deutung: »Der Träumer scheint ein Mensch zu sein, der ein ›offenes Ohr‹ für ›jedermann‹ hat! Er gibt anderen Menschen Kraft und würde diese oft selbst benötigen. Doch dann ist niemand für ihn da, denn er erweckt nicht den Eindruck, ›in Not‹ zu sein. Ich nehme an: Anderen zu helfen, fällt Alexander V. lange nicht so schwer, wie Hilfe anzunehmen. Zumindest legt der Traum diesen Gedanken nahe.«

Heinrich K., 35, verheiratet, zwei Kinder, Beamter

Traum Nr. 89 *»Ich befinde mich auf der zweiundvierzigsten Etage eines Wohnhauses und will in den fünfundvierzigsten Stock. Mit dem Aufzug fahre ich nach oben, doch ich habe alle Mühe, mich festzuhalten. Ich presse meinen Kopf gegen die mir gegenüberliegende Wand, denn ich bin in Gefahr, aus dem Aufzug zu fallen. Der Aufzug ist nämlich links und rechts offen. Mir erscheint die Fahrt nach oben wie eine Ewigkeit. Irgendwie schaffe ich es dann aber doch. Oben angekommen, betrete ich ein sehr großes Zimmer, das von meiner Großtante (bereits verstorben) und deren Tochter bewohnt wird. Sie sitzen beide an einem länglichen Tisch. Ich sehe einen kleinen Hocker, unter dem ein Spinnenetz in Form einer eng zusammenhängenden Hängematte oder eines Einkaufsnetzes hängt. Dieses Spinnennetz ist in kupferner Farbe gehalten, und darin bewegt* *eine kleine Spinne ihre drei kleinen Beinchen. Neben dem Spinnennetz befindet sich noch ein weiteres Spinnennetz, aber grau und flach ausgearbeitet. In diesem Netz sitzt eine dicke Schmeißfliege, welche ›Moritz‹ heißt. Es scheint mir, als ob diese beiden Tierchen als Haustiere gehalten werden. Dann befinde ich mich auf einmal auf einem breiten Fluß, mitten in einer paradiesischen Landschaft.«*

Die wissenschaftliche Deutung: »Der Aufzug im Traum symbolisiert ein ›Nach-oben-Streben‹, verbunden mit gleichzeitiger Unsicherheit und Angst. ›Zur Beruhigung‹ tauchen im Traum dann vertraute vergangene Erinnerungen und Bezugspersonen auf.

Das Symbol ›Spinne‹ hingegen bedeutet: das Fangende, Netzspinnende, Webende, Umgarnende, Auffressende, Einengende eines Lebewesens – normalerweise also nicht gerade liebenswerte Eigenschaften! Doch Heinrich K.s Spinne wird ›kleingehalten‹ und kastriert (nur drei Beine). Beide Traumbilder, Spinne sowie Fliege (›Moritz‹ mit kleinen Beinchen), werden als Lebewesen mit ihren Eigenarten nicht voll zugelassen. Sie werden verniedlicht und verharmlost. Dies deutet auf Verniedlichung eigener Wesenszüge hin, die in einem stecken und gefährlich zu werden drohen. Auftauchende unangenehme Gefühle werden immer wieder positiv umgestaltet. Schließlich fährt der Träumer auch durch eine paradiesische Welt. Danach sehnt er sich in Wirklichkeit wahrscheinlich auch; nach einer Welt voller Schönheit und angenehmer Dinge. Hier herrschen kein Leistungsdruck und keinerlei Bösartigkeit. Alles ist gut!«

Bastian W., 36, geschieden, ein Kind, Verkaufsleiter

Traum Nr. 90 *»Im Traum befinde ich mich in der Stadt, in der ich als Kind aufgewachsen bin und noch geheiratet habe. Ich bin von zu Hause weggelaufen und suche in einem Geschäft etwas anderes zum Anziehen, damit eine*

Fahndung nach mir erschwert wird, denn ich weiß, daß sie mich suchen werden. Zuerst will ich etwas Billiges nehmen, entscheide mich dann aber für einen besseren Anzug. Plötzlich steht eine gute Bekannte neben mir, die auf einen Mann wartet, der aus Garmisch kommen soll. Wir beschließen, gemeinsam zu warten. Doch dann wird meine Bekannte müde und legt sich auf eine Wiese. Ich decke sie mit zwei Jacken zu, damit sie nicht friert. Doch sie will das nicht und meint, sie brauche diese Jacken nicht, denn sie könne sich von innen heraus wärmen. Ich bin darüber ganz sprachlos (denn ich friere meistens). Als meine Bekannte dies merkt, sagt sie: ›Ich zeige dir, wie man das macht.‹ Doch leider erwache ich.«

Die wissenschaftliche Deutung: »Manchmal möchte man (bewußt oder unbewußt) weglaufen und alles hinter sich lassen. Im Traum ist dann die gute Bekannte da (vielleicht war es die weibliche Idealgestalt des Träumers). Sie wartet auf jemanden und verkörpert auch eine Fertigkeit, die sich alle wünschen, nämlich sich selbst von innen heraus zu erwärmen. Das kann man sogar lernen! Zum Beispiel in einem autogenen Trainingskurs.«

Stefan B.,
31, verheiratet, drei Kinder, Vertriebsassistent

Traum Nr. 91 *»Ich liege im Sommer auf einem Liegestuhl, der neben einem Kreisverkehr und einer stark befahrenen Straße auf dem Bürgersteig steht. Ich streite etwas und rede mit meiner Frau, die um die nächste Häuserecke weggeht. Ein alter VW kommt die Straße hoch, mit viel weißem Rauch und Qualm aus dem Auspuff. Es stinkt nach Abgasen. Auf dem Bürgersteig kommt ein Fuhrwerk mit zwei großen schwarzen Särgen. In einem der Särge sehe ich mich und schaue gleichzeitig zu.«*

Die wissenschaftliche Deutung: »Dieser Traum enthält Hinweise auf die Beziehungen des Träumers. Es scheint so, daß er mehr Erwartungen hat, als dann wirklich erfüllt werden. In dem Sarg in seinem Traum liegen wohl Anteile seiner Vorstellungen und Ideale – um ›begraben‹ zu werden. Es ist ein Traum, der Dinge verarbeitet, die das Leben eben anders gestaltete, als der Träumer es sich wünschte.«

Werner S., 28, verheiratet, ein Kind, Konstrukteur

Traum Nr. 92 »*Ich höre langsame, schwerfällige Schritte auf dem Flur. Die Schlafzimmertür öffnet sich. Mein Vater steht mit völlig entstelltem Gesicht vor meinem Bett und erklärt mir, er wäre lebendig begraben worden. Er fängt an zu weinen und geht hinaus. Es klingelt an der Haustür. Ich öffne die Tür und finde eine Reisetasche vor. In der Tasche liegt mein einjähriger Sohn, völlig zerstückelt.*«

Die wissenschaftliche Deutung: »Jeder Träumer inszeniert all seine Träume selbst! Der Traum von Werner S. spiegelt anscheinend das Gefühl wider, daß sein Vater gar nicht richtig gelebt hat. Manche Menschen sind nämlich tot, bevor sie geboren werden – psychisch geboren in diesem Fall! Der zweite Teil des Traumes zeigt die ›vielen Einzelteile‹ eines Menschen, die ›zusammengesetzt‹ dann eben unverwechselbar einen einzigen Menschen darstellen!«

Elmar T., 33, verheiratet, drei Kinder, Zollbeamter

Traum Nr. 93 »*In unserem großen Garten im Elternhaus stehen viele Leute, die ich aber nicht erkenne, nur den jüngsten Sohn (jetzt fünf Jahre alt) meines Bruders erkenne ich. Auf einmal kommt mein verstorbener Bruder. Er ist bekleidet mit einem Sträflingsanzug. Er nimmt seinen Sohn in den Arm und weint bitterlich. Ich frage ihn, woher er kommt. Er antwortet mir, weißt du denn nicht, daß ich lebenslänglich habe. Danach weinen alle Leute.*«

Die wissenschaftliche Deutung: »Es ist für uns Menschen immer schwer, den Tod zu akzeptieren. Besonders den Tod eines geliebten Menschen wollen wir nicht wahrhaben. Vielleicht sollte der Träumer in seinem Leben versuchen, die Realität des Todes zu akzeptieren. Denn: Je besser wir den Tod annehmen können, um so mehr verliert er seinen Schrecken!«

Ewald P.,
26, verheiratet, Goldschmied

Traum Nr. 94 *»Ich träume, daß ein – uns im Traum bekanntes – Ehepaar verunglückt und ins Krankenhaus kommt und dort stirbt. Meine Frau und ich gehen zum Krankenhaus und holen das verstorbene Ehepaar ab. Wir setzen das tote Ehepaar bei uns im Wohnzimmer in die Sessel. Das Wohnzimmer im Traum ist zwar unseres, aber es ist nicht so wie in Wirklichkeit. Einige Zeit lassen wir das Ehepaar so sitzen. Dann beginnt es mich zu stören, die Toten ständig um mich zu haben. Sie sitzen da wie Schaufensterpuppen aus Fleisch. Dann beginnt sich der Mann plötzlich zu bewegen und im Zimmer herumzugucken, aber doch irgendwie leblos. Das ist mir unheimlich. Ich fürchte, daß das noch schlimmer werden könnte. Deshalb berate ich mit meiner Frau gemeinsam, wie wir sie loswerden könnten. Meine Frau kommt auf die Idee, sie mit Benzin zu überschütten und zu verbrennen. Das tun wir dann auch. Sie brennen aber nicht, sondern werden gleich ohne Feuer oder Flamme zu Asche.«*

Die wissenschaftliche Deutung: »Manchmal scheint etwas abgeschlossen und endgültig vorbei zu sein. Doch dann taucht das, was vergangen erschien, manchmal wieder auf und scheint zu neuem Leben zu erwachen.

Was ist dies wohl, das der Träumer abgeschlossen, vorbei haben will, und das ihn doch immer wieder beunruhigt? Was würde er gerne aus der Welt schaffen, wofür das ›Beseitigen des toten Ehepaares‹ symbolisch steht?«

Herwig B., 28, verheiratet, zwei Kinder, Polizist

Traum Nr. 95 *»Viele Menschen sind versammelt. Es sieht aus wie ein großer freier Marktplatz. Plötzlich wird geschossen, und ich werde getroffen. Ich falle, und obwohl ich falle und tot bin, lebe ich trotzdem weiter. Ich beobachte alles von meinem Körper aus.«*

Die wissenschaftliche Deutung: »Herwig B. träumt, auf einem großen Marktplatz erschossen zu werden und dabei alles ›beobachten zu können‹. In diesem Traum geht er nicht gerade recht liebevoll mit sich um! Denn schließlich ist er es ja selbst, der den Traum inszeniert und sich sozusagen abschießen läßt! Doch auch im Leben gibt es sehr wohl Situationen, in denen man erst ›tot‹ sein muß, um zu merken, daß man eigentlich noch lebt (...weiterlebt).«

Wolfgang F., 68, geschieden, zwei Kinder, Rentner

Traum Nr. 96 *»Ich habe einen Menschen ermordet, vergrabe ihn tief in der Erde. Dann kommt die Polizei, findet den Toten, und ich wünsche mir, daß der Verdacht von mir abgelenkt wird. Ich beteure meine Unschuld und erfinde Ausreden. Ich träume aber auch, daß der Tod kommt und will mich holen. Er sagt, daß meine Zeit abgelaufen wäre. Ich will ausrücken und flehe den Tod an, mich noch einige Zeit leben zu lassen. Ich wäre doch noch jung und gesund.«*

Die wissenschaftliche Deutung: »Wolfgang F. träumt, jemanden ermordet zu haben. Manchmal drücken derartige Träume den Abbruch einer Beziehung aus oder beschreiben eine Handlung, für die man nicht geradestehen möchte. Der Träumer sollte nachdenken, welches Ereignis oder Erlebnis ihn vor acht Jahren beunruhigt hat.

Der zweite Traum ist möglicherweise Folge des ersten. Der erste Traum verursacht ein ›schlechtes Gewissen‹ und dieses ›bestraft‹ den Träumer im zweiten Traum mit seinem eigenen Tod! Doch: Für unsere Träume brauchen wir niemals ein schlechtes Gewissen zu haben.«

Max R., 34, verheiratet, Krankenpfleger

Traum Nr. 97 *»In den Zimmern eines Sanatoriums liegen zerfleischte und zerstückelte Leichen in den Betten. Zwei Arbeitskollegen und ich gehen von einem Zimmer ins andere. Ich habe keine Angst, sondern eine Art Gleichgültigkeitsgefühl. Ein Kollege springt in einem der Zimmer auf einen Kasten: Ich wundere mich nicht. Es ist, als ob es täglich so wäre.«*

Die wissenschaftliche Deutung: »Der Umgang mit kranken beziehungsweise operierten Menschen kann uns Angst einflößen, die wir jedoch nicht zu stark ›ausleben‹ dürfen. In diesem Fall darf in der Realität ›Angst und Sorge‹ ja nicht die Arbeit beeinträchtigen! Allerdings ist es auch wichtig, nicht völlig abzustumpfen oder zu gleichgültig zu werden. Möglicherweise ist dieser Traum bei Max R. auch ›Wunschtraum‹, um in gewissen Situationen gleichgültiger werden zu können! Oder ist er tatsächlich fähig, in dem Ausmaße unangenehme Dinge wegzuschieben?«

Martin L., 45, verheiratet, drei Kinder, techn. Angestellter

Traum Nr. 98 *»Eine fremde Macht will die Führung auf der Erde übernehmen. Um diesem offensichtlich schlimmen Schicksal zu entgehen, wird beschlossen, daß wir alle Selbstmord begehen. Ich zerbeiße also meine Giftkapsel aus Glas und schlucke den Inhalt, weil ich ja sowieso sterben werde. Kaum habe ich das Gift geschluckt, stellt* *sich heraus, daß alles ein Irrtum war, und wir uns nicht umzubringen brauchen, weil alles so bleibt wie es ist. Ich sage mir zwar, daß ich dann nicht hätte sterben müssen, empfinde es aber nicht als schlimm, daß es für mich zu spät ist und ich nun leider sterben muß. Ich warte also, bis das Gift wirkt und ich sterbe, aber das Gift hat überhaupt keine Wirkung, und ich bleibe am Leben. Ich empfinde so gut wie keine Gefühlsregung.«*

Die wissenschaftliche Deutung: »Der Träumer schreibt am Schluß seiner Traumschilderung, daß ihn die Frage ›weiterzuleben‹ oder ›sterben zu müssen‹ kaum berührte. Steht er dieser Frage in der Realität genauso gelassen gegenüber? Im Traum hat er sich möglicherweise vom Thema ›Sterben‹ distanziert oder es als natürliche Gegebenheit akzeptiert. Gefühle – auch Ängste – können in einem Traum aber völlig andere Dimensionen bekommen. Mir scheint es so, als wollte sich Martin L. in seinem Leben überhaupt nicht gerne von anderen Menschen beeinflussen lassen! Er entscheidet gerne selbst...«

Bertram F.,
32, geschieden, Techniker

Traum Nr. 99 *»Ich bin in einer fremden Stadt und suche den Bahnhof. Ich verlaufe mich in den Straßen und finde nicht nach Hause.«*

Die wissenschaftliche Deutung: »Der Träumer sucht den Bahnhof beziehungsweise den Weg nach Hause und findet diesen nicht! Das heißt, er ist im Traum auf sich allein gestellt – fremd. Er hat nicht geschrieben, was das für Gefühle auslöste. Hat er Vertrauen, den Weg doch noch zu finden, oder hat er große Angst, verlorenzugehen? Vielleicht ist für Bertram F. die Sicherheit seines Zuhauses das Wichtigste im Leben?«

Lexikon der Traumsymbole von A-Z

Erläuterung zu dem Lexikon der Traumsymbole

Das folgende Verzeichnis der Symbole stützt sich auf die Traumdeutung, die der Schweizer Psychoanalytiker C. G. Jung (1875–1961) vorgegeben hat. Die einzelnen Symbole sollen Ihnen helfen, Ihre Träume in den richtigen Zusammenhang zu setzen, der Grundbedingung für eine mögliche Deutung ist. Denken Sie immer daran: Das Symbol allein genügt nicht, um die Aussage eines Traumes durchschaubar zu machen. Jedes Traumerlebnis ist eingebettet in eine ›Handlung‹ mit vielen Einzelheiten.

Diese Überlegung war ausschlaggebend dafür, daß in diesem Buch erstmals nicht nur das jeweilige Symbol in seiner mythologischen, psychologischen und archetypischen Bedeutung erläutert wird, sondern auch eine Reihe von Fragen an den Träumer gestellt werden, die ihm das selbständige Weiterdenken und das Rekapitulieren der Trauminhalte erleichtern können. Ein Beispiel: Wenn Sie etwa von einem Bad geträumt haben, sollten Sie sich fragen, ob das Wasser klar oder trüb, kalt oder lau, angenehm oder bedrohlich war. Vielleicht aber hatten Sie nicht in Wasser, sondern in Milch gebadet? Dann können Sie auch unter ›Milch‹ nachlesen, um festzustellen, was hinter diesem Traumerlebnis steckt.

In der folgenden ›Symbolesammlung‹ sind also viele Fragen vorgegeben, um Ihnen die richtige Fragetechnik nahezubringen. Ausgehend von dieser Methodik wird es Ihnen dann leichtfallen, selbständig weitere Fragen zu stellen, durch die Sie schließlich zu einer umfassenden, eigenständigen Deutung der Träume gelangen werden.

Aal Im Vordergrund dieses Traumes steht nicht so sehr die Tatsache, daß der Aal ein Fisch ist, sondern vor allem die Form des Tieres: Sie erinnert deutlich an eine Schlange und ist auch in den meisten Träumen in diesem Sinne zu verstehen. In Frauenträumen hat der Aal, dessen längliche Gestalt klar an das männliche Geschlechtsorgan denken läßt, offensichtlich sexuellen Charakter.
s. Fisch
s. Schlange

Abend Die Tageszeiten in Ihrem Traum beziehen sich auf die Zeit, in der Sie sich in Ihrem Leben befinden. Neigt sich der Traum-Tag dem Ende zu, nähert sich vielleicht auch der Träumer seinem Lebensabend. Es kann aber auch die geistige Beschäftigung mit dem Altern, dem Älterwerden angesprochen sein. Dann kommt es darauf an, wie Sie diesen Abend im Traum erleben: als Zeit des Friedens und der erwünschten Ruhe? Oder als bedrohliches Hereinbrechen von Dämmerung und Kühle?
s. Tageszeiten

Abendmahl Der religiöse Charakter dieses Gleichnistraumes liegt auf der Hand: Das gemeinsame, oft rituell gestaltete Mahl, die ›Kommunion‹, führt Sie an den Tisch des Lebens, auf dem die Speisung der Seele aufgetragen wird. Ist der Tisch reich gedeckt? Hat Ihnen das Leben noch reichlich Nahrung zu bieten? Werden Sie gastfreundlich an den Tisch gebeten und bewirtet? Oder verweigert man Ihnen die Speise?
s. Tisch
s. Speise
s. Essen

Abgrund/Abhang Hier kann es sich um einen Situationstraum handeln: um ein Traumerlebnis, das vielleicht einen Fall aus dem Bett verhindern will. Wenn eine reale Situation nicht gemeint sein kann, liegt ein Wachtraum vor: Sie

befinden sich am Rand einer seelischen Gefahrenzone. Nun kommt es darauf an, wie Sie auf den Abgrund reagieren. Steigen Sie hinunter? Klettern Sie unter Mühe wieder hinauf? Führt eine Brücke über die Schlucht? Mancher Träumer muß bis auf den Grund hinuntersteigen, um von dort aus Einblick in die innerste Tiefe seiner Seele zu gewinnen. Doch vielleicht streckt ihm ein Gefährte die rettende Hand entgegen.
s. Brücke

Abort Das ist, allen Vorurteilen zum Trotz, ein überwiegend positiver Traum! Der Abort ist ein ›einsames Örtchen‹, auf dem sich der Träumer jener Dinge entledigt, die als das Gemeinste und Unreinste gelten. Den Ballast, den Sie hier loswerden, haben Sie seelisch abgegeben, weggespült, ihn also erledigt. Man reinigt sich auf diese Weise von Verbrauchtem, Minderwertigem und schafft Ordnung in sich selbst. Ein wesentlich geringerer Zusammenhang läßt sich zur Analerotik der frühkindlichen Sexualstufe herstellen.
s. Exkremente
s. Kot

Absturz Das Gefühl des Stürzens im Traum signalisiert einen Verlust. Dieser muß sich nicht auf konkrete Dinge und Besitztümer beziehen, sondern kann sehr wohl Ideen, Pläne, Gefühle, Vorstellungen oder Beziehungen meinen. Wobei stürzen Sie ab? Wie ist der Aufprall? Oft kommt es vor, daß die Schrecken des Sturzes in eine sanfte Landung einmünden. Der Absturz kann aber auch ankündigen, daß Sie ›den Boden unter den Füßen‹ zu verlieren drohen: Sie sind in Gefahr, den Kontakt mit den Realitäten Ihres Lebens einzubüßen. Seit der weltbekannte Wiener Psychoanalytiker Sigmund Freud sich ausführlich mit dem Traumleben seiner Patienten und Patientinnen auseinandersetzte, ist seine Deutung des Falltraumes populär: Bei Frauen wird das Traumerlebnis des Fallens und Stürzens als Orgasmussymbol verstanden. Als Parallele zum Gefühl der sexuellen

Verschmelzung, in deren Verlauf es ja für die Frau notwendig ist, sich ›fallen‹ zu lassen, um zum Höhepunkt zu kommen.

Acht Da es sich bei dieser Zahl um eine Verdoppelung der positiv besetzten Vier handelt, ist auch die Acht meistens eine Glückszahl. Bei deutschsprachigen Träumern besteht allerdings auch die Möglichkeit der Assoziation mit Begriffen wie ›Achtung‹ und ›Achtgeben‹.
s. Vier
s. Zahlen

Acker Dieser Traum führt Sie an eine Geburtsstätte des werdenden Lebens: Hier keimt die Saat! Wird sie gedeihen? Wie günstig beeinflußt das Wetter das Wachstum Ihres seelischen Getreides? – Im weiteren Sinne hat der Ackertraum auch mit dem Begriff der ›Mütterlichkeit‹ im Träumer zu tun.
s. Getreide

Adler Königlich kreist dieser stolze und gefährliche Vogel über Ihrer Traumlandschaft. Die ihm zugeschriebene Bedeutung ist ambivalent. Einesteils verkörpert er hohe, weit beschwingte Gedanken, die sich mutig in die Lüfte erheben. Andernteils wohnt diesem geflügelten Wesen auch der Raubtiercharakter inne. Unversehens stürzen sich ›Adler-Gedanken‹ auf das harmlose Kleingetier des Seelenlebens und reißen den Träumer aus der bescheidenen Alltagsordnung. Das Kühn-Ergreifende des Adlers symbolisiert überdies die verzehrende Leidenschaft des Geistes. Wird der Adler jedoch am Flug gehindert oder ist er selbst nicht mehr Herr über seine Flügel, sollten Sie sich fragen, ob Ihre geistigen Höhenflüge nicht durch die Umwelt eingeengt, gebremst, verhindert werden.
s. Luft
s. Vögel

Affe Hier tritt uns der ›behaarte Mensch‹ entgegen, der ›Vormensch‹, der tierhafte Schatten unseres Selbst. Wichtig ist vor allem, was dieses Tier im Traum tut und wie es dabei von ihnen behandelt wird. Betrachten Sie den Affen als Streicheltier? Oder kämpfen Sie gegen ihn? Diese Einzelheiten illustrieren die Beziehung, die ihr bewußtes Ich zu den primitiven Triebbeständen in Ihrem Inneren herstellen will und kann.
s. Tier
s. Schatten

Alte Frau Auch die ›alte Frau‹, falls es sich nicht um eine persönlich bekannte Greisin handelt, führt tief hinab an die Wurzeln des Unbewußten. Sie symbolisiert die dunkle Erdmutter, die Urmutter vieler Generationen. Manchmal treten die alten Frauen zu dritt in Ihre Träume und gemahnen so an die drei Nornen, die drei Parzen, die in der germanischen und antiken Sagenwelt die Schicksalsfäden spinnen.

Alter Mann Während im realen Alltag der Begriff des Alters weitgehend an den Rand der Gesellschaft gedrängt wird, hat der ›Alte‹ im Traum immer noch seinen angestammten Platz, verkörpert er doch das uralte Leben, das gereifte Wissen um die wesentlichen Dinge der menschlichen Existenz. In diesem Sinn hat das Auftreten eines alten Mannes in Ihren Träumen meist positiven Wert. Sie sollten auf das, was er Ihnen mitzuteilen hat, achten. Denn sein Rat ist weise, seine Erkenntnisse sind gespeist aus jenen Bereichen der träumenden Seele, in denen die große und reine Kraft wohnt. Nur selten, dann aber deutlich erkennbar, ist der unbekannte Alte in Ihrem Traum gleichbedeutend mit dem uralten Bösen, das ebenfalls zu den unabdinglichen Triebkräften des Daseins gehört, das es jedoch zu fliehen gilt. – Gelegentlich trägt der alte Mann auch die Züge einer Person, die Ihnen aus dem tatsächlichen Leben vertraut ist: Das schließt den Gleichnischarakter aus und wirft Licht auf tatsächliche Beziehungen, die Sie zu diesem Menschen haben.

Ameise Häufige Träume von Ameisen wie auch von anderen Insekten künden oft Störungen im vegetativen Nervensystem an: in jenen Bereichen der Existenz, die vom Bewußtsein nicht zu steuern sind. Die Parallele zu den Insekten ist offensichtlich: Auch sie haben keine Denkanlagen, keine Persönlichkeit und werden nur durch ihr Instinktverhalten zu einem Staatswesen zusammengehalten.
s. Insekten

Amputation Um einen solchen Traum deuten zu können, müssen Sie sich vergegenwärtigen, daß jeder Körperteil eine bestimmte Seelenfunktion darstellt. Es gilt also festzuhalten, welches Glied amputiert wird. Sind es die Füße oder Beine, ist der Träumer im Fortschreiten auf seinem Lebensweg behindert. Fehlen ihm die Hände, so ist seine Handlungsfreiheit beeinträchtigt. Der Verlust der Finger signalisiert eingeschränkte Gefühlsreaktionen, während dem Daumen technische und kreative Werte zugeordnet sind. Wird Ihnen gar der Kopf abgeschnitten, sind Sie trotzdem lebensfähig. Ihr Unterbewußtsein teilt Ihnen lediglich mit, daß Sie in einer bestimmten Situation ›den Kopf verloren‹ haben. – Zu beachten ist bei Amputations-Träumen auch, wo die Operation stattfindet, wer sie vornimmt und unter welchen Umständen sie durchgeführt wird.
s. Fuß
s. Bein
s. Hand
s. Kopf
s. Enthauptung
s. Operation

Ankunft Sie kommen an! Ein Stück Lebensfahrt geht zu Ende. Wo befinden Sie sich jetzt? Wer holt Sie ab? Haben Sie das Gepäck, Ihr Lebensgepäck, ordentlich mitgebracht?

Wer waren Ihre Reisebegleiter? Wie verlief die Fahrt? Und – vor allem – wissen Sie, wie es weitergehen soll?
s. Fahren
s. Gepäck
s. Begleiter

Apfel Wie alle Früchte hat auch dieses Obst in erster Linie mit Ihrem Liebesleben zu tun. Ist die Frucht rot und rund, erkennt sie auch der Laie unschwer als Liebeszeichen. Mit appetitlichem Grün durchsetzt, symbolisiert der Apfel ebenfalls das schön gerundete, vegetative Leben. Träume erinnern allerdings auch an jenen Apfel, den Eva im Paradies dem Adam gab und dessen gemeinsamer Genuß die Vertreibung aus dem Paradies auslöste. Achten Sie also darauf, was mit Ihrem Traum-Apfel geschieht, ob Sie ihn bekommen oder überreichen? Ob Sie ihn essen und mit wem. Das gemeinsame Essen der Frucht bedeutet die Vereinigung mit dem Partner. Geraten Sie jedoch an einen Apfel, der wurmstichig oder angefault ist, dann haben Sie das deutliche Gleichnis einer außen verlockend erscheinenden Liebesbeziehung vor sich, in der der ›Wurm‹ sitzt.
s. Früchte
s. Obst
s. rot, grün

Arbeit Sehr oft arbeiten Sie im Traum noch weiter, wenn Sie sich am Tag zuviel zugemutet haben. Sie nehmen Tagesreste in den Traum mit. – Ist dieser direkte Zusammenhang nicht gegeben, dann kann die im Traum geleistete Arbeit eine Aufforderung Ihres Unterbewußten sein, im Lebensalltag fester anzupacken, Leistungen zu erbringen, die Sie verdrängt oder verschoben hatten.

Arena Die runde Form der Arena symbolisiert den Kreis, der die eigene Mitte einer Persönlichkeit umgibt. In dieser Mitte findet die Konzentration der seelischen Energie auf den inneren Kern hin statt. Manchmal bietet der Traum

auch jenes Schauspiel, das in der Arena angesiedelt ist: eine Zirkusnummer. Es begegnen Ihnen Tiere, aber auch menschliche Mit- und Gegenspieler, die Ihre Auseinandersetzung mit den psychischen Gewalten des Lebens verkörpern. Achten Sie darauf, welche Tiere es sind und wie Sie mit ihnen umgehen! Oder haben Sie die Arena unter dem Beifall des Publikums umschritten? Dann haben Sie Ihren seelischen Rahmen sehr genau abgesteckt und sind mit Ihren inneren Kräften weitgehend im Einklang.
s. Kreis
s. Tiere
s. Zirkus

Arm Jeder Teil ihres Körpers symbolisiert im Traum eine bestimmte Seelenfunktion. Die Arme und Hände stehen für das Handeln und für Ihre Handlungen. Kommt Ihnen ein Arm durch Unfall oder Amputation abhanden, so hat das keine gute Bedeutung: Ihre Handlungsfreiheit und Ihr Handlungswille sind durch psychische oder reale Behinderungen beeinträchtigt.
s. Hand
s. Körper
s. Unfall
s. Amputation

Arzt Heilung ist in Sicht! Wenn Sie vom Arzt träumen, signalisiert Ihre Seele zwar, daß sie krank ist, hat aber gleichzeitig schon die Weichen für eine Verbesserung der Situation gestellt. Im Arzt steht Ihnen das zur Verfügung, was die Seele selbst in ihrer Tiefe an Heilungsmöglichkeiten reserviert hat. Auch wenn der Arzt jemand ist, der Ihnen persönlich bekannt vorkommt, ist ganz allgemein der Helfer in ihm gemeint. Wichtig ist es nun, daß Sie auch mit ihren bewußten Kräften diesem inneren Arzt helfen, Sie gesund zu machen. Überlegen Sie, welche Lebenskonflikte Sie krankmachen, und versuchen Sie, sie zu lösen!
s. Spital

Ast Nicht selten finden Sprichwörter und Redewendungen im Traumerlebnis ihren Niederschlag. Wenn Sie also auf ›schwankendem Ast‹ sitzen, dann ist es klar, daß Sie Ihre reale Lebenssituation einigermaßen unsicher finden. Wenn gar einer an jenem Ast sägt, auf dem Sie sich niedergelassen haben, dann ist es angebracht, Ihre Lage zu überdenken. – Der Ast als Teil des Baumes, möglicherweise des Lebensbaumes, gibt auch Hinweise auf Ihr seelisches Allgemeinbefinden. Ist er belaubt? Steht er in Blüte? Oder ist er dürr, spröde, vom Absterben bedroht? Sollte er gar abgebrochen sein, ist Ihnen ein Zweig der Lebensenergie abhanden gekommen. Doch vielleicht sind schon neue Triebe in Sicht!
s. Baum
s. Blüten

Aufgabe Wenn Sie im Traum vor einer Prüfung stehen, eine Aufgabe zu lösen haben, dann ist auf jeden Fall eine Lebensaufgabe gemeint; sogar dann, wenn sie sich als mathematische Gleichung verkleidet. Wenn Sie die Traum-Aufgabe nicht lösen können, dann haben Sie etwas in Ihrem Leben nicht begriffen. Es ist höchste Zeit zu lernen!
s. Prüfung

Auge Nicht nur Sigmund Freud sieht im Auge ein Symbol für das weibliche Sexualorgan. – Darüber hinaus symbolisiert das Auge aber noch viel mehr: Es gilt als Organ des Lichtes, der seelischen Bewußtheit, und kann in diesem Sinn in verschiedenen Zusammenhängen stehen und gedeutet werden. Wenn Sie im Traum den Eindruck haben, Ihre Augen seien krank, dann ist das ein Hinweis darauf, daß Sie einen realen Sachverhalt falsch sehen. Erleben Sie sich im Traum gar als Blinder, so heißt das, daß Sie etwas nicht wahrhaben wollen oder können. Manchmal suchen Sie nach einer Brille, die Ihnen zu besserer Sicht und Einsicht verhelfen soll. – In sehr schweren, belastenden Träumen können den Träumer auch ›tausend Augen‹ anse-

hen. Meist steht eine akute, fieberhafte Erkrankung hinter einem solchen Traumerlebnis.
s. Licht
s. Brille

Auto Das Auto im Traum ist ein fahrbares kleines Haus und symbolisiert das Ich. Sie können es selbst steuern, müssen allerdings Rücksicht nehmen auf die Verkehrsordnung und die Passanten. Von Ihrem Können hängt es ab, wie Sie sich behaupten. Wenn Sie gut vorwärts kommen, befinden Sie sich auf guter Lebensfahrt: Sie kommen auch in der Realität zielsicher voran. – Haben Sie eine Panne, deutet das auf ein Hindernis auf Ihrer Lebensstraße hin. – Versagen Ihre Bremsen oder haben Sie Angst davor, dann könnte das besagen, daß Sie eine eingeschlagene Richtung nicht ändern können, obwohl Sie das sollten oder wollten. – Schlimm ist es, wenn Sie jemanden überfahren, womöglich ein Kind: Dieses stellt das Neue, Werdende in Ihnen dar, das von Ihnen selbst überrollt wird. – Fällt Ihr Scheinwerfer aus, dann wird die vor Ihnen liegende Wegstrecke dunkel und unüberschaubar. – Haben Sie Treibstoffmangel, dann drohen Sie Ihre Kräfte zu verlassen. – Bei allen Auto-Träumen ist auch das Aussehen des Fahrzeugs wichtig. Sind Sie selbst der Lenker, oder werden Sie chauffiert? Wer außer Ihnen sitzt noch im Wagen? Eine lustige Gesellschaft oder eine traurige Einzelperson?

In Männerträumen kommt dem Auto aber auch noch eine andere Rolle zu: Es symbolisiert die augenblickliche Beziehung des Träumers zur Geschlechtlichkeit. Das Dahinrasen in einem schicken Wagen bedeutet Sehnsucht nach sexuellem Rausch, die Geschwindigkeit hat mit der motorischen Energie des Träumers zu tun.
s. Haus
s. Straße
s. Panne
s. Kind
s. Überfahren

Bach Wie jeder Wasserlauf in der Landschaft der Seele, verdienen auch Bach und Bächlein Aufmerksamkeit. Führt der Bach klares oder trübes Wasser? Fließt er langsam oder sprudelnd? Tummeln sich muntere Fische in der Tiefe? Vor allem ist die Höhe des Wasserspiegels zu beachten: Da jedes Traum-Wasser mit dem Strom des Lebens in Ihnen zu tun hat, lassen sich der Reichtum oder die Ungunst des Lebens aus dem Wasserstand ablesen.
s. Wasser
s. Fisch

Bäcker/Backen Obwohl das Brotbacken heutzutage weitgehend der einschlägigen Industrie überlassen bleibt, tritt der Bäcker in so manchen Traum. Da kann es sich wohl um Kindheitserinnerungen handeln, sicher aber auch um das alte, weitgehend verdrängte Wissen, daß dieser Mann die Früchte des Feldes in zuträgliche Nahrung, in Brot, verwandelt und in dieser Eigenschaft eine fast magische Bedeutung erhält. Wenn Sie also von einem Bäcker träumen, dann verschafft Ihnen jemand geistige und seelische Nahrung. Er spricht Ihre schöpferischen Kräfte an. Er gibt Ihnen Speise aus einem Backofen, der wiederum das Mütterliche und Weibliche darstellt.
s. Brot
s. Backofen

Backofen Die dunkle, warme Hohlform des Backofens, in der etwas ›gebacken‹, hergestellt wird, verbindet sich im Unterbewußtsein mit dem Begriff der Geborgenheit in der Gebärmutter. Der weibliche Uterus als Brutstätte menschlichen Lebens wird hier in einem anschaulichen Symbol geträumt.

Bad Das Bad gilt als Symbol der Selbstreinigung. So mancher Träumer erhält den Auftrag zu baden, bevor die Lebensreise weitergehen kann. Dazu muß er einen geeigneten Raum finden, gelegentlich auch erst einrichten.

Positiv ist es, wenn das Becken rund oder quadratisch ist: Die klare geometrische Form markiert Ihren inneren Lebenskern, an den Sie zur Reinigung zurückkehren. Sie wollen im Freien baden? Sie haben einen hübschen runden Traum-Teich entdeckt? Doch er ist von Blättern bedeckt, die Sie, nicht ohne Mühe, vorher wegschaffen müssen. So müssen Sie in Ihrem Inneren auch manches Vergangene erst wegschaffen, bevor Sie an die seelische Reinigung gehen können. Das Badewasser wäscht rein, entfernt den Schmutz und gilt ganz allgemein als Element der Wiedergeburt. – Das gemeinsame Bad mit einem Partner ist als Verschmelzungserlebnis zu verstehen.
s. Wasser

Bahn/Bahnfahrt/Bahnhof Die Bahn befördert Sie auf Ihrer Lebensreise. Sie werden fortgeführt auf schon bestehenden Geleisen, nach einem festgelegten Fahrplan, auf einer Strecke, die Ihnen bekannt ist oder nicht. Sie müssen sich der Bahnordnung unterwerfen. Sie brauchen einen Fahrschein. Sie können sich die Mitreisenden nicht aussuchen. Bahn-Träume sind sehr wichtig und sehr aufschlußreich: Beobachten Sie also die Details so gut wie möglich! Kommen Sie zu spät zum Bahnhof? Vielleicht wollen Sie einen bestehenden Zustand, Ihre Jugend, eine Beziehung, eine Freundschaft oder Ehe, nicht aufgeben? Sie wollen nicht weiterreisen. Oder Sie kommen rechtzeitig, Sie gehen an den Fahrkartenschalter. Dort warten viele andere Leute: Viele innere Motive wollen mitreisen. In Ihnen ist zuviel Widersprüchliches, zuviel Gedränge im Gefühlsleben, vielleicht auch zuviel Gepäck. Befinden Sie sich im Traum schließlich doch auf der Fahrt, dann spiegeln die geträumten Erlebnisse zwischen Start und Ziel Ihren inneren Zustand, in dem Sie im Leben fortschreiten. Die Mitreisenden sind Ihre eigenen unbewußten Motive, Beweggründe, Gefühle, Charakterzüge, die Ihnen selbst oft nicht sympathisch sind. Achten Sie auch darauf, wo und wie Sie ankommen. Ist es der Hauptbahnhof? Das ist ein bedeutendes Gebäude,

auf dem Lebensunternehmungen Ihren Anfang und Abschluß finden können. Haben Sie den Bahnhofsvorstand gesehen, jene mächtige Instanz, die den Bahnverkehr regelt? Mit welchem Zug sind Sie gefahren? Sind Sie mit der Lokalbahn nur ein kleines Stück gereist? Oder hat Sie der Überlandexpreß einem fernen Lebensziel nähergebracht?
s. Ankunft
s. Begleiter
s. Verspätung
s. Gepäck
s. Fahrkarte/Fahren

Ball Wie die Kugel ist auch der Ball in seiner vollkommenen Rundheit ein Ganzheitssymbol. Er verkörpert also die Einheit, die Sie für Ihr eigenes Empfinden darstellen. Doch mit dem Ball kann man spielen: Sie können Ihre persönliche Ganzheit ›verspielen‹ oder ›aufs Spiel setzen‹. Lassen Sie deshalb den Ball nicht wegrollen!
s. Kugel

Banane Die Ähnlichkeit mit dem männlichen Geschlechtsorgan macht aus dieser Frucht eindeutig ein sexuelles Symbol. Ihre Herkunft aus einem heißen Land stattet diesen Traum zusätzlich mit der Empfindung von Glut und Leidenschaft aus. Dennoch ist auch die Süße und das Ernährende der Banane nicht zu übersehen: Es tut Ihnen körperlich und seelisch gut, sie im Traum zu verzehren.
s. Früchte

Bank/Bankschalter Hier handelt es sich offenkundig um ein sehr modernes Symbol. Die Bank verwaltet Ihr Geld: Das sind Ihre eigenen Energien. Sie bekommen eine unerwartete Auszahlung: Innere Energien werden frei! Wird Ihnen jedoch in einer Fremdwährung ausgezahlt, bedeutet das, daß Sie mit dem zweifellos vorhandenen inneren Vermögen im Augenblick nichts anfangen können. Wenn die Bank gesperrt ist, können Sie an Ihre eigenen Reserven

nicht heran. Oder wollen Sie Werte auf der Bank deponieren? Sie haben also die Absicht, innere Kräfte aus dem Alltagsleben zurückzunehmen, mit weniger Einsatz weiterzumachen. – Manchmal ist die Bank auch von einem Einbruch bedroht, der vorzugsweise durch den Keller erfolgt. Das würde heißen, daß aus den Bereichen Ihres Trieblebens ein Angriff auf Ihr Kräftezentrum stattfindet oder bevorsteht.
s. Geld
s. Einbrecher

Bär Obwohl er in der deutschen Sprache einen männlichen Artikel hat und zu den Raubtieren gezählt wird, ist der Bär als Symbolfigur eher weiblich definiert. Dafür ist sein erdbraunes, dickes Fell, sein gedrungener Leib und sein mütterliches Verhalten gegenüber den Jungen verantwortlich. So verkörpert der Traum-Bär das allgemein Weibliche, das oft in der Tiefe, im ›Bärengraben‹ wohnt. – In der Mythologie tauchen aber auch immer wieder Bären auf, die in Wahrheit verzauberte Prinzen sind. In diesem Sinne könnte der geträumte Bär für die Verwandlung der Persönlichkeit stehen oder das Erlösungsmotiv andeuten.
s. Tiere

Barfuß Wenn Sie im Traum barfuß gegangen sind, dann kann das eine Erinnerung an Ihre Jugend auf dem Dorf sein. Ohne derartige Reminiszenzen handelt es sich eher um ein Motiv der Armut und Bescheidenheit. – In anderem Zusammenhang kann dieser Traum aber ankündigen, daß Sie eine intensive Beziehung zum ›Boden‹ gewinnen müssen oder wollen. Ihr Unterbewußtes signalisiert, daß Sie mehr Instinkt für die einfachen Realitäten des alltäglichen Lebens entwickeln sollten.
s. Fuß

Bart Nicht nur im Traum, sondern auch im wachen Leben des Alltags wird der Bart als Symbol für Männlichkeit und

Kraft gesehen. Der männliche Träumer empfindet deshalb Unlustgefühle, wenn ihm der Bart gegen seinen Wunsch abrasiert wird: Angst vor dem Verlust der Potenz könnte hinter diesen Träumen stehen. Wie das Traumerlebnis von Haaren überhaupt, steht der Bart-Traum aber auch im engen Zusammenhang mit jenen Energien und Kräften in Ihnen, die aus der tierischen Urnatur herrühren.
s. Haar

Bau/Bauen Es gilt als sehr günstiger Traum, wenn Sie etwas errichten. Sie stehen an einer Lebenswende. Es geht aufwärts! Bauen Sie ein neues Haus? Oder gar eine Brücke? Im ersteren Fall wollen Sie sich in einer Lebenssituation häuslich einrichten, im letzteren gehen Sie daran, ein Hindernis auf Ihrem Lebensweg aus eigener Kraft zu ›überbrücken‹. Achten Sie darauf, wie der Bau aussieht, wie die Bautätigkeit verläuft, wer mit Ihnen baut!
s. Haus
s. Brücke

Bauer/Bauernhof Im Traum des Städters ist der Bauer der Vertreter der naturnahen Welt. Der Städter sucht in diesem Traum den Anschluß an die Natur, an seine eigene, innerste Natur. Er nähert sich dem Acker, dem Stall, den Tieren und den Früchten in Feld und Garten: Sie alle stehen seiner Triebnatur näher als dem denkenden Bewußtsein. – Wenn Sie jedoch auf dem Lande leben, dann fehlt diesen Traumbildern der Gleichnischarakter. Sie beziehen sich auf Ihre Umwelt und auf die Bewältigung von Tagesresten.
s. Acker
s. Tiere
s. Stall
s. Garten

Baum Der Lebensbaum ist ein wiederkehrendes Motiv der Mythologie. Der Stammbaum beherbergt in seinen gezeichneten Ästen die Geschichte vieler Generationen. Im

Traum kehren Sie zu den Wurzeln Ihrer Existenz zurück. Wie sah Ihr Traum-Baum aus? Belaubt und blühend verspricht er eine glückliche Lebensphase. Dürr und kahl spricht er von winterlicher Kargheit und Trauer. Beachten Sie die Art des Baumes! Handelt es sich um einen Laubbaum oder einen immergrünen Nadelbaum? Stand er allein oder war er Teil eines Waldes? Erfreuten Sie sich an den Früchten, die seine Äste trugen? In jedem Fall bezieht sich jedoch die Traumhandlung auf Ihre persönliche Lebenssituation.
s. Ast
s. Wald

Begleiter Es ist immer Ihr Inneres, das Sie begleitet. Wenn in Ihren Träumen Unbekannte auftreten, sind das Spielformen Ihres unbewußten Ichs: Störenfriede manchmal, Bettler, Hausierer, Schatten, die jene Aspekte Ihrer Persönlichkeit verkörpern, die Sie bewußt nicht wahrhaben wollen. Es können jedoch auch historische Personen in den Traum treten, die Wunsch- oder Angstvorstellungen darstellen.
s. Bettler
s. Schatten

Begräbnis Dieses Traumerlebnis hat nichts mit dem leiblichen Tod zu tun, der einen nahestehenden Menschen oder Sie selbst treffen soll. Es bedeutet vielmehr, daß etwas in Ihnen gestorben, abgestorben ist: Vielleicht haben Sie eine Absicht ›begraben‹ oder eine Liebesbeziehung beendet? Wenn Sie davon träumen, daß Sie selbst begraben werden, so ist etwas für Sie abgeschlossen, vorbei. Sie sind bereit für einen neuen Anfang. – Manchmal drückt sich in einem Begräbnis-Traum allerdings auch eine versteckte Aggression aus. Wenn Sie im Traum beispielsweise einen Angehörigen begraben, haben Sie vielleicht den unbewußten Wunsch, diesen Menschen loszuwerden.
s. Tod
s. Grab

Bein Die Beine sind symbolisch verbunden mit Ihrem Lebensgang. Sind sie kräftig und gesund, schreiten Sie auf Ihrem Weg zielführend vorwärts. Hinken Sie, kommen Sie nicht rasch genug voran. Fehlt Ihnen ein Bein, dann bleiben Sie auf der Strecke. – Die mittlerweile in vieler Hinsicht überholte Traumdeutung der Psychoanalyse sah das Bein überdies als Sexualsymbol: Ein geträumter Beinbruch wurde mit einem Ehebruch gleichgesetzt.
s. Hinken
s. Amputation

Berg/Gebirge/Bergführer Sie befassen sich mit einem schwierigen Problem, das wie ein Berg vor Ihnen aufragt. Sie gehen durch unwegsames Gelände, auf einem mühseligen, steinigen Weg voller Hindernisse. Vielleicht tritt Ihnen ein erfahrener Bergführer hilfreich an die Seite, der Sie durch die felsige Landschaft lotst. Wer befindet sich in Ihrer Gesellschaft? Sehen Sie den Gipfel, das Ziel deutlich vor sich? Oder geraten Sie bei der anstrengenden Klettertour in Gefahr? Wanken die Steine unter Ihrem Tritt? Steigt der Fuß ins Leere? Verlieren Sie den Halt, das Gleichgewicht, den Boden unter den Füßen? Rufen Sie sich die Traumsituation ins Gedächtnis, und vergleichen Sie Ihre reale Lebenslage damit!
s. Landschaft
s. Abgrund

Bett/Lager Im Bett empfinden Sie Geborgenheit und Ruhe. Doch Sie müssen aufstehen, die untätige Zufriedenheit verlassen und sich einer Aufgabe zuwenden. Das Bett hat aber auch mit dem Liebesleben des Träumers zu tun, besonders dann, wenn es im Traum sehr groß erscheint oder gar das ganze Zimmer einnimmt. Das könnte signalisieren, daß ›Bettgeschichten‹ einen zu großen Raum in Ihrem Leben und Denken einnehmen. Ist das Bett klein und unbequem, ist das Gegenteil der Fall. Steht es auf der rechten oder linken Seite des Zimmers? Meist findet man es

links, auf der Seite des Unbewußten, wo es richtigerweise auch hingehört.
s. Zimmer
s. Rechts
s. Links

Bettler Unter Ihren unbekannten Begleitern befindet sich ein Bettler. Er ist Ihnen unangenehm. Trotzdem sollten Sie ihn kennenlernen. Denn er stellt nichts anderes dar, als einen vernachlässigten, unterernährten Teil des eigenen Ichs, der sich im Traum Geltung verschaffen will. Wie benimmt sich der ungebetene Gast? Bittet oder fordert er? Was tun Sie für ihn? Geben Sie ihm ein Almosen, Speise, Kleidung?
s. Begleiter

Biene Von allen Insektenträumen ist jener von der Biene vielleicht der positivste, gilt doch die Biene als fleißig, sozial und sparsam. Doch auch die honigsammelnde Biene hat einen Stachel. Was also Erfolg durch Fleiß andeuten kann, ist manchmal nicht ohne Schmerzen zu bekommen.
s. Insekten

Bild/Portrait Wenn Sie im Traum ein Bild von sich selbst sehen, betrachten Sie es genau: So sehen Sie wirklich aus! Vielleicht ist die äußere Ähnlichkeit nicht genau getroffen, die innere Ähnlichkeit ist es bestimmt! Falls Sie im Traum jemanden fotografieren, wollen Sie sich offenbar ein klares Bild von ihm machen. Das Portrait, das Sie von jemandem erhalten, drückt das Wesen dieser Person aus. Oder haben Sie ein Album angesehen? Vielleicht wurden Sie dabei auf einen Teil Ihrer selbst aufmerksam, von dem Sie vorher nichts wußten?

Birne Die Birne ist ganz eindeutig ein erotisches, von Sinnlichkeit erfülltes Symbol. Darauf deutet ihre Form, die Süße, die Saftigkeit hin. Wie bei allen Früchten kommt es

auch hier darauf an, was Sie mit der Birne im Traum getan haben. Das Essen der Frucht, womöglich gemeinsam mit einem Partner, ist zweifellos ein Verschmelzungssymbol.
s. Früchte

Blasinstrumente Flöten, Trompeten, Posaunen sind, im Gegensatz zu den Streichinstrumenten, männlich definiert. Sie kündigen Wünsche oder Aktivitäten in Liebesdingen an, können aber auch den Klageruf über eine verlorene Liebe anstimmen.
s. Streichinstrumente

Blau Das ist die Farbe des Himmels, der Luft, des Wassers. Blau gilt als Farbe des Geistigen, der spirituellen Erlebnisse, des Denkens. Diese Farbe wirkt kühl und überlegen, romantisch und verträumt. Zartblau gilt als speziell weibliche Farbe. Es signalisiert seelische Gelöstheit und eine milde, leichte, überlegene Lebensgestaltung.
s. Farben

Blind Sie können nicht sehen, was Sie im Traum umgibt? Ihre Aussichten, Ihre Zukunft sind undurchschaubar. Ihr Augenlicht hat sie verlassen? Vielleicht gelingt es Ihnen, mit Hilfe einer Brille das Sehvermögen wiederherzustellen? Vielleicht kommt Ihnen auch ein unbekannter Begleiter als Führer zu Hilfe, eine bisher ungenutzte Kraft Ihres Inneren, die Ihnen hilft, den richtigen Weg nicht zu verfehlen.
s. Brille
s. Auge

Blitz Dieser Feuerstrahl, der Ihren Traum erhellt, kann aus heiterem oder düsterem Himmel kommen. Er ist als unkontrollierte, unbewußte Energie zu verstehen, die gefährlich werden kann. Denn der Blitz kann zünden und einen Brand verursachen.
s. Brand
s. Feuer

Blumen/Blüten Traum-Gewächse entstammen dem Gefühlsbereich. Hier werden Seeleninhalte geträumt, die in die geistige Atmosphäre reichen. Die Blume, durch ihre Wurzeln an den Ort gebunden, zeichnet sich durch lautlose Geduld und gehorsame Schönheit aus. Wenn Sie im Traum einen ganzen Blumengarten sehen, dann tritt Ihnen auf diese Weise Ihr Gefühlsreichtum vor das innere Auge. Wie haben Sie das Blühen im Traum erlebt? Haben Sie die Blumen gepflückt? Haben Sie sie verschenkt? Haben Sie sie bekommen? Wenn Sie sich vergegenwärtigen, daß es sich um zarte Gefühle handelt, können Sie die Traumerlebnisse leicht in einen Zusammanhang bringen. Negativ ist nur, wenn man von welken Blumen träumt. Denn dann ist es klar: Im Leben des Träumers welkt ein Gefühl oder eine gefühlsmäßige Bindung. – Haben Sie jedoch eine große, einzelne Blüte womöglich in der Mitte eines Gartens gesehen, dann ist Ihnen Ihr wachsendes, aufblühendes Selbst begegnet. Sie befinden Sich im Aufbruch auf dem Weg zu sich selbst!
s. Garten

Blut Im Tagesleben wie im Traum steht das Blut für Lebenskraft, Liebe und Leidenschaft. Trifft Sie ein massiver Blutverlust, könnte das ein Nachlassen der seelischen und körperlichen Kräfte signalisieren. Erhalten Sie eine Transfusion, wird Ihnen Bereicherung aus neuen Quellen zuteil. Wenn Sie sich im Traum bluten sehen, dann ist das ein Symbol für Wunden der Seele. Doch nicht selten ist es dem Träumer im wachen Zustand überhaupt nicht bewußt, daß er an den Verletzungen seiner Seele innerlich zu verbluten droht.
s. Verletzung

Bohnen Wie fast alle Gemüsesorten, so sind auch Bohnen in erster Linie sexuell zu deuten. Die Bohne gilt als Symbol für das weibliche Geschlechtsorgan.
s. Gemüse

Bomben/Bombardierung Die Ordnung Ihres seelisch-geistigen Wesens wird bedroht oder gar zerstört. Der Angriff erfolgt aus der Luft, aus dem gedanklichen Bereich. Dieser Traum heißt also, daß zerstörerische Ideen aus unkontrollierten Innenräumen auf Sie niederstürzen. Das können Zwangsvorstellungen sein oder störende Einfälle, existenzbedrohende Ideen. Achten Sie darauf, was zerstört wird, welche Personen Schaden nehmen. Wie schützen Sie sich? Wer wirft die Bomben? Können Sie die Flugzeuge sehen und erkennen, aus denen das Unheil fällt?
s. Krieg
s. Flugzeug

Brand Hier handelt es sich um einen Traum, der Gefahr für die Seele signalisiert. Ein Feuer der Zerstörung ist ausgebrochen, eine destruktive Leidenschaft. Der Brand-Traum gibt Alarm: Ihre seelische Energie befindet sich auf Zerstörerkurs. Erinnern Sie sich, wo es brennt! Im Dachstuhl oder im Obergeschoß? Die geistige Gesundheit steht in Flammen. Man sieht rote Glut unter dem Fußboden? Lauernde, wilde Leidenschaft ist zum Ausbrechen bereit. Der Brand schwelt unter Rauchentwicklung? Unterdrückte Affekte der Erbitterung und Rache können jeden Moment aufflackern. Sind Ihre Vorräte von den Flammen bedroht? Dann ist es höchste Zeit, Ihre seelischen Reserven zu schützen. Oder brennt es im Stall? Jemand hat Feuer in Ihrer Triebwelt gelegt, die nun ausbrechen oder umkommen muß. – Vielleicht gelingt es Ihnen jedoch, unbekannte Helfer aus Ihrem Inneren zu mobilisieren, mit deren Hilfe Sie löschen und sich retten können.
s. Feuer
s. Rauch
s. Dach
s. Stall

Braun Braun ist die Farbe der Erde, des warmen Bodens, der ruhigen Mütterlichkeit. Im Traum führt Sie diese Farbe

den Tatsachen des naturnahen, einfachen Lebens zu. – Überdies ist Braun die Farbe der Exkremente, die zwar als minderwertig gelten, in der Landwirtschaft aber als natürlicher Dünger das vegetative Wachstum fördern und nach dem Aberglauben der mittelalterlichen Alchimie sogar als Grundmaterial für die Goldgewinnung dienten.
s. Farben
s. Exkremente

Brief/Briefkasten Mit Hilfe von Briefen halten Sie Kontakt zu anderen Personen, zur Außenwelt. Haben Sie einen Brief bekommen? Können Sie ihn lesen? Oder haben Sie Verständnisschwierigkeiten mit dem Absender? Schreiben Sie einen Brief? Werfen Sie ihn in den Kasten? Wird er noch rechtzeitig zugestellt? Die Traumsituation läßt sich in den meisten Fällen auf konkrete zwischenmenschliche Kontakte übertragen.

Brille Wenn Sie einen Augenfehler beheben wollen, benützen sie eine Brille. Im Traum kann es vorkommen, daß Redensarten wie ›eine rosarote Brille tragen‹ wörtlich in ein entsprechendes Traumerlebnis umgesetzt werden. Vielleicht berauben Sie sich auch selbst des klaren Blickes, indem Sie eine dunkle Sonnenbrille aufsetzen? Steht Ihnen überhaupt eine geeignete Brille zur Verfügung, oder erhalten Sie ein verzerrtes Bild? Das würde andeuten, daß Sie die Wirklichkeit nicht so sehen, wie sie ist. Oder betrachten Sie die Welt durch eine fremde Brille? Haben Sie etwa nicht den Mut, Ihr Leben klar ins Auge zu fassen und aus eigenen Kräften zu gestalten?
s. Auge

Brombeere Diese blauschwarze Waldfrucht mit ihrem glänzenden Äußeren gilt als das sexuelle Symbol herbsüßer Verführung. Wie alle Früchte des Waldes ist sie halbverborgen im Inneren gereift und steht so für unterschwellige Wünsche und Regungen.

Brot/Brötchen Es gibt keine negativen Brot-Träume. Das Brot ist die einfachste und gleichzeitig auch die heiligste Speise des Menschen. Es verkörpert die Lebensspeise, die man wirklich braucht, die notwendig ist und keinen Luxus darstellt. Darüber hinaus kann der üppige Brotlaib auch einen von Ihnen geliebten Körper bedeuten. Kleine Brötchen können durch ihre Form gelegentlich sogar eine sexuelle Bedeutung haben, die jedoch hinter dem Gesamtsymbol des Brotes zurücktritt. Auf jeden Fall können Sie sich darüber freuen, wenn Ihnen jemand im Traum Brötchen in die Hände legt: Sie haben dadurch lebenswichtige Werte erhalten!
s. Bäcker
s. Speise

Brücke Die Brücke symbolisiert einen Übergang in der Seelenlandschaft. Auf Ihrem Lebensweg hat sich ein Hindernis in Form eines Abgrunds oder eines reißenden Flusses ergeben, das Sie mit Hilfe einer Brücke überwinden müssen oder wollen. Nicht immer geht das ohne Gefahr! Denn manchmal ist der überbrückende Übergang schwankend, beschädigt, ohne Geländer! Gelegentlich ist es nötig, die Brücke selbst zu errichten. Welches Material wird verwendet? Gelingt der Bau? Der Einsturz bedeutet langen Aufenthalt am Rande einer Gefahrenzone. Doch auch wenn die Brücke vorhanden ist oder der Bau gelingt, ist es nicht günstig, lange auf ihr zu verweilen. Tut es der Träumer dennoch, befindet er sich vermutlich in seinem Leben in einer ungewissen Lage, in einem Niemandsland zwischen Aufbruch und Ankunft.
s. Bau
s. Abgrund
s. Fluß

Bruder In Männerträumen stellt der Bruder ein zweites Ich in der Seele des Träumers dar. In Frauenträumen handelt es sich um eine Animus-Figur, um das gegenge-

schlechtliche Element, mit dem sich das Unbewußte am Beispiel von Verwandten auseinandersetzt. – Natürlich kann man auch von einem tatsächlichen Bruder träumen, wodurch klarerweise der Symbolcharakter ausgeschlossen ist.
s. Schwester

Brunnen Das Wasser als Symbol der Lebensenergie fließt aus den Röhren. Ähnlich positiv tritt uns auch der Jungbrunnen, der Lebensquell, in Träumen und Mythen entgegen. Solange das Wasser fließt und klar ist, hat jeder Brunnen-Traum positive Bedeutung. Spendet der Brunnen jedoch kein Wasser, dann droht das Leben, die Lebensenergie zu versiegen.
s. Wasser
s. Quelle

Brust Als Traumsymbol hat die Brust fast nie eine sexuelle Bedeutung. Vielmehr gilt sie als Inbegriff des Nährenden, Weiblichen, Mütterlichen. Der Psychoanalytiker Sigmund Freud leitet aus einem solchen Traum eine zu starke Mutterbindung des Träumers ab. Die moderne Traumdeutung hingegen kehrt zurück zum kultischen Symbolcharakter, der der Brust das Spenden geistiger und seelischer Nahrung zuschreibt.
s. Mutter

Buch/Buchtitel Manchmal erinnert man sich mit Hilfe einer Romanhandlung an seelische Zustände. Der Traum führt Ihnen einen Titel vor, und Sie müssen die Handlung rekapitulieren. Oft ist es das ›Buch des Lebens‹, in dem Sie träumend lesen. Wenn der Titel kitschig klingt, hat das nichts mit Ihrem literarischen Geschmack zu tun, sondern eher mit Ihren Gefühlen. Können Sie sich den Handlungsverlauf ins Gedächtnis rufen? Was wissen Sie über die handelnden Hauptpersonen? Vielleicht ergeben sich Parallelen zu Ihrem persönlichen Alltag!

Büffel Öfter noch als der Stier tritt dieses Tier in Herden auf. Dieser Traum teilt Ihnen mit, daß Ihre Triebgewalten in Massen auftreten und sich mit büffelartiger Robustheit gegen die beschränkte Kraft der Vernunft stellen wollen.
s. Stier

Burg Meist auf einem Berg oder einer Insel stehend, verkörpert die Traum-Burg Ihr Selbst, Ihre innerste Mitte. Sind Sie auf dem Weg dorthin? Wenn Sie gut ankommen, sind Sie geborgen, gegen alle Feinde gewappnet, zurückgekehrt in die Festung, die in diesem Sinn auch den allumschließenden mütterlichen Schoß bedeuten kann.
s. Schloß
s. Insel
s. Berg

Chef Das Auftreten des Chefs, des Vorgesetzten, in Ihren Träumen bezeichnet ganz allgemein die Autorität. Wenn es ein anonymer Vorgesetzter ist, der Ihnen Befehle erteilt, dann ist es eindeutig ein Teil Ihres eigenen Ichs, das sich Ihren weniger disziplinierten Eigenschaften entgegenstellt.
s. Richter

Coiffeur Diese Figur ist es, die das ›Haarige‹, das Triebhafte in Ihnen beschneidet, in Form bringt, bändigt. Er beschäftigt sich mit dem Unbewußten im Träumer, er bringt das Ursprüngliche zu Disziplin und Anpassung.
s. Haar

Dach/Dachboden Ganz oben über der gebauten Welt befindet sich das Dach, das Oberstübchen, die Heimat unserer Gedanken. Wenn Sie sich vergegenwärtigen, daß das Haus in seiner Gesamtheit Ihr Seelenleben repräsentiert, dann wird Ihnen unschwer klar, wie bedeutsam dieser Teil des Hauses im Traum ist. Auf Ihrem Dachboden sollte Ordnung herrschen. Lassen Sie kein

Gerümpel liegen! Aber auch Jugenderinnerungen sind hier zu Hause, Gedanken an Verbotenes, Dunkles, an das Sie sich mit Neugier und leichten Angstgefühlen heranmachen. In manch finsterem Winkel unter dem Dach können unbekannte Gewalten versteckt sein, unerlaubte Phantasien. – Schlimm ist es, wenn Ihr Traum-Dach zu brennen beginnt. Ein ›Brand‹ im Kopf ist ein Alarmsignal, das beginnende seelisch-geistige Störungen anzeigen kann.
s. Haus
s. Brand

Dämmerung Die Schwelle zwischen Bewußtem und Unbewußtem liegt in der Dämmerung. Wo sich in Ihrem Traum der Abend senkt, setzt Dunkelheit und ›Unbewußtheit‹ ein. – Wenn aber die Morgendämmerung erstes Licht nach dunkler Nacht über Ihre Traumlandschaft fließen läßt, dann bereitet sich in Ihnen ein Neuanfang vor.
s. Abend
s. Tageszeiten

Daumen Diesem wesentlichen Merkmal der menschlichen Hand schrieb Freud die symbolische Bedeutung sexueller Triebhaftigkeit zu. – Die neuere Traumdeutung hingegen geht von der Tatsache aus, daß es der Daumen ist, dem die Hand ihre besonderes Beweglichkeit und Geschicklichkeit verdankt. In Ihren Träumen symbolisiert er deshalb die Kreativität und technisch-praktische Begabung. Achten Sie auf das, was Ihrem Daumen geschieht!
s. Hand
s. Finger
s. Körper

Diamant Die Kostbarkeit, die dieser Edelstein in der Realität besitzt, gebührt ihm auch als Traumsymbol. Er ist etwas Funkelndes, Begehrenswertes, der schwer erreichbare Inbegriff innerer Ganzheit. Wenn Sie von einem Diamanten träumen, dann sind Sie auf dem besten Weg, Ihr

Lebensziel zu finden und Ihr Bewußtes und Unbewußtes auf einen gemeinsamen Nenner zu bringen.

Dieb/Diebstahl Ein Teil Ihrer seelischen Innenwelt macht sich selbständig und bedroht Ordnung und Besitz. Was dieser Dieb Ihnen nehmen will, liegt selten im materiellen Bereich. Vielmehr droht ein Verlust an Eigenschaften, Gefühlen. Beobachten Sie, woher der Dieb kommt! Vielleicht aus Ihrem ›Keller‹, also aus Ihrem eigenen Seelengrund? Steigt er durch die Fenster ein? Bricht er Türen auf?
s. Keller
s. Fenster
s. Türe

Diktator/Direktor Wenn Sie von einem Mann träumen, der die Befehle erteilt, der bestimmt, was in einem Betrieb, in einem Land zu geschehen hat, dann ist das Ihr eigenes Ich. Sie sind im Traum jener Instanz Ihres Inneren begegnet, die ohne Ihr Wissen die Steuerung und Regelung seelischer Prozesse vornimmt.
s. König
s. Chef

Dirigent In manchen Situationen musiziert die Seele. Der Zusammenklang wird von einer höheren Instanz dirigiert, einem Mann, der über die Gefühlsinstrumente herrscht. Achten Sie darauf, welches Musikstück gespielt wird. In welchem Saal findet das Konzert statt? Wer spielt sonst noch? Sind Sie Publikum oder musizieren Sie? Oder sind Sie, was besonders erfreulich wäre, selbst der Dirigent? Das würde bedeuten, daß Sie selbst an der Harmonie Ihrer Gefühle mitwirken.
s. Musik

Dirne/Prostituierte Männer träumen häufiger von Dirnen. Dennoch handelt es sich dabei nur in zweiter Linie um einen sexuellen Wunschtraum. Die Prostituierte, die käufliche Frau, signalisiert vielmehr Gefühlsarmut, Bindungsangst und die Flucht vor Verantwortung. – In Frauenträumen hat die Dirne vor allem die Bedeutung eines inneren Schattens: Sie stellt Möglichkeiten dar, die ›auch‹ im Wesen der Träumerin liegen könnten.

Drache Der Drache ist ein Bild ältester, urtümlicher, kaltblütiger Vitalität, eines rücksichtslosen Lebens von verschlingendem Charakter. In diesem Sinn symbolisiert er weitgehend das Unbewußte, die Triebe, Komplexe und Begierden, die den Träumer zu verschlingen drohen. Der Drache repräsentiert im Märchen wie im Traum die nahezu unsterbliche Urnatur. Wenn Sie jedoch den Drachenkampf des Lebens gegen die triebhaften Gewalten bestehen und den vom Untier bewachten Schatz erobern, dann haben Sie Ihre Seele befreit. Sie haben den Symboltraum vom echten Erwachsenwerden geträumt. – In anderem Zusammenhang kann der Traum-Drache allerdings auch die Bedeutung einer überaus possessiven Mutter haben, die an den erwachsenen Menschen immer noch ›besitz-beschützende‹ Ansprüche stellt. Gelegentlich verkörpert der Drache, vergleichbar mit einem anderen mythologischen Kaltblütler, der Schlange, das ›Böse‹ schlechthin!
s. Schlange

Drei/Dreieck Wie alle ungeraden Zahlen ist auch die Drei männlich definiert. Vor allem aber wird ihr von alters her magischer Wert zugeschrieben. In dreifacher Gestalt erscheinen die Götter; es gibt drei Nornen, drei Parzen, drei Heilige Könige. Im Märchen sind es oft ›drei Schwestern‹, ›drei Brüder‹, ›drei Wünsche‹, die uns begegnen. Dreimal klopfen die Abergläubischen auf Holz. Drei Dimensionen – Vergangenheit, Gegenwart, Zukunft – hat der Zeitablauf. – Aus der sanften Zwei wird Drei durch das ›Kind‹, das Werdendes in guter und schlimmer Richtung ankündigt. – Befinden Sie sich im Traum in einem dreieckigen Raum, dann stehen Sie nicht etwa in der seelischen Geschlossen-

heit eines quadratischen oder runden Zimmers. Sie befinden sich vielmehr in einem Zustand des dynamischen, kämpferischen Aufbruchs: Im Zentrum eines dramatischen Neubeginns, dessen Ausgang ungewiß ist.
s. Zahlen

Eber Ähnlich wie der Stier verkörpert auch dieses Tier triebhafte Kraft. Sein Auftritt im Traum hat mit sexuellen Wünschen und Hoffnungen zu tun, aber auch gelegentlich mit jenen guten Aussichten, die man jedem Traum-Schwein zuordnet.
s. Tiere
s. Schwein
s. Stier

Edelstein/Perle Der kostbare Stein, die schimmernde Perle symbolisieren Ihre ›Mitte‹, den innersten Kern Ihres Selbst. Das Schmuckstück zu kaufen, zu bekommen oder zu finden, ist demnach positiv. Sein Verlust ist abträglich, signalisiert doch dieser Traum den Verlust der inneren Ausgewogenheit.
s. Diamant

Ei Dieser Traum ist fast immer positiv zu verstehen. Das Ei birgt das Wunder kommenden Lebens. Es ist ein Nährendes und Werdendes zu gleicher Zeit. Deshalb finden Sie etwas Gutes, wenn Sie im Traum ein Ei finden. Sehen Sie ein ganzes Nest voller Eier oder einen Eierkorb, dann könnte das bedeuten, daß Sie aus einer seelischen Krise in ein erfülltes Leben zurückkehren. Auch der Durchbruch einer Begabung kündigt sich ähnlich an. Ein spontanes Geschenk des Lebens haben Sie erhalten, wenn Sie im Traum plötzlich ein Ei in der Hand haben. Als typisches Wiedergeburtssymbol markiert das Ei in fast allen Zusammenhängen den Anfang einer günstigen Entwicklung. – Die einzige Ausnahme hierzu bildet das ›Satansei‹, ein schwarzes Ei, das finstere, böse Mächte in sich birgt.

Eidechse In diesem Traum haben Sie dem Drachen die Kraft und die Gefährlichkeit genommen! Die Eidechse hat das Aussehen eines Drachen, ist aber vollkommen harmlos. Doch allzuweit entfernt ist in diesem Traum der Drache dennoch nicht.
s. Drache

Einbrecher/Einbruch Heimlich und oft unsichtbar schleicht sich hier ›einer‹ aus der unkontrollierten Seelentiefe in Ihr Seelenhaus, bricht ein ins Bewußtsein und bedroht dessen Ordnung. Der Einbrecher in Ihrem Traum verkörpert oft vermummtes Triebbegehren oder böse Gedanken. Vielleicht gelingt es Ihnen, ihn zu überlisten, unschädlich zu machen, dem Gericht zu übergeben?
s. Dieb
s. Gericht

Einkaufen Wenn Sie im Traum einkaufen, dann heißt das, daß Sie Ansprüche stellen. Sie wollen etwas haben. Dabei geht es Ihnen vermutlich weniger um materielle Besitztümer als um seelische Werte, um Gefühle, Anerkennung, Zuwendung. Was mußten Sie für Ihre Einkäufe bezahlen? Haben Sie bekommen, was Sie wollten? Oder waren die Waren beschädigt, ausverkauft?

Eins Erst in Verbindung mit anderen Zahlen bekommt die Eins ihren arithmetischen Wert. Allein für sich stehend, symbolisiert die Eins die Einheit, das Ungeteilte, Einfache, Ursprüngliche. Als Anfang für alles andere ist die Eins aber auch das Ranghöchste und Erstrebenswerteste.
s. Zahlen

Eis Eine Eisdecke auf Gewässern oder Straßen signalisiert Schlimmes: Der See, die Straße Ihres Lebens ist zugefroren, unbeweglich und starr. Die Seele friert, ist bewegungslos, leidet Kälte, Einsamkeit und Not.
s. Schnee

Elefant Dumpfe Triebenergie donnert durch die Landschaft Ihrer Seele, wenn in Ihren Träumen eine Elefantenherde losrast. Dieser Traum macht Sie aufmerksam auf das Mißverständnis zwischen den bewußten Kräften des einzelnen und der wilden Versammlung seiner Triebe. Aber auch der einzelne Traum-Elefant markiert kraftvolles Triebleben, das vom Bewußtsein kaum zu bändigen ist.
s. Büffel

Elektrizität/Elektrizitätswerk Hier wird Strom erzeugt. Strom wird mit Energie gleichgesetzt, doch die direkte Berührung mit diesen Kräften birgt tödliche Gefahr. Ähnlich verhält es sich mit der Hochspannungsleitung, die Sie in Ihrem Traum vielleicht gesehen haben. Sie führt Energie, die jedoch auch zur Gefahr werden kann, wenn man nicht vernünftig damit umgeht.

Elf Die Elf leitet eine neue Zehnerreihe ein und hat daher auch in der Traumsymbolik die Bedeutung eines Neuanfangs oder neuen Geschehens. Als Primzahl stellt sie etwas Unteilbares dar. Ihr graphisches Bild, nämlich die Kombination von zwei Einsern, legt auch eine weitere Deutung nahe: Es könnte eine enge, aber illegale Verbindung zweier Menschen gemeint sein, die ihre Eigenständigkeit nicht aufgeben können oder wollen.
s. Zahlen

Eltern Klarerweise treten Eltern am häufigsten in Pubertätsträumen auf, wo sie die Notwendigkeit der inneren Ablösung signalisieren, aber auch die noch bestehende innere Abhängigkeit. Wo der Träumer den Eltern ihren natürlichen Rang nicht zubilligt, erscheinen Mutter und Vater kompensatorisch gesteigert. – Wenn derlei überhöhte Gestalten in den Träumen längst Erwachsener auftreten, dann müßte das Thema der Elternbeziehung ernstlich durchgearbeitet werden. – Auch in Zeiten der Not kehren die Eltern im Traum zurück. Das Unbewußte sucht bei

Ihnen Rat, Hilfe und Schutz. Der Träumer hat das Bedürfnis, wieder an die Brust des Vaters und auf den Schoß der Mutter zu eilen, um Trost und Kraft zu suchen.
s. Mutter
s. Vater

Enge/Spalte Manchmal muß der Träumer sich durch eine enge Pforte zwängen. Das löst Angst aus. Gelingt ihm jedoch der Durchgang, dann ist dieser Prozeß mit dem Geburtsvorgang vergleichbar: Sie werden in neue Lebenswerte hineingeboren, Sie sind dabei, ein positives neues Bewußtsein zu entwickeln.
s. Geburt

Engel Wie so manche unbekannte Gestalt Ihrer Träume, die Sie auf den richtigen Pfad lenkt, hat auch der Traum-Engel die symbolische Bedeutung eines Seelenführers.
s. Bergführer
s. Kind
s. Alter Mann (Weiser)

Enthauptung Sie wurden zum Tode verurteilt und sollen enthauptet werden. Doch nicht Ihrem Leib wird der Prozeß gemacht, sondern Ihrer bisherigen Lebenseinstellung. Wird Ihnen nach der Prozedur vielleicht sogar ein neuer Kopf aufgesetzt? Dann liegt die Bedeutung auf der Hand: Sie sollen Ihr weiteres Leben mit neuen Gedanken, mit einem neuen Bewußtsein fortführen. Daß dieser Traum häufig um die Lebensmitte geträumt wird, ist kein Zufall!
s. Hinrichtung
s. Kopf

Erbrechen Sie vermögen eine Tatsache des Lebens nicht zu verdauen. Sehen Sie sich ohne Ekel an, was Sie wieder von sich gegeben haben. Vielleicht wird Ihnen dann die Bedeutung des Traumes klar.
s. Exkremente

Erdbeere Die im verborgenen reifende Waldfrucht deutet durch Farbe und Süße an, daß Sie ein süßes Erlebnis haben oder erwarten. Doch nicht nur als positives Sexualsymbol gilt diese Frucht, die in ihrer Form der weiblichen Brustwarze ähnelt. Sie kündet speziell in Frauenträumen auch den Wunsch nach Ehe und Mutterschaft an.
s. Früchte

Erde Mit Erde ist das Mütterliche, Irdische gemeint. Die einfachen Notwendigkeiten des täglichen Lebens werden durch dieses Symbol herausgestellt. Mitunter ist es im Traum erforderlich, Erde zu essen. Dann sagt Ihnen Ihr Unterbewußtsein, daß Sie das Irdische in sich aufnehmen und nicht zögern sollten, die Gewöhnlichkeit des Lebens anzunehmen, um zu dessen Werten zu gelangen.

Erfrieren Wenn dieser Traum nicht durch die Empfindung ausgelöst ist, daß Ihnen im Bett kalt ist, dann ist er ein Alarmruf Ihrer Seele: In Ihnen ist es Winter, in Ihrem Leben herrscht die Eiszeit absoluter Gefühlskälte und -starre.
s. Eis
s. Winter

Erkältung Nicht Ihre Organe sind krank. Vielmehr leidet eine innere Beziehung, ein Gefühl in Ihnen, an Kälte. Haben Sie im Traum etwas dagegen unternommen? Haben Sie Heilung gefunden? Kam der Arzt?
s. Arzt

Ernte Ihre Seelenlandschaft trägt Früchte, die Sie guten Gewissens einbringen dürfen. Wenn Sie die Feldfrucht rechtzeitig in die Scheune tragen, können Sie mit sich zufrieden sein. Doch die Zeit der Ernte ist der Herbst. In diesem Sinn kündigt sich gleichzeitig der Herbst des Lebens an, in dem allerdings oft noch die Sonne scheint.
s. Früchte
s. Herbst

Ertrinken Sie sehen zu, wie etwas Lebendes im trüben Wasser versinkt: dann will Ihr Traum Ihnen sagen, daß innerlich Wertvolles untergeht. Vielleicht eilten Retter herbei. Teile Ihres unbewußten Seelenlebens, die hilfreich die Hand ausstreckten.

Essen Wenn Sie im Traum etwas essen, wird Ihre Seele ernährt. Es kommt aber auch vor, daß man das Essen verweigert, daß man die Welt und ihre Gegebenheiten nicht schlucken will. Überlegen Sie, was Sie gegessen haben. Nicht immer ist es Ihre Lieblingsspeise, die Ihnen im Traum aufgetischt wird.
s. Speise
s. Erbrechen

Exkremente Die Abgabe von Kot stellt eine innere Reinigung dar. Man wird Ballast, belastende Bürden der Seele los. Allerdings wird im zivilisierten Abendland der Kot als etwas Gemeines, Ekelerregendes betrachtet. In der Mythologie, in der mittelalterlichen Alchimie und in primitiven Kulturen wurde den menschlichen Ausscheidungen jedoch stets magischer Wert beigemessen. – Deshalb sind Kot-Träume meist positiv besetzt. Sie haben auch wesentlich weniger mit frühkindlicher Analerotik zu tun, als Freud ursprünglich annahm.
s. Abort
s. Schmutz

Fahren/Fahrkarte Um auf einem öffentlichen Verkehrsmittel fahren zu dürfen, müssen Sie eine Fahrkarte lösen. Diese muß bezahlt werden. – Das Geld, das Sie im Traum verwenden, symbolisiert Ihre Lebensenergie. Oder nehmen Sie ohne Fahrkarte teil? Das würde bedeuten, daß Sie vom Leben etwas geschenkt haben möchten und daß Sie keine Eigenleistung erbringen können oder wollen. Manchmal träumt man, daß man eine Fahrkarte besitzt, mit dieser jedoch in der falschen Wagenklasse fährt. Vielleicht ist Ihr

Lebensstil mit Ihren realen Möglichkeiten nicht im Einklang?
s. Bahn
s. Geld

Fahrrad Diese Fahrt verlangt körperliche Anstrengung, Geschicklichkeit und Gleichgewichtssinn. Sind diese Voraussetzungen gegeben, dann ermöglicht das Fahrrad individuelle Fahrten in alle gewünschten Richtungen auf schmalstem Weg. Es läßt Abzweigungen auf Seitenpfaden zu, ist lautlos und bedarf kaum einer Wartung. Der Fahrrad-Traum wird oft von jungen Träumern geträumt oder aber von Menschen, die die Sorglosigkeit der Jugend bewahren wollen. Hier deutet dieser Traum allerdings oft auf Verantwortungslosigkeit hin. – Falls der Träumer mit einem Partner unterwegs ist, und einer von beiden eine Panne hat, dann könnte das ein Anzeichen für sexuelle Schwierigkeiten in der Partnerschaft sein. – Verursacht der Fahrradfahrer einen Schaden, so könnte das bedeuten, daß er wegen zu großer Sorglosigkeit ein Vorhaben nicht schafft.

Fallen Fallträume sind häufig und sehr oft mit Angstgefühlen verbunden. Sie verlieren den ›Boden unter den Füßen‹: Die Redensart läßt sich fast wörtlich in das Traumerlebnis übertragen. Der feste Boden der Tatsachen trägt Sie nicht mehr, Sie stürzen. In diesem Sinn wird der Falltraum meist mit einem seelischen Verlust gleichgesetzt. – Nicht außer acht zu lassen ist hier aber auch die psychoanalytische Deutung. Das Erlebnis der Sexualität wird speziell von Frauen oft mit der Fähigkeit des ›Sichfallenlassens‹ emotionell verknüpft. Deshalb kann der Traum vom Fallen durchaus angenehme Empfindungen auslösen.
s. Absturz

Farben Eine falsche Annahme der Traumkunde war es zu behaupten, daß nur schwarzweiß geträumt würde. Im Gegenteil! Ihre Träume stecken voller Farben und liefern

solchermaßen zusätzliche Symbolelemente, die Aufmerksamkeit verdienen. Besonders dann, wenn die geträumten Farben in der realen Welt des Tages keine Entsprechung finden, steht ihre Aussagekraft im Vordergrund.
s. Blau
s. Braun
s. Gelb
s. Grün
s. Rot
s. Schwarz
s. Violett
s. Weiß

Fassade Da das Haus Ihre eigene Seele ist, bezieht sich dessen Fassade auf deren Verfassung. Ist die Fassade ordentlich und gepflegt? Oder verwahrlost und ungepflegt? So sieht Ihr Inneres aus. Sehen Sie im Traum eine leere Fassade, hinter der kein Gebäude steht, dann teilt Ihnen der Traum mit, daß Ihr Leben hohl und zu sehr auf den äußeren Schein bedacht ist. Gelegentlich tarnt sich auch eine zerrüttete Ehe hinter einer frisch erneuerten Fassade, die nicht so recht zu dem alten Haus paßt, vor dem sie steht.
s. Haus

Fasten Dieser Traum kann durch ein konkretes Hungergefühl ausgelöst werden. Dann hat er keine Signalwirkung. Sind Sie jedoch satt zu Bett gegangen, und wird Ihnen im Traum dennoch die Speise vorenthalten, dann sind Sie in Gefahr. Ihre seelische Nahrung, Ihre Lebensenergie erhalten Sie nicht in erforderlichem Maß. – Falls Fasten-Träume häufig wiederkehren, könnten Sie auch ein Hinweis auf eine langwierige Krankheit sein.
s. Essen
s. Speise

Feind Sie treffen im Traum auf einen unbekannten Feind? Sie kämpfen gegen ihn? Dieser Kampf findet in Ihrer Brust

statt und wird zwischen den zwei Seelen in Ihnen geführt. Hier wird ein Lebenskonflikt ausgetragen. – ist Ihnen Ihr Widersacher jedoch aus dem realen Leben bekannt, dann wäre es möglich, daß der Traum Sie vor Menschen Ihrer Umgebung warnen will. Wie haben Sie gekämpft? Waren die Chancen für beide Seiten gerecht verteilt? Haben Sie gesiegt?
s. Krieg

Ferse Die Ferse ist ein ebenso unbeachteter wie gefährdeter Teil des menschlichen Körpers. Wie leicht kann dort eine Schlange zubeißen. Die sexuelle Bedeutung dieses Traumes liegt auf der Hand: Etwas Erotisches trifft Sie an einer empfindlichen, ungeschützten Stelle.
s. Schlange

Feuer/Flamme Das Feuer ist ein Element, eine Naturgewalt, ein Kulturgut. Im Traum symbolisiert es daher stets große seelische Gewalten. Das lodernde Feuer verbreitet Licht und Wärme. Es wird zur Beleuchtung verwendet, aber auch zum Kochen, zum Genießbarmachen der Speisen, oder – im Hochofen – zur Umwandlung von Materie: Hartes Gestein wird zu flüssigem Stahl, zu Formbarem, Wertvollem. Feuer ist die versengende, aber auch reinigende Gewalt. Wo Feuer ist, ist Leben! Jedes Traum-Feuer kündigt deshalb große Wandlungen, Umwälzungen an, denen der Träumer entgegengeht. Brennt das Feuer Ihres Traumes hell und fröhlich, dann sind Sie von einer neuen Idee entflammt, vielleicht auch ergriffen von der Glut neuer Liebe und Leidenschaft. In Ihnen wohnt ein neues, gesteigertes Lebensgefühl, das Ihnen Entscheidungen leichtmacht, Sie aber auch gefährden kann. Denn wenn die Flammen zu hoch auflodern, dann leuchten sie nicht nur, sondern können auch einen Brand auslösen.
s. Brand
s. Blitz
s. Rauch

Fieber Vorausgesetzt, daß Sie nicht tatsächlich krank sind, signalisiert Ihnen der Fieber-Traum eine symbolische Erhitzung Ihres Blutes: Sie fühlen sich von der Glut einer Leidenschaft erfaßt, deren Intensität nicht gesund ist. – Manchmal hat dieser Traum aber auch die körperliche Ursache einer Kreislaufstörung.
s. Krankheit

Film/Kino Im Kino Ihrer Träume läuft Ihr Lebensfilm. Die handelnden Personen sind ähnlich zu deuten, wie die Schatten Ihrer Seele, teilweise als Vervielfältigung Ihres Selbst, teilweise als gegengeschlechtliche Identifikationsfiguren. – Wenn Sie selbst die Kamera bedienen und filmen, dann haben Sie die Absicht, sich von jemandem oder einer bestimmten Situation ein genaues Bild zu machen. Können Sie die Kamera nicht richtig postieren, ist die Optik trüb, der Film unscharf, dann fehlt Ihnen entweder der passende Standpunkt oder der klare Durchblick.
s. Buch
s. Bild

Finger Zur Hand gehörig, sind die Finger notwendig zum Handeln. Allerdings sind sie vor allem der Sitz des Gefühls, des ›Fingerspitzengefühls‹. Verlieren Sie im Traum den Finger, werden Ihnen wesentliche Gefühlsdimensionen geraubt. Der Daumen, zwar auch zu den Fingern zählend, hat Eigenleben: Er repräsentiert den Sitz von Handfertigkeit und Kreativität. – Überdies finden Redensarten wie ›sich die Finger verbrennen‹ häufig Eingang in die Traumwelt. Dort treten Sie wörtlich in Aktion. Haben Sie sich im Traum die Finger verbrannt, so heißt das, daß Sie in einer komplizierten Situation tatsächlich etwas falschgemacht haben.
s. Hand
s. Daumen

Fisch/Fischer Als Fischer an einem Gewässer fischen Sie nach den Inhalten Ihrer eigenen Seele. Die sonderbarsten

Wesen angeln Sie aus dem wäßrigen Seelengrunde herauf ans Licht des Traumes. Beobachten Sie genau, was Sie gefischt haben: Ein mächtiges, schwimmendes Etwas ohne klare Gestalt? Oder einen hübsch glänzenden Goldfisch? Wenn Sie vergessen, die Fische aus dem Netz oder von der Angel zu nehmen, dann könnte das bedeuten, daß Sie die Früchte Ihres Handelns nicht ernten wollen oder können. In fast allen Träumen ist der Fischfang positiv zu bewerten. Der Fisch wurde ja durch das christliche Wunder der Fischvermehrung zur ›Heiligen Speise‹. Ihn zu fangen und zu verzehren bedeutet Gewinn und seelische Bereicherung.
s. Speise

Fleisch/Wurst In Träumen wird das Wort Fleisch vor allem mit dem ›Fleischlichen‹, also mit der Sexualität in Zusammenhang gebracht. So zu verstehen ist auch ein Traum, in dem man sich etwa weigert, Fleisch oder Wurst zu essen: Man bekundet seinen Widerwillen gegen das fleischliche, gegen das Sexuelle.

Flucht Im Traum vor etwas flüchten zu müssen, bedeutet sehr oft, daß der Träumer auch in seinem Leben vor etwas oder jemandem davonläuft. Personen, Tiere oder Probleme verfolgen ihn und machen ihm Angst. Bezeichnenderweise wird er jedoch kaum je eingeholt. Vielleicht könnte man daraus fürs tägliche Leben den Mut schöpfen, sich den ›Verfolgern‹ mutig zu stellen.

Flugzeug/Fliegen Das Flugzeug hat eine ähnliche Bedeutung wie die anderen Verkehrsmittel, die nicht von Ihnen selbst gesteuert werden. Es ist allerdings schneller als jene und gilt auch als etwas gefährlicher. Wenn Sie sich im Flugzeug befinden, dann peilen Sie vermutlich weit entfernte und nicht leicht erreichbare Lebensziele an. Wie bei allen Traum-Reisen gilt es auch hier, die Einzelheiten zu beobachten, die Mitreisenden, den Kapitän, die Flugroute und den Fahrplan. Gerät das Flugzeug gar in Gefahr? Dann kommen sie auf Ihrem Lebensflug vielleicht doch nicht so rasch ans Ziel, wie Sie gehofft hatten. Fliegt das Flugzeug durch Nebel, durch Wolken? Sie sehen also nicht, wie es weitergehen soll. – Wenn Sie jedoch sicher auf der Erde stehen und Flugzeuge am Himmel beobachten, sind diese eher als in der Luft befindliche Fremdkörper zu deuten. Für den Träumer heißt das, daß aus der Luft, aus dem Gedanklichen, Geistigen, Unberechenbares auf ihn zukommt. Kommen die Flugzeuge in friedlicher oder kriegerischer Absicht? Werfen Sie womöglich Bomben ab? Oder sind sie rot bemalt? Letzteres würde das Eindringen einer gefährlichen, aggressiven Sexualität in die Gefühlsbereiche signalisieren. Sie sitzen gar nicht in einem Flugzeug und fliegen trotzdem? Manchmal will man irdische Niederlagen dadurch wettmachen, daß man im Traum davonfliegt, alles hinter sich, unter sich läßt. Von oben sieht die Welt, die uns in der Wirklichkeit angst macht, klein und harmlos aus. In diesem Zusammenhang tritt der Flugtraum häufig dann auf, wenn man ein Gefühl der Minderwertigkeit träumend auszugleichen hat. Aber, als Wunschtraum gesehen, handelt es sich beim Traum vom Fliegen auch um eine Manifestation von Ehrgeiz und um die Absicht, alle anderen ›überflügeln‹ zu wollen. In Verbindung mit dem Falltraum drückt der Flugtraum auch anschaulich das Auf und Ab des menschlichen Daseins aus.

s. Fallen
s. Bahn
s. Bomben

Fluß/Strom Das Flußtal stellte einen Einschnitt auf ihrem Lebensweg dar. Es gilt, das Hindernis zu überqueren. Bleiben Sie stehen? Lassen Sie sich entmutigen? Oder ist eine Brücke in Sicht? Vielleicht gehen Ihnen Helfer an die Hand, und Sie errichten einen Steg? Die Überquerung mag schwierig sein oder einfach: Es ist jedenfalls wichtig, daß Sie nicht umkehren. Es kann auch sein, daß Sie den Fluß

durchwaten oder durchschwimmen. Dann sind Sie dabei, aus eigener Kraft eine Schwierigkeit zu meistern.
s. Brücke
s. Ufer

Frau/Unbekannte Die in Männerträumen auftretende unbekannte Frau wurde in der Traumanalyse C. G. Jungs ›Anima‹ genannt. Sie stellt die weiblichen Anlagen in der Seele des Mannes dar, seine Gefühle, Ahnungen, Stimmungen, aber auch seine Liebesfähigkeit. Ihre Prägung erfährt dieses Seelenbild meist durch frühkindliche Eindrücke. Das bedeutet, daß die unbewußten Bilder in der Seele des Mannes vor allem von der Mutter oder anderen nahen Familienmitgliedern geprägt sind. – In Frauenträumen wird die unbekannte Frau von Jung ›Schatten‹ genannt. Sie stellt eine zweite Dimension des Ichs dar und repräsentiert die Möglichkeiten, die weitgehend unbewußt ebenfalls in Ihrer Seele vorhanden sind. – Treffen Sie in ihrem Traum jedoch auf eine alte Frau, so verkörpert diese als dunkle Erdmutter das Leben schlechthin. Als eine der drei Nornen oder Parzen webt sie am Faden Ihres Schicksals.
s. Mutter
s. Schwester
s. Alte/Frau

Fremdsprache Nicht selten reden die Personen Ihrer Träume in fremden Sprachen. Die Bedeutung ist klar: Sie können jemanden oder etwas nicht verstehen. Vielleicht ist es die Sprache des Gefühls, die ihnen Rätsel aufgibt. Oder fühlen Sie sich in eine Prüfungssituation versetzt und können Antworten nicht geben, weil Sie schon die Frage nicht entziffern können?
s. Prüfung

Freund/Freundin Sehr oft meint der Traum nicht die Person des Freundes oder der Freundin, sondern Sie selbst. Ein Teil Ihrer Eigenen Persönlichkeit, ein ›Schatten‹ oder

Doppelgänger im Seelenbezirk, führt Ihnen träumend vor Augen, welche Anlagen, Möglichkeiten, Unternehmungen in Ihnen schlummern.

Friedhof Den Traum-Friedhof tragen Sie in sich. Dort ruhen Ihre begrabenen Hoffnungen, Ihre Abschiede, Ihr Nichtwiedersehen. Sie gehen im Traum zum Friedhof? Sie suchen eine Welt auf, die noch geheimes Leben für Sie birgt. Noch haben Sie nicht abgeschlossen mit dem, was sie dort zu finden hoffen. Was steht auf dem Grabstein? Gehen Sie allein? In der harten Wirklichkeit werden Sie von Lebenskonflikten verwirrt. Nun suchen Sie in Ihren Träumen Rat an den Gräbern der Heimgegangenen. Sie tragen Blumen und Kränze in den Händen. Das sind Ihre Gefühle, die in der Realität nicht zur Wirkung kommen konnten. Nun fluten diese Gefühlskräfte zurück in Ihr Inneres. Vielleicht ist es Ihnen eines Tages möglich, diese Gefühle auch zur Bewältigung Ihres realen Lebens herbeizurufen.
s. Grab
s. Tod
s. Begräbnis

Frosch Dieses Tier, das teils im Wasser, teils auf dem Lande beheimatet ist, gilt aus diesem Grund als Verwandlungssymbol. Wie etwa im Märchen vom ›Froschkönig‹ wird es auch im Traum empfunden: als Gleichnis für etwas Edles, das sich in einem niedrig entwickelten Tier verbirgt. Wie bei Kröte und Schlange liegt die sexuelle Bedeutung auch hier nahe. Wie verhalten Sie sich Ihrem Traum-Frosch gegenüber? Akzeptieren Sie ihn? Oder ist er Ihnen unangenehm? Eine ähnliche Position bezieht Ihr Unbewußtes zur Sexualität.
s. Kröte
s. Schlange

Früchte Die meisten Früchte sind Sexualzeichen. Man betrachte sie nach ihrer From, Farbe, Größe. Dann ist die

Zuordnung zu ›männlichen‹ und ›weiblichen‹ Symbolen nicht schwer. Ebenfalls bedeutsam sind Geschmack, Herkunft, Name. Die Süße oder Herbheit, Saftigkeit oder Spröde der Frucht vervollständigen die Definition. Überlegen sie auch, was Sie mit den Früchten getan haben. Das gemeinsame Essen stellt ein häufiges Verschmelzungssymbol dar. Wo fanden Sie die Früchte? Am Baum oder Strauch? Auf dem Boden? Waren Sie reif? Oder womöglich aus Nachbars Garten?

Frühling/Frühlingswiese Auch Menschen, denen es schlecht geht, träumen vom Frühling: Unterbewußt kündigt sich eine Wendung zum Besseren an. Sie sehen Blumen und Blüten in frühlingshafter Natur: Ihr Gefühlsreichtum hat eine Krise überbrückt. – Bei Männern stellt die Frühlingswiese manchmal auch einen Potentztraum dar. In der Jugend ist dieser Traum ein Ausdruck aktiver Manneskraft; im Alter eine Wunschvorstellung.
s. Blumen

Fünf Diese Zahl können Sie an den Fingern einer Hand abzählen. Sie steht für ein natürliches, frisches Leben und gilt deshalb nicht nur in der fernöstlichen Mystik als Glückszahl. Die Fünf in Ihrem Traum vermittelt das Gefühl ruhiger, natürlicher Kraft.
s. Zahl

Fuß/Fußgeruch Vom Zustand Ihrer Füße hängt es ab, wie Sie durchs Leben schreiten. Können Sie im Traum die Füße kaum vom Boden heben, dann ist in Ihrem Leben lähmender Stillstand eingetreten. Oder leben Sie vielleicht auf ›zu großem Fuß‹? Sehr oft überträgt man eine Redensart wörtlich in den Traum. – Der Fuß ist aber auch ein phallisches Symbol: Er schlüpft in den Schuh wie das männliche Geschlechtsorgan in die Vagina.
s. Bein
s. Lähmung

Garten Was hier wächst, sind die Regungen Ihrer Seele. Hier pflegen Sie Ihre inneren Lebenserscheinungen und bringen sie zum Wachsen und Blühen. Wie sieht Ihr Garten im Traum aus? Ist er umzäunt oder ummauert? Hat er eine Tür? Ist er gepflegt, gejätet? In diesem Zustand befindet sich Ihr Innenleben. Was pflanzen Sie in Ihrem Garten? Blumen, die ihre Gefühle ausdrücken? Oder Gemüse, das Ihnen zur seelischen Nahrung dienen soll? Oder vielleicht Früchte, um Ihr erotisches Leben auch im Traum zu bewältigen? – In Männerträumen symbolisiert der Garten manchmal auch den erotischen Leib der Frau.
s. Blumen
s. Gemüse
s. Früchte

Gärtner Ähnlich wie der Bauer verkörpert auch der Traum-Gärtner das naturnahe Leben. Allerdings ist er mehr auf Ordnung bedacht. Er kultiviert die Blumen und Früchte und läßt den Garten der Seele nicht verwildern. Ein häufiges Bild der christlichen Glaubenslehre zeigt Christus als Gärtner. – Wenn der Gärtner in Ihren Träumen auftaucht, ist meist Seelisches in Ordnung zu bringen. Tragen Sie selbst ein Gartengerät in den Händen, so zeigt dieses Traumerlebnis an, daß auch Ihr Bewußtsein bereit ist, bei dieser Arbeit mitzuhelfen.
s. Bauer
s. Garten
s. Blumen
s. Früchte

Geburt Während bei Frauen das Traumerlebnis einer Geburt die unbewußte Sehnsucht nach Mutterschaft anzeigen kann, handelt es sich in Männerträumen nie um ein Kind, das zur Welt kommen soll. Vielmehr soll etwas Neues, eine Idee oder Unternehmung, geboren werden. Deshalb ist es nicht ungewöhnlich, wenn die Traum-Geburt aus dem Kopf, dem Hals oder der Brust erfolgt.

Denn dort sitzen die Gedanken, die Worte, die Gefühle. – Erlebt man selbst das Geborenwerden als Durchgang durch eine Enge, dann erfährt man eine seelische Wiedergeburt oder den Eintritt in eine neue Lebensphase.
s. Kind
s. Enge

Gefahr Wer von Gefahren träumt, hat höchstens sich selbst zu fürchten! Das Unterbewußte signalisiert durch Gefahrenbilder vor allem drohenden Energieverlust durch verzehrende Bindungen, mangelnden Lebensraum durch drückende Verpflichtungen oder den Verlust der seelischen Totalität durch die Bildung allzu starrer Gefühls- und Gedankenkomplexe.

Gefängnis/Gefangener Wenn man sich selbst als Gefangenen sieht, ist man eingeschlossen in starre, möglicherweise falsche Vorstellungen, die mit der Lebenswirklichkeit nicht in Einklang stehen. Durch die hohen Gefängnismauern fühlen Sie sich abgetrennt vom Leben: Vielleicht sind Sie an Zustände gebunden, aus denen Sie sich befreien sollten?

Geige Häufig wird die Geige in Männerträumen mit dem weiblichen Körper gleichgesetzt. Mit dem männlich definierten Bogen kann man auf ihr spielen, Musik erzeugen.
s. Musik
s. Streichinstrumente

Gelb Das ist die Farbe der Sonne, des Goldes, aber auch der Ahnungen, Stimmungen und der weiblichen Intuition, die allerdings leicht zu irritieren ist. Doch jede Beimengung entstellt diese Farbe und kann ihr den Charakter von Falschheit oder Eifersucht verleihen.
s. Sonne
s. Gold
s. Farben

Geld Das Geld in Ihren Träumen hat zwar nichts mit materiellen Werten zu tun, signalisiert aber doch Reichtum: Reichtum in psychischen Möglichkeiten und seelischen Energien. Wenn Sie im Traum Geld finden, dann bedeutet das, daß sich in Ihnen neue Energiequellen geöffnet haben, von denen Sie bis auf weiteres profitieren. Erhalten Sie ausländisches Geld, dann verfügen Sie über Werte, die Sie im Augenblick nicht nutzbar machen können oder wollen. Haben Sie Geld verloren, sind sie dabei, seelische Kräfte zurückzunehmen. – Meist besteht Ihr Traum-Geld aus Münzen. Goldmünzen markieren dabei männliche Leistungskraft und Potenz; Silbermünzen beziehen sich eher auf eine gefühlsmäßige Hinwendung zum Weiblichen.
s. Bank
s. Gold

Gemüse Je nach Form und Beschaffenheit symbolisieren die verschiedenen Gemüsesorten die männlichen oder weiblichen Geschlechtsorgane. Bei Maiskolben, Spargel, Möhren und Gurken liegt die männliche Definition nahe. Weibliche Zuordnung erfahren unter anderem Bohnen, Tomaten und Salat. Vielleicht entdecken Sie Zusammenhänge in Ihrem Gemüse-Traum, die Ihnen die Gesamtbedeutung klarmachen.

General/Oberst Wie beim Diktator handelt es sich auch hier um einen inneren Befehlshaber, der über den Einsatz der psychischen Energien wacht. Eine höhere seelische Instanz ruft Ihre Anlagen, Fähigkeiten und Regungen zur Ordnung. – In Frauenträumen kann der hochdekorierte Mann in Uniform allerdings eine Animus-Gestalt sein: Eine gegengeschlechtliche unbewußte Projektion von Männlichkeitsvorstellungen, die in frühester Kindheit geprägt wurden.
s. Diktator
s. Soldat
s. Uniform

Genesung Wenn Sie im Traum genesen sind, dann geht in Ihrem Leben eine schwere Zeit zu Ende. Vielleicht signalisiert Ihr Unterbewußtsein, daß Sie sich noch eine Weile schonen sollen, daß Sie noch der Ruhe und Erholung bedürfen. Halten Sie also noch eine Weile zum Zwecke der seelischen Gesundung inne, bevor Sie wieder mit voller Energie auf ihrem Lebensweg weitergehen.
s. Spital

Genitalien Während die so harmlosen Früchte und Gemüse im Traum stets Sexuelles meinen, verhält es sich hier gerade umgekehrt. Wer im Traum Geschlechtsorgane sieht, hat nicht unbedingt sexuelle Wünsche. Die für die Zeugung neuen Lebens notwendigen Organe verkörpern vielmehr die Vitalität und Lebenskraft schlechthin und zeigen vielleicht den Urbeginn neuer Ideen, Pläne und Impulse an.
s. Früchte
s. Gemüse

Gepäck Was Sie auf Ihren Traum-Reisen mitschleppen, ist die Summe Ihrer Kräfte, Fähigkeiten, Lebensinhalte und Pläne. Ihr Gepäck stellt Ihre erweiterte Persönlichkeit dar. Wenn Sie es verlieren, werden Sie zur Verantwortung gezogen und vermutlich bestraft. Denn es ist ein wesentlicher Teil Ihres Ichs und enthält die Reserven für die naheliegenden Bedürfnisse Ihres Lebens.
s. Reise

Gericht Sie selbst sind es, der das Traum-Gericht einberuft. Und dieses innere Gericht, das Ihre eigenen Fehler verurteilt, verhängt harte Strafen. Nicht selten droht für seelische Hochstapelei das Todesurteil: Der gewaltsame Tod Ihrer falschen Einstellung zum Leben.
s. Gefängnis
s. Hinrichtung
s. Pranger
s. Enthauptung

Geschäft/Geschäfte Dieser Traum führt Ihnen anschaulich vor, daß auch das Wirtschaftliche wichtig ist im Leben. Häufig wird um die Lebensmitte von Geschäften und Abschlüssen geträumt, in einem Lebensalter, in dem es üblich ist, auf das Erreichte zurückzublicken und eine Zwischenbilanz zu ziehen. Ist die notwendige Anpassung an die Tatsachen des materiellen Lebens nicht ausreichend erfolgt, dann zeigen Träume diesen Fehler auf. – Hält man hingegen selbst in einem Geschäft oder Kaufladen Waren feil, dann kann der Traum auch unterwürfige Anbiederung oder seelischen Exhibitionismus meinen.
s. Warenhaus

Geschenk/Gabe Hier kommt es vor allem auf den Zusammenhang an, in dem das Traum-Geschenk steht. Bekommen Sie es, oder geben Sie es her? Was ist es? Auf jeden Fall geht es um die Beziehung zu einer anderen Person, die auf diese Weise gestützt und bereichert wird. Wenn Sie etwa Blumen überreichen, dann sind es Ihre Gefühle, die Sie jemanden entgegenbringen.
s. Blumen

Gesicht Wenn Sie selbst im Traum Ihr Gesicht verlieren, dann sind Sie in Gefahr, Ihre unverwechselbare Persönlichkeit einzubüßen. Vielleicht gehen Sie in Ihrer Anpassung zu weit? – Treffen Sie im Traum andere gesichtslose Gestalten, dann sind das die unbekannten Aspekte Ihres eigenen Seelenlebens, die sich noch nicht genau definiert haben.
s. Spiegel

Gespenst Das erschreckende, bedrohliche, nicht genau beschreibbare Gespenst taucht in Träumen auf, wenn eine natürliche Ordnung schwer gestört ist. Wo Gespenster ihr Unwesen treiben, geschieht Ungeheures und Ungehöriges.

Getreide Der Acker Ihrer Seele ist fruchtbar geworden und hat Ernte getragen. Sie bringen das Getreide ein. Das

bedeutet, daß Sie Ihre innere Fruchtbarkeit erkennen und dankbar annehmen. Sie sorgen dafür, daß die Feldfrucht gut verwahrt ist, daß Ihre Reserven bis zu jenem Zeitpunkt geschützt sind, an dem Sie davon Gebrauch machen wollen oder müssen.
s. Acker
s. Ernte

Glas Das Durchsichtige wie auch das Zerbrechliche des Glases prägt diese Träume. So kann ein plötzlich in einer Wand auftauchendes Glasfenster einen erfreulichen Ausblick und Durchblick signalisieren. Zersplittern des Glases hingegen kann das Zerbrechen einer Beziehung ankündigen, aber auch eine besondere Empfindlichkeit und ›Zerbrechlichkeit‹ des Träumers selbst. Wird Ihnen aus einem schön geformten Trinkglas oder gar aus einem kostbaren Kristallkelch ein erfrischender Trunk zuteil, dann meint es das Leben gut mit Ihnen. – Weniger positiv hingegen sind Träume, in denen man sich hinter Glaswänden eingeschlossen fühlt. Sie zeigen an, daß der Kontakt zur Umwelt verlorenzugehen droht oder schon unterbrochen ist.

Gletscher Hier befinden Sie sich im ›ewigen Eis‹, auf einsamer Höhe, umgeben von Kälte und Erstarrung. Ihre Gefühle sind eingefroren, erstarrt, unter Schnee und Eis begraben. Fühlen Sie sich in dieser Gefühlskälte wohl? Oder hoffen Sie auf Rettung von unten? Versinken Sie gar in einer finsteren Gletscherspalte? Wenn es Ihnen im Traum gelingt, den Gletscher zu verlassen, sich aus der Spalte zu befreien oder gerettet zu werden, dann wird Ihr Gefühlsleben wieder Auftrieb erhalten.
s. Eis
s. Schnee
s. Erfrieren

Gold Das Traum-Gold drückt ähnliche Werte aus wie das Geld, ist aber noch kostbarer. Denn der wahre Schatz, das

begehrenswerteste Gut, besteht aus Gold. Davon erzählen Märchen und Mythologien. Und daran erinnern immer wieder die Träume, die aus den jahrtausendealten Vorstellungen der Völker gespeist sind. Wenn Sie also im Traum Gold finden oder erhalten, dann ist das offenkundig ein äußerst positives Erlebnis: Neue geistige und seelische Energien fließen Ihnen in reichem Maße zu.
s. Geld

Gott/Götter Diese allerhöchste Instanz tritt selten im Traum auf. Geschieht dies aber doch, dann handelt es sich meist um einen der sogenannten ›Großträume‹, die die wichtigsten Stationen im Lebensablauf markieren. Gott und die Götter gelten als Erlösungssymbol. Sie wirken ausgleichend bei Spannungen und treten manchmal einer tiefen seelischen Depression heilend entgegen.

Gottesdienst Warten Sie auf eine Predigt? Suchen Sie die Offenbarung? Erhoffen Sie eine Verkündigung? In welcher Traum-Kirche befinden Sie sich? Wer hält den Gottesdienst ab? Welche Gläubigen sitzen mit Ihnen auf den Bänken? Vielleicht will dieser Traum Sie daran erinnern, daß Sie gelegentlich zu Ruhe und Andacht finden sollten, um in der Dunkelheit und Stille den Frieden für Ihre innere Wiedergeburt zu erwerben.
s. Kirche

Grab/Gruft Jeder Mensch hat ein Grab, in dem verlorene Hoffnungen und Ideen ruhen. Wenn Sie im Traum am Rande eines Grabes verweilen, dann müssen Sie nicht befürchten, daß Ihnen ein geliebter Mensch entrissen wird. Vielmehr versuchen Sie, den Kontakt zu jenen Werten wiederzufinden, die Sie irgendwann einmal ins Grab gelegt haben. – Vielleicht sind Sie im Traum in eine Gruft hinabgestiegen: Sie sind in das Reich des Todes vorübergehend eingetreten, um gestärkt aus der Tiefe zurückzukommen ... – Von alternden Menschen werden im Traum immer wieder

dieselben Gräber aufgesucht. Oft bringen Sie Blumen mit. Das kennzeichnet ihre gefühlsmäßige Hinwendung an die vor ihnen Gegangenen, an das Jenseits.
s. Friedhof
s. Tod

Gras Das frische grünende Gras stellt Frieden in Ihrer Lebenslandschaft her. Möglicherweise handelt es sich dabei auch um jenes Gras, das Sie über eine Sache wachsen lassen wollten.
s. Frühlingswiese

Grenze Sie müssen oder wollen etwas überschreiten, das einen Einschnitt auf Ihrem Lebensweg bedeutet. Der Traum beschwört eine Grenzstation, eine Paß- und Zollkontrolle herauf, um diese Situation bildhaft zu machen. Haben Sie Ihr Gepäck bei sich? Führen Sie darin verbotene Güter? Ist Ihr Paß in Ordnung? Verstehen Sie die Sprache, die jenseits der Grenze gesprochen wird?
s. Schranken
s. Gepäck
s. Paß
s. Fremdsprache

Großmutter Persönliche Erinnerungen an die Kindheit stehen vielfach im Vorder- und Hintergrund dieses Traums. Sie wünschen sich zurück in die Geborgenheit, in den Schutz der nachsichtigen Großmutter. Sie befinden sich in einer Lage, in der Sie Rat, Hilfe und Vergebung suchen. Was Ihnen das reale Leben gerade vorenthält, bietet Ihnen der Traum. Und manchmal gibt die geträumte Unterstützung eine Kraft, die noch in den Alltag hineinreicht.

Grün Das ist die Farbe des selbstverständlichen Wachstums, des pflanzlichen Lebens, des Frühlings. In Ihrem Traum besagt die grüne Farbe, daß Sie eine natürliche Einstellung zu den Realitäten des Lebens gefunden und

bezogen haben. Grün als Farbe der Empfindungsfunktionen kann Ihnen durch den Traum auch mitteilen, daß Sie Ihrem vegetativen Leben mehr Beachtung schenken sollen. – Das maßlos überwuchernde Grün könnte jedoch anzeigen, daß in Ihrem Inneren eine Überschwemmung vegetativer Naturgewalten droht. Ein ähnlich aggressives, giftiges Grün trägt der Teufel, wenn er sich im Kleid des antiken Vegetationsgottes in Ihren Traum drängt.
s. Gras
s. Teufel

Haar Haare sind reine Natur und bedürfen deshalb der Kultivierung und Pflege. Das ›Derb-Männliche‹ und das ›Mädchenhaft-Weibliche‹ müssen gebändigt werden, geschnitten, geordnet, geformt. Die wilde Natur muß sich der Zivilisation unterwerfen. Die Behaarung im Traum ist das sichtbare Beispiel für Ihre Triebseite, Ihre ursprünglichen Kräfte, die man unter Kontrolle bringen und gezielt einsetzen muß, sollen sie fruchtbare Ergebnisse bringen. Der Haar-Traum macht Ihnen die Verbundenheit mit der tierischen Natur klar. Wie erleben Sie das Haar? Ist es füllig oder dürftig? Ordentlich oder struppig? Der Traum weist auf Ihre animalischen Triebe hin und teilt Ihnen überdies mit, wie Sie damit umgehen. – In der Psychoanalyse gilt die Behaarung des Körpers wie auch der Bart als Potenzsymbol. Eine Parallele findet sich in der Bibel: Samson war stark, solange er im Vollbesitz seiner Haarpracht war.
s. Bart
s. Coiffeur

Hals Nicht allzuoft spielt dieser Teil des Körpers eine wichtige Traumrolle. Mitunter jedoch gewinnt der Traum-Hals Eigenleben und gebiert ein Kind. Was auf diesem ungewöhnlichen Weg das Licht der Welt erblickt, kann nur ein ›Kind der Sprache‹ sein, eine von Worten getragene Idee, eine Rede, Formulierung, Ansprache.
s. Geburt

Hand/Handschuh Die Hand im Traum bezieht sich auf Ihr Handeln im Leben. Schmutzige Hände können deshalb schuldhaftes Handeln meinen. – Werden Ihnen die Hände abgeschlagen oder amputiert, dann werden Sie in Ihrer Handlungsfreiheit lange Zeit eingeschränkt sein. Haben bissige Triebtiere Ihre Hände verletzt, fehlt Ihnen die Bewegungsfreiheit und das Gefühl in den Fingern. – Der Handschuh, mit dem Sie den Makel Ihrer Hände unsichtbar machen wollen, spricht von unsauberen Methoden und von unfeinem Verhalten, das Sie verbergen.
s. Amputation
s. Finger
s. Körper

Harlekin/Clown In seinem traditionellen schwarzweißen Anzug verkörpert der Harlekin Ihres Traumes den Wechsel von Lust und Traurigkeit, von Hell und Dunkel. Als Bajazzo, der mit einem Auge lacht und mit dem anderen weint, bedeutet er heitere Lebensintensität, die durchwirkt ist von der Dunkelheit des Sterbens, vom Wissen um den Tod. – Der Clown, über dessen Tölpelhaftigkeit die Leute lachen, könnte Ihnen aber auch sagen, daß Sie sich lächerlich gemacht haben oder das zumindest befürchten.

Hase/Kaninchen Dieses unscheinbare Tier verkörpert das Prinzip der raschen und reichlichen Vermehrung, der animalischen Fruchtbarkeit. Zwar geht hier offensichtlich Quantität vor Qualität, doch ist der Hasen-Traum vor allem bei Frauen überwiegend positiv zu verstehen. Er bezieht sich keineswegs auf die leibliche Fruchtbarkeit der Träumerin, sondern meldet ihr, daß etwas sehr Lebendiges in ihrem Inneren fruchtbar gemacht worden ist.

Haus Von einem bekannten Haus träumen Sie sicher oft und ohne tiefere Bedeutung. Wenn Sie das Haus im Traum jedoch umbauen und die seelische Geographie der Wirklichkeit gegenüberstellen, dann erlangt Ihr Traum-Haus

Gleichnischarakter. Das geträumte Haus korrespondiert mit dem menschlichen Ich. Seine Beschaffenheit und seine Erscheinungsform, außen wie innen, geben Aufschluß über den Zustand, in dem Sie sich körperlich und seelisch befinden. Je nachdem, ob Ihr Haus groß oder klein ist, eher einem Palast oder einer Hütte gleicht, wird Ihr Leben großzügig oder kleinlich, verschwenderisch oder sparsam geführt. Ein festungsähnliches Haus, abweisend und grau von außen, kalt von innen, symbolisiert einen verschlossenen, einzelgängerischen Menschen ohne gefühlsmäßige Bindung an die Umwelt. – Wie das Haus als Ganzes den Körper bedeutet, so stehen die verschiedenen Geschosse und Etagen für die Körperteile. Das Dach, der Dachboden, repräsentiert den Kopf, das ›Oberstübchen‹, in dem sich sowohl die Gedanken wie auch das Gedächtnis befinden. Die Räume können wohnlich möbliert sein oder leerstehen. Sie sind besetzt von speziellen Regungen, Aktivitäten und Gefühlen. Daß das Schlafzimmer überwiegend für die Sexualität reserviert ist, liegt klar auf der Hand. Das Wohnzimmer gilt als Ort der Begegnung aller Hausbewohner. Der unten im Dunklen liegende Keller verweist auf das Unbewußte. Die Küche als jener Raum, in dem die Vorräte lagern und die Speisen zubereitet werden, hat fast magische Bedeutung. – Oder wechseln Sie das Haus? Bereiten Sie einen Umzug vor? Eventuell planen Sie sogar einen Neubau! Untersuchen Sie die Details, um Ihr Traum-Haus in einen sinnvollen Zusammenhang stellen zu können.

s. Dach/Dachboden
s. Küche/Keller
s. Schlafzimmer
s. Fassade
s. Treppe
s. Neubau/Umzug
s. Türen/Fenster

Hausierer Auch in diesem Kleid kann Ihnen Ihr ›Schatten‹ entgegentreten: ein unbekannter und verachteter Begleiter

auf der Lebensreise. Was will er Ihnen an der Wohnungstür verkaufen? Handelt er auf dem Markt mit Ihnen? Welche Ware bietet er feil? Behandeln Sie ihn mit Freundlichkeit oder Mißachtung?
s. Begleiter

Heimat Sie sind in der Fremde und wünschen sich nach Hause! Es ist nicht verwunderlich, daß Sie in diesem Zustand von der Heimat träumen, von Ihrer Sehnsucht nach einer Geborgenheit, die Sie an Ihrer gegenwärtigen Wohnstätte vermissen. – Wenn Sie jedoch gar nicht in die Fremde gezogen sind und doch im Traum Sehnsucht nach einer ›Heimat‹ empfinden, dann könnte das Ihren Wunsch nach Schutz und das Gefühl einer seelischen Entwurzelung ausdrücken.

Helm Durch den Helm wird der Kopf des Soldaten geschützt. Soldaten tauchen dort in Ihren Träumen auf, wo innere Gefühle und Triebe gegeneinander kämpfen. Der Traum-Helm signalisiert deshalb kämpferische Gedanken, die Ihnen aber auch einen gewissen Schutz verleihen.
s. Soldaten

Herbst Wenn Sie den Traum-Herbst als Jahreszeit der Erfüllung, der Reife und der Ernte erleben, dann kann man hier von einem sehr positiven Traum sprechen. – Träume vom Herbst treten häufig aber ab der Lebensmitte auf, wobei Sie dem Träumer mitteilen, daß auch für ihn die Zeit des Älterwerdens gekommen ist; daß vielleicht ein Nachlassen der Liebesfähigkeit und der körperlichen Kraft mit diesem Eintritt in eine reifere Lebensphase verbunden ist.
s. Ernte

Herd Der Herd steht in der Küche, wo für Ihr Wohlergehen gesorgt wird. Er stellt den Ort des gezähmten Feuers dar. Hier werden Speisen hergestellt: Seelenspeisen. Gemeinsam mit einer handfest werkenden Köchin verkörpert

er die heiße Grundmacht des Daseins und spart auch nicht mit Symbolen der Sexualität: Im Umkreis des Herdes finden sich meist Pfannen und Töpfe, Mörser und Stößel. – Auf den menschlichen Körper bezogen, korrespondieren der Herd und die Küche mit dem mittleren Darmtrakt.
s. Küche
s. Köchin

Herz/Herzkrank Wenn Sie träumen, Ihr Herz sei krank, dann müssen Sie um dieses Organ nicht fürchten. Denn wenn Ihr Traum mitteilt, daß Ihnen das Herz ›weh tut‹, haben Sie keine körperlichen Schmerzen, sondern Liebeskummer. Auch andere Redensarten schlagen sich im Traumerleben nieder. Da kann einem das Herz ›wie ein Stein‹ in der Brust liegen. Es kann einem ›gebrochen‹ oder ›gestohlen‹ werden. In fast allen Fällen haben diese Träume mit Ihrem Liebesleben zu tun.

Hexe Als ›alte Hexe‹ oder ›böse Alte‹ verkörpert diese Figur das Böse schlechthin; das uralte Böse, das in jedes Menschen Seele zumindest einen winzigen Winkel bewohnt. – Manchmal ist mit der Traum-Hexe auch das Bild einer negativ gesehenen Mutter, einer tyrannischen und besitzergreifenden Frauensperson, gemeint. – In Männerträumen kann die Hexe sexuell gedeutet werden. Sie verkörpert die böse Sexualität, vor der der Träumer sich fürchtet.
s. Alte Frau

Himmel/Himmelsrichtung Welche Bedeutung die Himmelsrichtungen haben, hängt davon ab, wo der Träumer lebt. In unseren Breiten wird er den Süden mit Sonne und Wärme gleichsetzen, den Norden mit Kälte und Dunkelheit verbinden. Die Betrachtung eines blauen Himmels im Traum stellt oft einen Trost für Lebensunsicherheit und Kummer in der Wirklichkeit dar. – Ein bewölkter Himmel kündigt Unbeständigkeit an, ein roter Himmel Aggression.

Hinken Das Erlebnis des Hinkens im Traum bedeutet, daß Sie auf Ihrem Lebensweg nur mühsam vorankommen. Vielleicht haben sich Unternehmungen verzögert, vielleicht gehen Ihre Geschäfte zurück. Vor allem aber drückt das Holzbein, die Krücke und der hinkende Gang eine seelische Behinderung aus und macht dem Träumer klar, daß er in einer bestimmten Situation hilflos und unbeweglich ist.
s. Fuß
s. Bein

Hinrichtung In Ihrem Traum werden Sie von einer Hinrichtung bedroht. Sie empfinden Angst. Mit Recht. Denn dieser Traum ist wirklich ein Alarmsignal. Ein falscher Lebensweg bedroht Ihre Seele tödlich. Zum Tod verurteilt ist Ihre Lebenseinstellung oder zumindest ein zu Ende gehender Lebensabschnitt. Sie selbst sind Henker und Opfer zugleich, und Ihr Traum teilt Ihnen mit, daß es Zeit ist für eine innere Wandlung und Erneuerung.
s. Enthauptung

Hintertür Wenn Sie im Traum durch einen Hinterausgang entweichen, dann haben Sie sich bei einer Unternehmung tatsächlich eine ›Hintertür‹ offengelassen. Es kann aber auch sein, daß Sie sich durch diese unbeachtete Öffnung Einlaß verschaffen wollen – möglicherweise in das Herz eines Menschen.

Hirsch Kraftvoll und scheu zugleich lebt der Hirsch im dunklen Wald Ihres Un- und Halbbewußten. In diesem Sinn stellt er ein deutliches Sexualsymbol dar.
s. Tiere
s. Wald

Höhle Wird die Traum-Höhle angenehm erlebt, bedeutet sie das ›Mütterliche‹, die vorgeburtliche Geborgenheit in der weiblichen Gebärmutter. In diesem Zusammenhang ist die geträumte Höhle auch als Stätte einer inneren Wiedergeburt zu verstehen, als dunkler Raum, in dem Neues ausgetragen wird.

Hotel/Hoteldirektor Auf Ihrer Lebensreise machen Sie Station in einem unpersönlichen, allgemeinen Raum. Sie kennen das Hotel nicht. Sie haben keine besonderen Vergünstigungen zu erwarten. Sie bekommen nur, was Ihnen als ›Gast‹ zusteht, und müssen für alles bezahlen. Die gültige Währung, in der Sie Dienstleistungen abgelten, ist Lebensenergie. Das Hotel kann in einer dunklen Gasse einer unbekannten Stadt liegen: Sie fühlen sich nicht wohl in Ihrem augenblicklichen Zustand, haben aber gleichzeitig Angst, diesen Bereich zu verlassen. – Die anderen Gäste, denen Sie hier begegnen, sind Schatten Ihres Ichs. Versuchen Sie, diese Figuren zu erkennen oder näher zu definieren. Sie könnten Sie darauf hinweisen, daß etwas in Ihnen auf Reisen ist. – Erinnern Sie sich an den Namen des Hotels? Oft werden Gaststätten mit Tiernamen bezeichnet. Daraus lassen sich weitere Aufschlüsse gewinnen. – Der Hoteldirektor verkörpert jene übergeordnete Instanz, die das Unbewußte beaufsichtigt. Er trägt die Verantwortung für Ihr Wohlergehen.
s. Reise

Hüfte/Lende Die Körperzone, die zwischen Herz und Geschlecht liegt, symbolisiert im Traum die Verbindung von Gefühl und Geschlechtstrieb. Fühlen Sie sich an der Hüfte verletzt oder schwach, so deutet das auf eine unerfüllte oder unerfüllbare Liebe hin. In Frauenträumen läßt dies darüber hinaus auf einen Kinderwunsch schließen.
s. Körper

Huhn/Henne Dieses Tier ist der Inbegriff einer extravertierten, geistarmen Kollektivität. Wenn Sie im Traum durcheinanderlaufende Hühner sehen, so drücken diese verwirrte, törichte Gedanken aus. Gackern die Hühner, dann teilt

Ihnen Ihr Unterbewußtsein mit, daß Sie dazu neigen, Kleinigkeiten zu wichtig zu nehmen.

Hund Von allen Tieren steht der Hund dem Menschen am nächsten. Er wird auch in Träumen als ›Bruder-Tier‹ empfunden. In ihm begegnet dem Menschen seine tierhafte Triebkomponente grundsätzlich als Freund. Die genaue Bedeutung hängt jedoch davon ab, wie sich der Traum-Hund verhalten hat und wie Sie ihn behandelt haben. Lag er an der Leine? Wurde er geführt? Von wem? War er groß oder klein? Welche Farbe hatte er? – Hat der Hund Sie gehorsam begleitet? Dann haben Sie eine günstige Beziehung zu den Kräften Ihres Unbewußten. – Erschien das Tier vernachlässigt oder gequält? Sie unterdrücken Ihr Tierleben so sehr, daß es ›bissig‹ und zu Ihrem Feind werden kann. – Der Hund kam schmeichelnd, bettelnd, bittend zu Ihnen? Ihr Triebleben heischt um größere Aufmerksamkeit. – Der Hund ist friedlich und freundlich? Sie leben instinktsicher und harmonisch mit Trieb und Eros. – In manchen Träumen tritt ein Hund als Retter auf. Vielleicht rettet Ihr instinktives Unterbewußtsein die Gesundheit Ihrer Persönlichkeit.

In den seltenen Großträumen schwerkranker Menschen hat der Hund noch eine weitere Bedeutung, die schwerer wiegt: Er tritt als Zerberus auf, als jenes Tier der antiken Sagenwelt, das den Übergang über den Fluß des Todes bewacht und in dieser Eigenschaft zwischen Bewußtheit und Unbewußtheit angesiedelt ist.
s. Tiere

Hunger Wenn Sie mit sattem Magen träumen, daß Sie hungrig sind, dann ist es Lebensspeise, Lebensenergie, die Ihnen vorenthalten wird. Haben Sie Hunger am gedeckten Tisch und vor vollen Schüsseln, dann sind es Ihre inneren Hemmungen, die Sie daran hindern, vom Tisch des Lebens zu speisen.
s. Essen
s. Speise

Hut/Haube Die Kopfbedeckung schützt den Kopf und ziert ihn gleichzeitig. Der Traum vereinfacht den Sachverhalt: Was einer auf dem Kopf trägt, das hat er auch im Kopf. Wenn Sie also mit einem Blumenhut geschmückt sind, stellen Sie Ihre ›blumigen‹ Gefühle zur Schau. Der wehrhafte Helm hingegen signalisiert Kämpferisches. – Eine Frau, die eine Haube aufsetzt, will vielleicht ›unter die Haube‹ kommen. – Die Mütze hat manchmal einen sozialen Bezug. – Im entsprechenden Zusammenhang kann es sich bei einem Hut-Traum auch um einen Sexualtraum handeln, in dem der Männerhut symbolisch für ein Instrument der Empfängnisverhütung steht.
s. Helm

Inseln Das Stück Land im weiten Meer ist Ihr Ich. Sie sind umspült von Wasser, vom Element des Lebens. Als seelisches Zentrum thront auf dem Eiland vielleicht eine Burg, ein Turm. Dort wird Ihnen Ruhe und Sicherheit zuteil. Gleichzeitig droht jedoch auch Einsamkeit, Abkapselung und Isolation. Aus dem Traumzusammenhang muß sich deshalb ergeben, ob Sie zur persönlichen Festigung auf Ihrer Traum-Insel gelandet sind oder ob seelische Fluchtideen Sie dorthin verschlagen haben. – Wird die Insel von Stürmen heimgesucht? Dann muß Ihr seelischer Mittelpunkt Anfechtungen bestehen, die aus der Außenwelt kommen. – Dringen kämpferische Piraten auf die Insel ein? Aus den Triebbereichen sind Störungen zu erwarten. – Oder haben Sie Ihre Traum-Insel mit ungewissem Ziel verlassen? Dann haben Sie offenbar keine genauen Vorstellungen, wie es mit Ihnen und Ihrem Leben in der nächsten Zeit weitergehen soll.
s. Wasser
s. Burg
s. Reise

Inzest Der Traum kennt keine Tabus und deshalb auch keine Inzestbarriere. Meist ist es auch nicht der unterdrückte Wunsch, mit Verwandten sexuell zu verkehren, der hinter diesen Träumen steht. Als prominentestes Beispiel für die Deutungsmöglichkeiten solcher Träume sei hier Cäsars Traum zitiert: Bevor er einen entscheidenden Angriff auf seine Geburtsstadt Rom unternahm, träumte er, er habe mit seiner Mutter geschlafen.

Jugend/Jugendzeit In Ihrem Traum sind Sie in die Landschaft Ihrer Jugend zurückgekehrt, Sie haben das Haus Ihrer Kindheit wieder betreten. Das kann heißen, daß sich zumindest ein Teil Ihrer Seele in einer Situation befindet, die entweder bis in die Jugend zurückreicht oder sich durch die Erinnerungsbilder am besten ausdrückt. So können Sie die geträumte Jugend, je nach dem weiteren Zusammenhang, sowohl positiv wie negativ erleben. Vielleicht hat Ihre Seele Sehnsucht nach jugendlicher Unbeschwertheit? Vielleicht haben Sie einen Teil Ihres Wesens im ›Jugendland‹ liegengelassen und versuchen ihn nun zu holen? Vielleicht kommen Sie in Ihrer gegenwärtigen Lebensphase nicht so gut voran. Nun gehen Sie lieber dorthin zurück, wo Ihr Weg seinen Anfang nahm. – Sehen Sie in Ihrem ›Jugendland‹ Leute, deren Bekanntschaft Sie erst kürzlich gemacht haben, dann bedeutet das, daß Sie diese Menschen in ihren inneren Bereich aufgenommen haben und daß Sie Vergangenheit mit Gegenwart verknüpfen wollen. – Wenn Sie sich selbst wieder als Kind in der Umgebung Ihrer Jugend sehen, dann könnte etwas Kindisches, Unerwachsenes in Ihnen sein, das in die Verantwortungslosigkeit ›nach Hause‹ flüchtet. Bei karrierebewußten Leistungsmenschen kann dieses Traumerlebnis als Kompensation auftreten. Die Überbewertung des Berufs hat einer Seite Ihres Wesens die Weiterentwicklung verwehrt. Daraus entsteht eine Spannung zwischen dem gerissenen Geschäftsmann und dem ›Kind‹ in seiner Seele. Der Traum verdeutlicht diesen Zustand.
s. Eltern
s. Kind

Jungfrau Im Traum des Mannes ist die Jungfrau eine Anima, eine Seelengestalt, eventuell auch eine Mutterfigur. Sie könnte auch eine zu starke Mutterbindung andeuten, die den Mann daran hindert, das allgemein ›Weibliche‹, die reife Fraulichkeit anzunehmen. – Wenn Frauen von einer Jungfrau träumen, dann steht wohl die Sehnsucht nach unberührter Reinheit dahinter. Vielleicht aber auch die unbewußte Angst vor dem Mann, Abneigung gegen die körperliche Liebe, übertriebene Vatergebundenheit und Aggression gegen den Mann im allgemeinen.

Käfer Hier sind Seelenteilchen auf Sonderfahrt! Kribbelnde, wimmelnde Tierchen des Unbewußten signalisieren nervöse Erregungen oder – wenn Sie besonders häufig und in Massen erscheinen – eine empfindliche Störung des Nervensystems. – Käfer nagen an den Gefühlspflanzen oder an deren Wurzeln. Sie bringen sie zum Welken oder lassen die Blätter verdorren. – Freundliche Ausnahmen bilden Träume von Maikäfern oder von Rosenkäfern, die an harmlose Liebelei denken lassen. – Der ägyptische Skarabäus, unserem Mistkäfer verwandt, ist ebenfalls positiv besetzt: Wegen der Kugeln, die er formt, gilt er als Symbol der Ganzheit und Unsterblichkeit. – Es könnte aber möglich sein, daß Sie von einem ›Herzkäfer‹ träumen, einem niedlichen Tierchen, das es in der Zoologie gar nicht gibt. Dann ist es klar, daß Sie eine Liebelei im Sinn haben, deren Verlauf Sie an der Traumhandlung ablesen können.
s. Insekten

Kamerad In Frauenträumen handelt es sich hier um einen ›Animus‹, eine männliche Wunschvorstellung, vielleicht auch um die Sehnsucht nach einem väterlichen Freund ohne sexuelle Motivation. Manchmal ist eine Liebesenttäuschung oder eine schlechte Ehe der Ausgangspunkt für solche Träume. – Bei Männern ist der unbekannte Traum-Kamerad eine zweite Dimension ihres eigenen Ichs, aber

auch ein Ausdruck für die Sehnsucht nach Freundschaft und Verständnis.
s. Freund

Kapitän Er ist der Lenker Ihres Lebensschiffes, der weiß, wohin die Fahrt geht. Er bestimmt, wohin Sie steuern. Er sagt Ihnen, wo Ihr innerstes Schicksal Sie hinführen soll. Dieser innerste Führer sind Sie selbst: Ihre schlummernde Seelenkraft, die über Ihrer Seelenreise wacht. – Kann es sein, daß Ihr innerer ›Kapitän‹ die Orientierung verloren hat? Daß er das Ziel der Schiffahrt aus den Augen verliert?

Kartoffel Diese Feldfrucht verkörpert den Kreislauf des Wachsens, Reifens, Vergehens und symbolisiert so die Vergänglichkeit schlechthin. Auch die Tatsache, daß die eßbaren Teile der Pflanze unter der Erde liegen, bleibt im Traum nicht ohne Bedeutung: Die Kartoffel reift in jenen Regionen, die man normalerweise nicht sieht. Das macht sie zum Sexualsymbol, womit sie sich wieder in Gesellschaft der meisten Gemüsesorten befindet, die ähnliche Bedeutung haben.
s. Gemüse

Kastration Nur in zweiter Linie geht es hier um reale Ängste vor dem Verlust der männlichen Geschlechtskraft. Bei jungen Männern weist der Kastrationstraum in erster Linie auf eine allzu introvertierte Lebensführung und auf seelische Isolation hin. – Reiferen Männern teilt ein solcher Trauminhalt mit, daß sie weniger Gewicht auf die animalische Natuwelt ihrer Seele legen und sich etwas mehr geistigen Werten zuwenden sollten.

Katze Mehr als jedes andere Tier wird die Katze mit dem weiblichen Verhalten assoziiert. Wenn eine Frau von Katzen träumt, dann wird ihr das typisch Weibliche in ihrer Seele bewußt. Die Traum-Katze signalisiert Unbeeinflußbarkeit, aber manchmal auch Wankelmut und mangelnde

Treue. Denn die Katze ist dem Haus verbunden, nicht jedoch den Menschen, die es bewohnen. Unberechenbar und launenhaft, ist die Katze aber auch ein beliebtes Streicheltier, das schmeichelt, schnurrt, Zärtlichkeit gibt und fordert. – Das Töten einer Katze im Traum könnte bedeuten, daß man die Triebnatur des eigenen Ichs ausschalten will. Da nur das harmonische Zusammenwirken von Geistigem und Triebhaftem eine ausgeglichene Persönlichkeit bewirkt, sollte man der Katze in sich besser nicht nach dem Leben trachten.
s. Tiere

Kaufmann Dieser Händler Ihres Innenlebens verwaltet Ihre Werte, Ihre Energien, Reserven, Ihr Kapital. Ist er fleißig und geschäftstüchtig? Droht ihm der Konkurs? Bedient er Sie aus einem reich sortierten Lager? Oder versucht er, Sie zu betrügen? Wie immer er sich verhält, Sie sind es selbst!

Keller Da das Traum-Haus den menschlichen Körper symbolisiert, stellt der geträumte Keller die unteren Teile dieses Körpers dar, aber auch den tiefsten Raum des Unbewußten, wo alte, verstaubte Seeleninhalte ruhen, die selten benötigt werden. Der Keller ist dunkel und schützt Sie, wenn Sie bedroht sind. Wenn sich in Ihrem Traum-Keller jedoch ein Dieb oder Verbrecher versteckt, sind das Ihre eigenen Seelenteile, die Unerlaubtes wünschen oder planen. Auch Mäuse, Ratten und anderes Kleingetier sind ähnlich, allerdings harmloser, zu deuten. – Der Keller ist auch ein Ort des Reichtums, der Reserven. Dort lagert der Wein. Dort werden Nahrungsmittel aufbewahrt. Vieles ist noch nicht ausgepackt, steht also noch nicht voll zur Verfügung. Auf jeden Fall sind es die Vorräte der Seele, die dort auf ihren Einsatz warten.
s. Haus

Kind Das eigene Kind in Elternträumen stellt meist ein Abbild der realen Situation dar. Der Traum bietet oft einen

Hinweis auf Schwierigkeiten mit einem Kind, manchmal noch bevor den Eltern das Problem bewußt ist. – Träumt man sich selbst als Kind, so ist das ›innere‹ Kind gemeint, das man selbst einmal war, das man zum Teil immer noch ist oder das man gerne sein möchte. – Wenn Ihnen aber im Traum ein unbekanntes Kind begegnet, so verkörpert es das Neue, das in Ihrer Seele aufbricht: Vielleicht eine Idee, die sich unter Schmerzen Raum schafft in Ihrem Inneren. – Gelegentlich tritt das Traum-Kind als Führer auf unbekannten Wegen in Erscheinung. Es ist klein und hilflos, gleichzeitig aber wissend und überlegen. Dieser Traum könnte eine leidvolle Konfliktsituation im Träumer andeuten. – Begegnet Ihnen ein leidendes, verlassenes Kind, dann ist der zukunftweisende Teil Ihrer Seele in Gefahr. – Ein totes Kind gilt als alarmierend: die schöpferische, heilende Kraft Ihrer Seele ist gefährdet. Manchmal erwacht das totgeglaubte Kind wieder zum Leben: Hoffnung tut sich auf! – Ein Kind wird verstoßen und im Wald ausgesetzt? Es steht für Pläne und Möglichkeiten, die nicht ›leben‹ sollten. Möglicherweise wird es von Tieren aufgezogen.

Kirche/Kapelle Reale Kirchen, die Sie in Ihrem Leben gesehen oder besucht haben, können im Traum jederzeit wiederauftauchen. Gleichgültig, ob es sich um einen ausladenden Dom oder ein bescheidenes Bergkirchlein handelt, es ist eine Stätte der Stille, der Besinnung gemeint. Die Kirche umschließt Ihren gesamten Lebensinhalt, nicht nur den religiösen. In diesem Sinn träumen auch Menschen, die keineswegs religiös sind, manchmal von einer Kirche. – Der Weg in die Kirche Ihres Traumes ist versperrt? Eine Lösung Ihrer Konflikte ist derzeit nicht möglich, jedenfalls nicht allein durch Andacht und Selbstbesinnung. – Der dunkle, geschlossene Raum einer Höhlenkirche symbolisiert in seiner Grottenähnlichkeit eine Stätte innerer Wiedergeburt. – Das ziemlich seltene Traumerlebnis einer Teufelskirche zeigt an, daß Triebhaftes oder gar Böses freigesetzt wird.

Kirsche In ihrer Süße gilt die Kirsche als Liebesfrucht, obwohl sie stärker als etwa der Apfel auch mit Gefühlselementen besetzt ist. Schwarze Kirschen tragen überdies das Sinnbild einer dunklen Leidenschaft in sich. – Ein blühender Kirschbaum hingegen weist in gefühlsbetonte und geistige Bereiche.
s. Früchte

Klavier Wenn Ihre Seele auf einem Klavier musiziert, dann benützt sie eine genau festgelegte Tastenfolge, eine konventionelle Gefühlsskala. Hat eine Taste versagt? Welcher Ton war es? Vielleicht korrespondiert der Buchstabe des Tons mit dem Anfangsbuchstaben eines Ihnen geläufigen Namens? – Sie spielten, doch das Instrument blieb stumm? Vielleicht sind Sie nicht fähig, Ihren Gefühlen angemessenen Ausdruck zu verleihen.

Kleid Das Kleid, das Sie im Traum tragen, symbolisiert Ihr Benehmen, Ihr äußeres Gehabe. Sie träumen, unpassend gekleidet zu sein? Vielleicht bewegen Sie sich in einer Gesellschaftsschicht, die nicht grundsätzlich die Ihnen angemessene ist. – Sie tragen ein jugendliches Kleid, das Ihnen zu klein oder zu kurz ist? Etwas Kindisches, Unreifes steckt in Ihnen und drängt sich zur unpassenden Zeit in den Vordergrund. – Sie finden sich in einem alten Kleid wieder, das Sie in Wirklichkeit längst nicht mehr besitzen? Etwas, das damals geschah, lebt immer noch in Ihnen. – Ihr Kleid ist schmutzig? Der Traum ruft Ihnen vor Augen, daß Sie sich in einer bestimmten Sache unfein verhalten oder ein ›schmutziges‹ Geschäft gemacht haben. – Sehr häufig träumt man, nur notdürftig oder gar nicht bekleidet zu sein. Das könnte bedeuten, daß man sich Blößen gegeben hat.

Klettern Wenn sie im Traum nur mühsam vorwärts kommen, dann haben Sie sicher auch im Leben Probleme beim Aufstieg. Es wäre möglich, daß Sie sich zu viel vorgenommen haben oder daß unterwegs Hindernisse auftauchen,

mit denen Sie ursprünglich nicht gerechnet hatten. In welcher Landschaft fand die Klettertour Ihres Traumes statt? In trostloser Felswüste oder auf einem begrünten Hügel? Sahen Sie das Ziel vor sich? Gerieten Sie in Absturzgefahr? Alle diese Einzelheiten lassen sich auf Ihre gegenwärtige Lebenssituation übertragen.
s. Absturz
s. Berg

Köchin Sie ist die Beherrscherin der Traum-Küche, die wiederum die Körpermitte des Träumers symbolisiert. Wenn die Köchin den Träumer mit seinen Lieblingsspeisen verwöhnt, geht es ihm gut. Das Nährende, Mütterliche in ihm hat seinen richtigen Stellenwert.
s. Küche

Koffer/Gepäck Was Sie hier mit sich schleppen, ist der Ballast Ihres Lebens. Oft führt man unnütze Dinge auf dem Lebensweg mit sich. Aber nicht alles, was auf den ersten Blick überflüssig aussieht, ist es auch. Die Traum-Koffer sind die erweiterte Persönlichkeit des Träumers, in denen er Kraft, Fähigkeiten, Lebensinhalte und Pläne transportiert. Deshalb ist es zur Deutung wichtig, daß man untersucht, was mit dem Gepäck geschah. Schlecht wäre es, einen Koffer zu verlieren, da er doch enthält, was zu einem gehört: die Reserve für die nächsten Lebensschritte.
s. Gepäck

Kommunion Gemeinsam mit anderen Menschen nahmen Sie in diesem Traum ›heilige Speise‹ zu sich. Sie wurden mit wertvollster Seelennahrung versorgt und sind nun gestärkt für die möglicherweise hochgesteckten Ansprüche des realen Lebens. Mancher Träumer holt sich aus diesem positiv zu bewertenden Erlebnis die Kraft für besondere Lebensleistung.
s. Essen
s. Speise

Konditorei Wo Süßigkeiten aufgetischt werden, geht es um Gefühlserlebnisse. Gingen sie gerne in die Traum-Konditorei? Wollten Sie Torte essen? Oder wurden Sie gezwungen? Erhielten Sie Ihre Lieblingsspeise? Oder hat es Ihnen nicht geschmeckt? So werden manchmal Tatsachen des Lebens in süßer Verpackung angeboten, die man schließlich nur schwer ›verdauen‹ kann. Nicht jedes Gefühl, dem Sie spontan nachgeben, bekommt Ihnen auch. – Sehr häufige Träume von Süßigkeiten mit entsprechenden Geschmacksempfindungen können aber auch auf eine Magenerkrankung hinweisen.
s. Süßigkeiten
s. Kuchen

König Der Traum-König ist höchste Autorität, die oberste Führungskraft Ihres Innenlebens. Im weiteren Sinn symbolisiert er auch eine stilisierte Vaterfigur, die vielleicht darauf drängt, eine problematische Vaterbeziehung seelisch zu verarbeiten.
s. Vater
s. Diktator
s. General
s. Chef

Konzert/Orchester Wenn die Seele musiziert, dann sind Geschehnisse in einem Gefühlsbezirk gemeint. Diese Träume sind fast ausschließlich positiv zu deuten, besonders dann, wenn Sie selbst mitspielen. Dann nämlich wird Ihr Ich aktiv in die allgemeine Gefühlsharmonie einbezogen. Um genauere Hinweise zu erhalten, sollten Sie sich erinnern, wer mitspielte, wo das Konzert stattfand, und welche Musikstücke auf dem Programm standen.
s. Dirigent
s. Blasinstrumente
s. Streichinstrumente
s. Klavier
s. Musik

Kopf Im Kopf sitzen auch im Traum die Gedanken. Vielleicht wird Ihr Kopf verletzt? Dann sind Ihre Pläne und Gedanken in Gefahr. Kopflosigkeit im Traum ist ein Symbol der Umgeburt und ein Signal dafür, daß manche Gedanken für eine Weile oder überhaupt zu verschwinden haben.
s. Körper
s. Enthauptung

Korn/Kornfeld Dieses Traumbild symbolisiert Fruchtbarkeit. Das geerntete Korn wird zu Brot verarbeitet. Da es keine negativen Brot-Träume gibt, wird auch das Korn in allen seinen Erscheinungsformen stets positiv gedeutet. Das grünende Feld steht für Hoffnung. Das wogende Ährenmeer spricht von Reichtum und Üppigkeit.
s. Brot
s. Ernte

Körper Der Traum-Körper stellt die Seele dar. Also sind geträumte körperliche Unzulänglichkeiten Mängel an der Seele. So wie Sie Ihren Körper im Traum empfinden oder sehen, so sind Sie: groß oder klein, schön oder häßlich, makellos oder schmutzig. Der geträumte Verlust einzelner Körperteile läßt sich fast bruchlos auf die verschiedenen Funktionen übertragen. Sie schauen sich an und haben kein Gesicht: Der Traum wirft Ihnen mangelnde Persönlichkeit vor. – Der Unterleib wird gefühllos und schattenhaft erlebt: Die Leiblichkeit des Träumers hat sich noch nicht voll verwirklicht. – Die Füße und Beine befördern Sie auf Ihrem Lebensweg vorwärts. Die Hände und Arme befähigen Sie zum aktiven Handeln.
s. Kopf
s. Fuß
s. Arm
s. Amputation

Krankenschwester In Männerträumen ist diese Gestalt eine Erscheinung der ›Anima‹, des allgemein Weiblichen.

Als Mutter, Frau, Magd, Dienerin tritt die Traum-Krankenschwester an das Bett des Patienten: Das Weibliche bringt ihm Genesung, er hat Sehnsucht nach einer Frau. – In Frauenträumen handelt es sich eher um die innere ›Schwester‹, um eine Verdoppelung des eigenen Ichs.
s. Krankheit
s. Arzt
s. Spital

Krankheit/Krank Auch wenn Sie andere Leute im Traum krank sehen, ist das nichts anderes als eine Projektion Ihrer eigenen inneren Defekte. Sehen Sie sich jedoch selbst, dann ist es ganz deutlich, daß Ihre Seele krank ist. Die Zahl der Mitpatienten meldet die Zahl Ihrer ›Leiden‹ an das Bewußtsein. Traum-Krankheiten sind wichtig für die seelische Heilung, weil sie innere Kräfte aufrufen und Mängel bewußtmachen können. Falls im Traum ein bestimmter Körperteil erkrankt ist, müssen Sie sich nur dessen Funktion ins Gedächtnis rufen, dann können Sie daraus auf die Art Ihres Leidens schließen.
s. Spital
s. Körper
s. Arzt

Krebs Auf die Krankheit dieses Namens bezieht sich ein solcher Traum höchst selten. Meist ist jenes Tier gemeint, das sich nach rückwärts bewegt. Damit kündigt der Traum dem Träumer an, daß er dabei ist, auf seinem Lebensweg zurückzuschreiten. Vielleicht steht dahinter auch eine Angst vor der ungewissen Zukunft. Als Symbol der Rückwendung kommt der Krebs oft bei Träumern vor, die sich in der Mitte des Lebens befinden.

Kreis/Scheibe Von einer endlosen Linie umschlossen, ist der Kreis die perfekte geometrische Figur. Sie symbolisiert die Konzentration auf den innersten Bezirk, umschließt Zusammengehöriges. Es ist seelische Energie, die durch die

Kreislinie zusammengehalten wird. Deshalb ist jeder Traum, der Sie in einen kreisförmigen Raum führt, sehr günstig. – Rund ist die Zirkusarena, in der Sie die Triebtiere bändigen. – Rund ist vielleicht ein Becken, in dem Sie ein reinigendes Bad nehmen. – Rund ist auch der Stundenkreis der Uhr, auf der Sie ablesen, wie spät es in Ihrem Leben ist. – Wird Ihnen eine Scheibe gereicht, gleichgültig, ob aus Brot, Gold oder einem anderen Stoff, dann haben Sie das Symbol der Vollkommenheit in Händen.
s. Bad
s. Zimmer
s. Arena

Kreuz Die vier Arme des Kreuzes machen es zu einem Zeichen der Orientierung und der Raumteilung. Wo im Traum ein Kreuz erscheint, wird Ordnung angestrebt. – Nach der christlichen Glaubenslehre hingegen gilt das Kreuz als Instrument der Folter und des Todes, das durch die Auferstehung Christi umgemünzt wurde zum Lebensbaum. In diesem Sinn kann es auch im Traum als Ort der Leiden und der Erlösung stehen, als Werkzeug des Opfertodes, durch das der Tod überwunden wird.

Kreuzweg/Kreuzung Von dieser Stelle aus können Sie Ihrem Lebensweg eine neue Richtung geben. Wohin wenden Sie sich? Nach links, wo die Gefühle und das Unbewußte liegen? Oder nach rechts, auf die Seite des Verstandes? Oder zögern Sie lange, weil Ihnen die Entscheidung zu schwerfällt?

Krieg Wenn in Ihrem Traumleben ein Krieg ausbricht, dann haben die Triebkräfte in Ihnen keinen ausreichenden Raum und werden zur Gefahr. Zwei verschiedene Einstellungen in Ihnen sind in Konflikt geraten und tragen in Ihrer Seele einen Kampf aus. – Sie kämpfen in diesem Traum-Krieg selbst mit? Das bedeutet, daß Sie selbst aktiv an der Konfliktbewältigung arbeiten. – Sie unterstützen eine

kämpfende Partei? Sie haben unbewußt die schwierige Entscheidung schon getroffen und können ein Ende des Krieges absehen. – Wurden Sie bei den Kampfhandlungen im Traum verletzt, dann sind es seelische Wunden, die Ihnen zugefügt wurden.
s. Waffen
s. Verletzung

Kröte Ungeachtet der Tatsache, daß die meisten Menschen Kröten mit Ekel betrachten, sind sie im Traum oft ein positives Symbol. Durch Farbe und Gestalt wirkt die Kröte erdverbunden und ›schwer‹ und verkörpert so das allgemein Mütterliche. In manchen Mythologien wurde die uralte ›Erdmutter‹ in Krötenform dargestellt.
s. Frosch

Krücke Sie benützten im Traum eine Krücke? Vermutlich drückt sich hier ein Gefühl der Unsicherheit, Hilfsbedürftigkeit aus. Sie kommen auf Ihrem Lebensweg ohne Hilfe nicht voran, und jede Unterstützung ist Ihnen willkommen. – Oder haben Sie die Krücke im Traum zerschlagen? Dann sind Sie dabei, Ihre eigenen Kräfte wieder voll zu mobilisieren und wollen sich nicht weiter auf fremde Hilfe verlassen.
s. Hinken

Küche Im Haus Ihres Körpers symbolisiert die Küche die Leibesmitte. In ihr wird Nahrung zubereitet und genießbar gemacht. Rohes wird umgewandelt in Bekömmliches. Wie der Traum-Keller ist auch die Küche durchzogen von Jugenderinnerungen, deutlich markiert als Ort weiblicher Herrschaft, in dem eine Köchin verschiedenste Bestandteile zu etwas Nahrhaftem umwandelt, das Sie sich einverleiben. Hier findet ein fast alchimistischer Wandlungsprozeß statt, der einen Wandlungsvorgang in der Seele des Träumers ankündigt. – In Männerträumen könnte hinter dem Küchensymbol der Wunsch stehen, mehr von der primitiven Lebensspeise des rein Sexuellen zu erlangen. Denn die

Küche ist auch der Ort vieler Gerätschaften, die sich direkt auf sexuelle Vorstellungen beziehen.
s. Haus
s. Keller
s. Köchin

Kuchen/Torte Wie alles Süße sind auch diese Traumbegriffe mit Gefühlen in Zusammenhang zu bringen. Wenn Sie sich daran erinnern, was mit dem Kuchen in Ihrem Traum geschah, erklärt sich manches. Haben Sie ihn bekommen? Oder jemandem gegeben? Haben Sie ihn für jemanden gebacken? Wie wurde er angenommen? Oder mußten Sie ihn allein aufessen? Dann konnten Sie Ihre Gefühle mit niemandem teilen.
s. Süßigkeiten
s. Konditorei

Kugel Die Kugel in ihrer vollkommenen Form gilt stets als positives Symbol. Sie verkörpert mit perfekter Rundheit das seelische Zentrum, den tiefsten, innersten Kern der Persönlichkeit. Wenn Ihre Traum-Kugel gar aus Gold ist, stellt sie eine strahlende Nachbildung der Sonne dar und ist damit Inbegriff einer kraftvollen, hellen Seele.
s. Kreis
s. Sonne

Kuh Geduld, Ausdauer, Wärme und Anspruchslosigkeit der Kuh sind Eigenschaften, die sie zum Inbegriff des ›Mütterlichen‹ machen. Die Milch, die sie dem Träumer gibt, nährt seine Seelenkräfte. In Frauenträumen kann die Kuh der Träumerin mitteilen, daß zu wenig weibliche Natur in ihr ist. – Wie wurde die Kuh Ihres Traumes gefüttert? Fraß sie Gras und Heu? Dann stehen Sie im Einklang mit dem mütterlichen Triebleben in sich selbst. Oder erhielt das Tier Zeitungen als Futter? Sie glauben vielleicht, mangelnde Wärme durch Verstand und Bildung ersetzen zu können.
s. Tiere.

Kuß Obwohl Sie auch mit dem Traum-Kuß die Absicht haben, eine enge Verbindung zu einem anderen Menschen herzustellen, handelt es sich nicht um ein sexuelles Motiv. Der Mund ist ja auch das Organ der Sprache. Deshalb geht es vor allem um den Wunsch nach Kommunikation.

Laden Das Geschäft, in dem Sie stehen, ist Ihr Innenleben. Was wird hier alles feilgeboten? Sind die Preise angemessen oder zu billig? Sind Sie dabei, sich unter Ihrem Wert zu verschleudern? Rufen Sie laut Ihre Waren aus? Haben Sie es wirklich nötig, sich anzupreisen? Sie gehen an einem Geschäft vorbei? Das könnte bedeuten, daß Sie eine Gelegenheit versäumt haben.

Lähmung Wenn Sie träumen, ganz oder teilweise gelähmt zu sein, dann haben Sie eine Lebensniederlage noch nicht bewältigt. Auf Ihrem Lebensweg ist Stillstand eingetreten. Sie kommen nicht so voran, wie Sie hoffen. Genaueren Aufschluß erhalten Sie, wenn Sie sich erinnern, welcher Körperteil von der Lähmung befallen war. – Oft ist der Lähmungstraum auch eine Warnung: Schwierigkeiten sind nicht dadurch zu lösen, daß man rücksichtslos über alles, was einen hält, wegschreitet.
s. Amputation
s. Körper

Lampe Geht Ihnen im Traum ein Licht auf? Vielleicht drängen Sie innere Unklarheiten, sich selbst ein Licht anzuzünden. Wenn Ihre Traum-Lampe an einem finsteren Ort plötzlich erlischt, dann veranschaulicht dieses Traumerlebnis, daß Sie nicht wissen, wie es weitergehen soll und daß Sie bei der Lösung des Problems vielleicht im dunkeln tappen.
s. Blind

Landschaft Es ist Ihre Seelenlandschaft, die Sie träumend sehen. Erstreckten sich grünende Wiesen und Felder vor

Ihnen? Dann ist Ihr gefühlvolles Innenleben reich an Trost und Hoffnung. – War die Landschaft kahl und felsig? Es herrscht seelische Trockenheit und Unfruchtbarkeit. – Oder bewegten Sie sich durch Schnee und Eis, befanden Sie sich in Gletscherregionen? Kälte und Frost lassen die Seele frieren.
s. Frühling
s. Gletscher
s. Berg

Lanze In Sigmund Freuds psychoanalytischer Deutung hat diese Waffe ausschließlich sexuelle Bedeutung. Durch ihre längliche Form und die Möglichkeit des Eindringens wird sie als Phallussymbol betrachtet. Bei jüngeren Träumern kann das zutreffen und Ausdruck für physiologische sexuelle Spannungen sein. – Wenn jedoch in den Träumen reiferer Menschen eine Lanze vorkommt, dann ist sie in Anlehnung an die christliche Heilslehre und an die mittelalterliche Gralsmythologie als Licht- und Heilssymbol zu verstehen.
s. Waffen

Last/Bürde Wenn Sie im Traum an einer Last schleppen, dann wurde Ihnen psychisch etwas zugemutet, das Sie belastet. Vielleicht empfinden Sie es selbst noch nicht als drückende Bürde. Dennoch scheint es Ihr Gleichgewicht zu bedrohen. – Sehen Sie jemand anders eine schwere Bürde tragen, dann steht Ihnen vielleicht die Erledigung einer schweren Sache bevor, für die Sie noch nicht bereit sind.
s. Gepäck
s. Koffer

Leere Im Traum deutlich erlebte Leere gilt als bemerkenswertes Energiesymbol. Hier kann es sich, vor allem in Großträumen, um jenen Raum handeln, der von der ›Gottheit‹, vom allerhöchsten Wesen, besetzt ist.

Lehrer Es muß nicht eine Erinnerung an Ihre Schultage sein, wenn Sie im Traum dem Lehrer begegnen. Er tritt als eine allgemein zu verstehende ›Vaterfigur‹ auf, die Ihnen innere Unterweisung gibt. In gesteigerter Form kann er sich auch in Gestalt einer anderen autoritären Persönlichkeit zeigen, nicht selten sogar als der ›alte Weise‹. Da der Traum-Lehrer ein innerer Teil des Träumers selbst ist, der Lebensrichtungen festlegt, Aufgaben zuteilt, Lob und Tadel ausspricht, kann man ihn nicht beschwindeln. In der Schule des Lebens gibt es keine Ausreden.
s. Aufgabe
s. Alter Mann
s. Chef

Lehrling/Schüler Unverarbeitete Restbestände aus der Jugend melden sich im Traum. Da kann es vorkommen, daß sich der Chef als Lehrling sieht oder daß aus dem Lehrer wieder ein Schüler wird, der die Aufgaben nicht gemacht hat. Was Sie in diesem Fall nicht bewältigt haben, ist Ihre Lebensaufgabe. Darum gehen Sie im Traum nochmals an die Stationen zurück, wo Sie lernten. Vielleicht gelingt es Ihnen, den damals versäumten Lernprozeß jetzt nachzuholen.
s. Aufgabe

Leiche Von einer Leiche zu träumen, ist schlimmer als der Traum von Tod und Begräbnis. Denn während letzteres den Keim zu neuem Beginn in sich trägt, ist die Leiche etwas endgültig Abgestorbenes, das der Verwesung anheimfällt. Im Traum signalisiert sie Vergangenes, das Sie nicht begraben wollen, das Sie – meist versteckt – in Ihrem Haus oder Lebensgepäck aufbewahren. Diese Leiche ist ein seelischer Infektionsherd, der Ihre Persönlichkeit vergiften kann. Oft handelt es sich dabei um eine längst vergessene Lebensniederlage, um Mißerfolge im Beruf oder in der Liebe, um einen Ehrgeiz, der nie befriedigt worden ist. Erforschen Sie Ihre Seele und versuchen Sie, sich dieser Leiche um jeden

Preis, möglicherweise auch mit Hilfe psychotherapeutischer Beratung, zu entledigen.
s. Begräbnis
s. Sterben

Leiter Die Leiter dient dem Aufstieg. Wenn Sie auf Ihrer Traum-Leiter ohne Schwierigkeiten in höhere Gefilde klettern, dann können Sie zufrieden sein. Gelegentlich aber bricht eine Sprosse unter Ihrem Tritt. Sie verlieren ›den Boden unter den Füßen‹. Das könnte Ihnen auch im wirklichen Leben passieren, wenn Sie zu hoch oder ohne entsprechende Vorbereitung aufsteigen wollen.
s. Absturz

Licht Der denkende Geist und geistige Energie wird in Träumen durch Licht angezeigt. Wo in Ihrem Traum Helligkeit herrscht, können Sie gut sehen, wie der weitere Weg verläuft. Sie können sich, im Traum wie im Leben, mühelos orientieren. Sie dürfen also jeden Traum, in dem es Licht ist, freudig registrieren. – Eine Ausnahme macht hier nur das Traumerlebnis extremer Lichtüberflutung.

Lied Lieder finden sich in Träumen selten, wenn aber doch, dann ist es meist die Melodie der Anima, die hier gesungen wird. Die allgemein weibliche Wunschfigur der Männerträume wird hörbar. Konnten Sie den Text des Liedes verstehen? Manchmal kehren Schlagertexte im Traum wieder, die ein längst vergessenes Jugenderlebnis begleitet haben, das im Unbewußten immer noch nachwirkt. Oft sind es auch nur Liedzeilen, die man erkennen kann. Die Deutung bedarf des Zusammenhangs: Wo haben Sie das Lied gehört? Wer hat es gesungen? Haben Sie vielleicht mitgesungen und dabei Übereinstimmung mit einem Ihrer Seelenteile hergestellt?
s. Konzert
s. Musik
s. Buch

Lift Hier ist rascher Aufstieg ohne eigene Anstrengung gemeint. Allerdings können Sie die Richtung des Lifts, wenn Sie den Knopf gedrückt haben, nicht mehr ändern. Er bewegt sich weitgehend unabhängig von Ihrem Einfluß, und er kann auch steckenbleiben. – Wenn der Lift ohne Behinderung nach oben fährt, haben Sie bei Ihrem Aufstieg im Leben kaum Schwierigkeiten zu erwarten. – Manchmal allerdings wird man auf einer geländerlosen Plattform befördert, auf der man sich nur mühsam festhält, und wo man vom Absturz bedroht ist.
s. Leiter
s. Absturz

Lilie Gefühle, die mit Reinheit verbunden sind, werden hier angesprochen. Die Lilie drückt vor allem Innerlichkeit aus. Ihr Erblühen zeigt die Eröffnung innerer Regungen an.
s. Blumen

Links Hier liegt die Seite des Unbewußten, des Herzens, und – speziell in Männerträumen – des Weiblichen. Wenn Sie im Traum die Wegrichtung nach links ändern, dann bewegen Sie sich auf das Gefühlsmäßige zu.
s. Rechts

Lokomotive Dieses Kraftsymbol verkörpert Ihre Leistungsenergie. Eine Lokomotive bringt Sie vorwärts und vermag vieles hinter sich herzuziehen. An der Lokomotive können Sie ablesen, welche Ansprüche Sie an sich selbst stellen und welche Aufgabe Sie sich zutrauen. Die Art und Bauweise des Schienenfahrzeugs gibt Ihnen Aufschluß über die zur Verfügung stehenden Kräfte. Haben Sie von einer mühsam schnaufenden Dampflok geträumt? Oder von einer modernen Hochleistungsmaschine? – Überwiegend in Pubertätsträumen ist die Lokomotive sexuell zu deuten. Ihre Kraftleistung symbolisiert Potenz, das Fahren in einen Tunnel zeigt ein Verschmelzungserlebnis an.
s. Bahn

Lotse Wer im schwankenden Lebensschiff unterwegs ist, kann diesen Führer durch die Fährnisse des Unbewußten brauchen. Er ist ein Teil Ihrer Seele, der Sie auf den richtigen Lebenskurs verweist.
s. Schiff

Löwe Der König der Tiere ist direkt in seiner Angriffsweise, unablenkbar und von großer Wildheit. Er symbolisiert den starken Trieb, die brutale Gewalt. Die Eigenschaften des Löwen sind auf jene Triebkomponenten übertragbar, auf die dieser Traum aufmerksam macht. Leidenschaftlichkeit der Begierde, Unbarmherzigkeit in der Vernichtung kennzeichnen die hier ausgedrückten Absichten. – Wenn der Löwe in seiner ihm zugeordneten Umgebung, der heißen Steppe unter strahlender Sonne, in Ihren Traum tritt, dann stellt er ein positives Kraftsymbol dar: Er verkörpert eine Energie, die den Durchbruch zu einer neuen triebsicheren Persönlichkeit fordert.
s. Tiere
s. Sonne

Luft Ohne Luft kann man nicht leben. Deshalb ist das Gefühl des Luftmangels im Traum, wenn die Atmungsschwierigkeiten keine organischen Ursachen haben, ein Ausdruck dafür, daß die geistige Ernährung nicht funktioniert. Denn die Luft ist das Medium des Geistes, in dem die als Vögel erscheinenden Gedanken zu Hause sind.
s. Vögel

Mädchen Das Traum-Mädchen kann Sie an die Jugend erinnern, an die Unbeschwertheit, aber auch an Verantwortungslosigkeit einer vergangenen Zeit. – Da es sich hier um eine unserer inneren Seelenfiguren handelt, ist es wesentlich, was dem Mädchen im Traum widerfährt. Wird es in den Wald gejagt und verfolgt? Das würde eine schlechte Seelenbeziehung zu Teilen des Selbst andeuten.
s. Jungfrau

Magen/Magenkrank Falls Sie vor dem Schlafengehen zuviel oder Unbekömmliches gegessen haben, dann hat dieser Traum selbstverständlich keinerlei Gleichnischarakter. – Träumt man jedoch in organisch heilem Zustand von Magenbeschwerden, dann wird vielleicht ein Schicksalsbrocken schlecht verdaut. Eine schwer akzeptierbare Tatsache des Lebens liegt Ihnen im Magen oder wird sogar erbrochen. Sehen Sie genau an, was Sie von sich geben! Was ist es, das Sie nicht schlucken oder nicht bei sich behalten wolllen?
s. Essen
s. Erbrechen

Mahlzeit Auf dem Traum-Tisch wird seelische Energie aufgetragen. Besteht sie in kräftiger, natürlicher Speise, die Ihnen mundet, dann sind die Vorzeichen günstig. Sie sind eingeladen an einen Gemeinschaftstisch. Wer sind die anderen Gäste? Beobachten Sie sie gut, denn es sind Teile Ihres eigenen Ichs, die an Ihrem Tische sitzen. Wer bedient Sie? Welche Form hat der Tisch? Was wird Ihnen angeboten? Vielleicht schmeckt es. Vielleicht aber ekeln Sie sich vor den Speisen? Dann wollen Sie etwas, das Ihnen das Leben vorsetzt, nicht zu sich nehmen.
s. Essen
s. Speise
s. Kommunion

Mann/Unbekannter In Männerträumen verkörpert der Unbekannte eine andere Seite des Mannes, eine zusätzliche Dimension oder eine seelische Möglichkeit, die dem Träumer neben seinem bewußten Ich auch noch zur Verfügung steht. – In Frauenträumen ist der unbekannte Mann jene Figur, die von C. G. Jung ›Animus‹ genannt wurde: Die unbewußte Männlichkeit in der Seele der Frau, durch die das Bild des Mannes in ihr geprägt ist. Der Unbekannte kann vielerlei Gesichter und Verkleidungen tragen, von historischen Persönlichkeiten bis zu Filmstars der Gegen-

wart reichen. Geprägt wurde das Seelenbild auf jeden Fall in der frühkindlichen Phase der Träumerin, wodurch es sich in den meisten Fällen am Vater orientiert. – Der unbekannte ›alte Mann‹ hingegen steht für Lebensweisheit. Er ist in vielen Träumen der Vermittler von Trost und Rat.
s. Frau
s. Alter Mann
s. Schatten

Mantel Dieses Kleidungsstück hüllt Sie ein, verhüllt Sie, wärmt Sie. Es dient der Tarnung und dem Schutz. Vielleicht tragen Sie im Traum den Mantel eines anderen? Wünschen Sie, es dieser Person gleichzutun oder gleich viel zu gelten? Entspricht Ihr Traum-Mantel Ihrem Geschmack und Ihren materiellen Umständen? Es könnte sein, daß Sie sich träumend mit Dingen umgeben, die im Leben über Ihre Verhältnisse gehen. – Wenn Sie sich jedoch in den Mantel Ihrer Mutter kleiden, dann sagt Ihnen der Traum, daß Sie noch nicht zur vollständigen Selbständigkeit gefunden haben.
s. Kleid

Marter Das innere Gericht hat Sie verurteilt. Nun erwarten Sie Demütigung und Folter, durch die Sie Größenwahn, Hochmut und Härte zu büßen haben. Selten sind diese Träume mit konkreten Schmerzgefühlen verbunden. Das innere Schuldbewußtsein schmerzt aber oft noch heftiger.
s. Gericht
s. Pranger

Maschine Wie die Lokomotive ist auch die Maschine ein Kraft- und Energiesymbol. Oft steht sie für unausgelebte Triebe, die im Inneren unter Druck stehen und dadurch zur Gefahr werden können. – Gelegentlich ist die Maschine auch als sexuelles Gleichnis zu verstehen. Die stampfende Bewegung, die auf und ab gleitenden Kolben legen diesen Vergleich nahe.
s. Lokomotive

Maske Wenn sich der Träumer außerhalb des Karnevals mit einer Maske sieht, dann ist die Bedeutung nicht günstig. Man will sein wahres Gesicht nicht zeigen. Man führt Übles im Schilde und will deshalb unerkannt bleiben. Oder man leidet unter Minderwertigkeitsgefühlen, die bei Männern mit Potenzangst kombiniert sein können. Auch dann setzt der Traum dem Träumer eine Maske auf, hinter der er sich verstecken kann.

Mauer Ob es sich hier um ein Hindernis oder einen Schutz handelt, kommt auf den Zusammenhang an, in dem das Traumsymbol steht. Beachten Sie also, wie Sie die Mauer im Traum erleben. Klettern Sie hinüber? Sie bewältigen ein Lebenshindernis mühelos. Kehren Sie um? Sie lassen sich im Leben zu leicht entmutigen. Reißen Sie die Mauer ein? Nicht jedes Problem läßt sich mit roher Gewalt bereinigen. – Vielleicht aber verstecken Sie sich hinter der Mauer? Sie fühlen sich im Leben zu wenig geborgen.

Mäuse/Ratten Diese kleinen Nagetiere sind unangenehm. Ihr verstohlenes Eilen, das unsichtbare Rascheln im Keller beunruhigt Sie. Mäuse und Ratten, aus dem eigenen Unbewußten geboren, sind Schmarotzer, die dem Träumer das Lebensbrot anknabbern und wegstehlen. Die vielen kleinen gefräßigen Seelenteilchen, die in den dunklen Winkeln des Unbewußten ziellos umherlaufen, können aber – vor allem wenn es sich dabei um Ratten handelt – eine noch größere Gefahr signalisieren. Denn Ratten sind Überträger von Krankheiten, von Seelenkrankheiten also. Es wird gut sein, Mäuse und Ratten, die auch einen nagenden Kummer anzeigen können, genauer zu betrachten. Wie viele sind es? Was tun sie? Welche Farbe gab ihnen der Traum? – Eine Ausnahme von der überwiegend negativen Deutung macht die ›kleine Maus‹ in Männerträumen. Dort ist sie sexuell zu erklären, wozu auch der Ausdruck ›Mäuschen‹ für das weibliche Geschlechtsorgan beiträgt.
s. Keller

Meer Ungeahnte Tiefen eröffnen sich unter spiegelnder Oberfläche. Wenn sich vor Ihnen im Traum eine Meereslandschaft erstreckt, dann sehen Sie Ihren Anteil am Urmeer. Sie haben teil am kollektiven Unbewußten. Da sich die ungeheuren Wassermassen als Ursprung allen Lebens deuten lassen, gibt es vielerlei Möglichkeiten für Meeresträume. Wenn Sie am Meeresufer gehen, befinden Sie sich an der Grenze zwischen Bewußtheit und dem kollektiven Unbewußten. Das bedeutet den Anfang einer neuen Entwicklung. Gleichzeitig birgt das Meer aber auch Gefahren, etwa bei einer Schiffahrt im Sturm.
s. Wasser
s. Schiff

Messer Dieses Instrument dient zum Schneiden und Zerteilen. In Ihren Träumen werden vor allem Gedanken, Gefühle und Triebe ›zerteilt‹ und auf ihren wahren Wert untersucht. Das Traum-Messer dient also in erster Linie der Analyse. Erst in zweiter Linie kann man die von Freud vorgegebene sexuell-phallische Gleichnisbedeutung gelten lassen, die – mit einigen Vorbehalten – für fast alle Waffen auch anwendbar ist.
s. Waffen

Milch Da es sich hier um ein überaus zuträgliches Nahrungsmittel handelt, ist wertvollste Seelenspeise mit diesem Traumsymbol gemeint. Wenn Sie im Traum Milch trinken, wird Ihnen ein beträchtlicher Zuwachs an Lebensenergie in Form von Erkenntnis und Wissen zuteil. Sie lehnen die Milch ab? Sie wollen einen Lernprozeß des Lebens nicht durchführen. Sie reichen die Milch einem Kind? Sie ziehen einen Plan, eine Idee, etwas Neues in Ihrer Seele groß. – Die Milch in Ihrer Vorratskammer ist sauer geworden? Sie haben Ihr vorhandenes Wissen nicht ausreichend und rechtzeitig für das Leben genutzt.
s. Kind
s. Speise

Mitreisende Gleichgültig, welches Verkehrsmittel Sie benützen, Sie sind meist nicht allein. Bekannte und Unbekannte reisen mit Ihnen: Seelenteile Ihres Ichs, die Ihre gegenwärtige psychische Situation illustrieren. Sie treffen sowohl niedriges Volk, von dem Sie Distanz halten, wie auch vornehme Reisende, an die Sie Anschluß suchen. Ihr Gegenüber im Bahnabteil ist ein Spiegel Ihres wahren Selbst. Daneben finden sich vielleicht Flüchtlinge, Bettler und Gaukler: Teile Ihres Ichs, die nicht ausreichend beachtet und ernährt wurden. – Männer treffen auf der Traum-Reise vielleicht die exotisch schöne ›Anima‹: Ihr Idealbild der Frau, das eine Summe aller unbewußten Wünsche darstellt. – In Frauenträumen reisen Animus-Gestalten mit: das von Ihnen unbewußt gemalte Bild des idealen Mannes schlechthin.
s. Reise
s. Bettler

Mittag Die Tageszeiten im Traum sind auf den Lebensablauf des Träumers übertragbar. Wenn es in Ihrem Traum Mittag ist und die Sonne im Zenit steht, sind Sie in der Mitte des Lebens angelangt. Sie sind auf dem Gipfel Ihrer körperlichen und seelischen Leistungskraft. Sie haben jenen Punkt erreicht, von dem aus sich die Sonne wieder senken wird.
s. Tageszeiten

Mönch Wo der Mönch auftaucht, ist Seelisches in Ordnung zu bringen. Diese Gestalt macht darauf aufmerksam, daß sich manches durch Bescheidenheit und Verzicht klären könnte. – Hin und wieder ist der Mönch auch Ausdruck des schlechten Gewissens, dessen Mahnung im realen Leben ungehört verhallt.

Mond Die Scheibe des Mondes beglänzt mit sanftem Silberschein die hellen Nächte des Träumers. Der Mond ist im Gegensatz zur männlichen Sonne in allen Mythologien weiblich definiert. Diese Zuordnung fließt auch in die

Traumdeutung ein. Der Mond ist die Herrscherin der Nacht und damit die Beherrscherin des Unbewußten. Mond-Träume können deshalb Kompensationsträume sein: Wer zu Derbheit und verstandesbetonter Härte neigt, wird im Traum wieder zurückgeführt zum Gefühlsbetonten, Weiblichen.
s. Sonne

Mongole Mitunter erscheint er zusammenhanglos in den Träumen Schwerkranker. Als fremdartig anmutende Gestalt in der Ecke des Zimmers, meist dunkelhäutig mit unbewegter Miene, die gleichgültig ans Lager individuellen Leidens tritt, kündigt er eine Krise an.
s. Ritter

Monster/Fabelwesen Das Ungeheuerliche der ›Großträume‹ ist kaum darstellbar. So sind auch die Ungeheuer dieser markanten Traumstationen nicht in Einzelheiten zu beschreiben. Doch immer, wo sie auftauchen, in Glanz, Schönheit oder Unheimlichkeit, geht es um seelische Großinhalte, um bewußtseinsferne, tiefe und wilde Seelenkräfte. Zu deuten sind sie allenfalls aus dem Bereich der Mythologien. Erscheinen die Monster oft und in Massen, könnte die Gefahr einer Überflutung durch unbewußte Seeleninhalte angezeigt werden. Fabelwesen können den Träumer auch ›verzaubern‹ und ihn auf diese Weise zu unvernünftigem Tun veranlassen.

Mord/Mörder Das Verbrechen, von dem Sie träumen, findet ausschließlich in Ihrer Seele, vielleicht aber auch an Ihrer Seele statt. Ein mörderischer Gedanke ist hervorgebrochen aus der unkontrollierten Unterwelt und bewirkt durch sein Verbrechen den gewaltsamen Abschluß eines Lebensabschnittes. Sie begeben sich auf Mördersuche. Doch nicht ein Mensch wurde getötet, sondern ein Gefühl, eine Gewißheit, eine Entwicklungsmöglichkeit Ihrer eigenen Person. Manchmal erkennt der Träumer sich in einem Spiegel

selbst als Mörder. Daraus ist abzulesen, daß er selbst an der Vernichtung innerer Werte mitgewirkt hat.
s. Begräbnis
s. Sterben

Morgen Die Tageszeit der aufgehenden Sonne verkündet einen Neubeginn, das Vorüberziehen der dunklen Nacht, das Ende von Not und Sorge. Umgesetzt auf die Zeit, in der Sie sich im Leben befinden, ist die Morgenfrühe als Jugend und Jugendlichkeit zu deuten.
s. Tageszeiten

Mörser Dieses altmodische Küchengerät kommt fast nur mehr in Träumen vor. Hier hat es eine einleuchtende sexuelle Gleichnisbedeutung.
s. Küche
s. Köchin

Mund Wie das Auge hat auch diese Körperöffnung erotische Funktion und Bedeutung. In Männerträumen ist der Mund gleichzeitig erotisches Signal wie auch ein Ausdruck der eigenen Potenz. Sehen Sie also einen großen Mund, dann fühlen Sie sich kraftvoll und energiegeladen.
s. Auge

Muschel Hier ist das Zarte von einer harten Schale umschlossen. Im Inneren liegt das Kostbarste, die Perle. Die geschlossene Muschel symbolisiert deshalb weibliche Unberührtheit. – In Männerträumen ist die Muschel auf jeden Fall ein eindeutiges sexuelles Symbol.

Musik Wer von Musik träumt, strebt nach Harmonie. Es kommt bei diesen Träumen darauf an, wie die Musik klingt, wie sie erlebt wird, wer sie verursacht. Ist es ein bekanntes Musikstück, das Sie hören? Spielen Sie selbst? Wer musiziert mit Ihnen? Singt jemand? Welche Instrumente werden benützt? Gibt es einen Dirigenten? Erst nachdem Sie die

verschiedenen Einzelheiten in einen Zusammenhang gebracht haben, ist die Bedeutung des Musiktraums festzustellen.
s. Konzert
s. Lied
s. Blasinstrumente
s. Streichinstrumente
s. Dirigent

Mutter Ihre wirkliche Mutter hat Ihnen das Leben geschenkt, Sie mit Fürsorge umgeben, aber auch an Disziplin gewöhnt. Wenn die Ablösung des Jugendlichen von der Mutter normal erfolgt, dann sind Mutter-Träume ziemlich selten. Häufige Träume von der leiblichen Mutter, in denen sie möglicherweise negativ oder unehrerbietig betrachtet wird, treten bei erwachsenen Menschen mit zu starker Mutterbindung auf. Auch Jugendliche, denen die notwendige seelische Selbständigkeit fehlt, neigen zu solchen Traumerlebnissen. Erwachsene Frauen, die von ihrer Mutter träumen, werden vielleicht auf das eigene Muttertum hingewiesen, das sie noch nicht verwirklicht haben, obwohl sie es wünschen.

Von der ›Mutter‹ wird aber auch dort geträumt, wo ein überzeitliches, urtümliches Symbol der Menschheit gemeint ist. So steht die anonyme Mutter im Traum als das Mütterliche schlechthin, als das Lebensspendende, Fruchtbare, Hervorbringende, und ist ein Inbegriff der magischen Autorität des Weiblichen. Im Männertraum steht die unbekannte ›Mutter‹ auch stellvertretend für die nicht antastbare Frau, das Andersartige, nicht Nachvollziehbare. Das Ausruhen an der Mutterbrust könnte eine Zwischenstation auf der Lebensreise andeuten, die von Ermattung und Rückwendung zu Geborgenheit und Frieden geprägt ist.

Im Gegensatz zu diesen Traumerlebnissen steht das Bild der ›schrecklichen Mutter‹, der Angsterregenden, Unentrinnbaren, die die Seele ihrer Kinder nicht losläßt und erstickend an sich preßt. Traumbegegnungen mit allen

Formen der ›Urmutter‹ helfen dem Träumer, das seelische Verhältnis zu seiner richtigen Mutter zu normalisieren, ihm den richtigen Stellenwert zu geben. Damit hat jeder Mutter-Traum eine wesentliche Funktion, die das psychische Gleichgewicht herstellen oder bewahren hilft.
s. Alte Frau

Nacht Im Nacht-Traum bleibt das Unbewußte im dunklen. Es schläft und kommt nicht an die Oberfläche.
s. Tageszeiten

Nackt Obwohl es kaum einer zu bemerken scheint, ist es Ihnen peinlich, im Traum falsch, unvollständig oder gar nicht bekleidet zu sein. Wenn Sie unpassende oder zu dürftige Kleider tragen, dann hüllen Sie sich vielleicht im Leben in Vorwände. Wenn Sie nackt sind, meldet Ihnen der Traum, daß Sie sich eine Blöße gegeben haben oder dies zumindest befürchten. Gehen Sie jedoch nackt durch die Welt und sind stolz darauf, dann ist das ein Zeichen dafür, daß Sie keine Hemmungen haben, Ihr Inneres zu zeigen.
s. Kleider

Nebel In Ihrem Traum wird Ihnen die Sicht vernebelt. Sie geraten in Gefahr, sich zu verirren. Bevor Sie die Richtung Ihres Lebensweges verlieren, bleiben Sie an diesem Punkt lieber stehen. Warten Sie ab, bis Sie wieder klar überblikken können, wie es weitergeht!
s. Blind

Neger/Schwarzer Der Traum-Neger symbolisiert für den Europäer die primitive Lebensvitalität und animalische Triebkraft. Bei leistungsorientierten Vernunftmenschen kann es sich deshalb um einen Kompensationstraum handeln, um ein Traumerlebnis, das auf die dunkle, heiße, leidenschaftliche Seite des Träumers aufmerksam macht, die tagsüber verleugnet wird. In Frauenträumen kommt es vor allem darauf an, wie die Figur des unbekannten Schwarzen erlebt wird. Hatten Sie Angst vor dem Neger? Dann schrecken Sie vor dem Triebhaft-Animalischen zurück. Waren Sie neugierig? Haben Sie die ungebrochene Natürlichkeit bewundert? Diese Einstellung haben Sie zur unverblümten Vitalität.

Neubau Das Haus, das in Ihrem Traum errichtet wird, ist Ihr Selbst. Der Baufortschritt ist Ihr persönliches Weiterkommen auf dem Weg der Selbstfindung. Sie feiern das Richtfest? Noch ist Ihr Seelenhaus nicht bewohnbar, aber die Hauptarbeit ist geleistet. Hier handelt es sich offensichtlich um einen sehr günstigen Traum. Sie haben eine neue Lebenseinstellung gewonnen, die Ihnen bis auf weiteres als seelische Wohnung dienen wird und eine Bleibe für die Zukunft darstellt.
s. Haus
s. Umzug

Neun Die Neun als Ergebnis von drei mal drei trägt den gesteigerten Wert dieser Zahl ins Ich. – Sie symbolisiert bewegtes Leben, das in die Nähe von Schöpferischem führt. Grundsätzlich gilt die Neun, wie alle ungeraden Zahlen, als männlich. Da es neun Monate sind, die eine Schwangerschaft dauert, ist hier auch eine Andeutung von Werdendem, Wiedergeburt und Neubeginn gegeben.
s. Zahlen

Nixe/Meerjungfrau Als Fabelwesen ist sie im Unbewußten daheim. In Männerträumen verkörpert sie ichferne Inhalte am Rande des Unbewußten. Nicht jeder ist ihrem verführerischen Sirenengesang gewachsen. Mancher läßt sich aus der wachen Bewußtheit in die dunkle Tiefe locken. – In Frauenträumen informiert dieses Traumbild über eine kalte, gefühlsarme Sexualität oder mangelnde Gefühlsreife.

Norden Wenn der Träumer von der in Mitteleuropa herrschenden geographischen Situation ausgeht, dann führt ihn

der Weg nach Norden ins Kühle. Schlägt er diesen Weg ein, gelangt er in das Reich der frühen Nächte, der Ahnungen.
s. Süden

Nuß Ein süßer Kern in harter Schale gibt manchem Träumer Probleme auf. Wenn es ihm gelingt, die Traum-Nuß zu knacken, dann löst er vielleicht ebenso rasch ein Rätsel des Lebens. – Die Nuß gilt gleichzeitig als weibliches Geschlechtssymbol.
s. Früchte

Ofen Der Ofen sorgt für Wärme, der Traum-Ofen ist für die Gefühlswärme zuständig. Wie erlebten Sie den Ofen im Traum? Wer heizte ihn? Oder brannte kein Feuer? Dann führte Ihnen der Traum vor, daß in Ihrem Gefühlsleben Kälte herrscht. Als Information über partnerschaftliche Beziehungen kommt deshalb dem Ofen-Traum besondere Bedeutung zu.
s. Küche
s. Herd

Offizier Wie die meisten hochdekorierten Männer Ihrer Träume verkörpert auch der Offizier einen inneren Befehlshaber, eine Autorität, die Sie selbst eingesetzt haben.
s. Direktor
s. General

Operation Auf dem Operationstisch Ihres Traumes findet eine ›einschneidende Veränderung‹ statt. Eine gefährliche Fehlentwicklung, die Sie krankgemacht hat, wird bereinigt. An welchem Körperteil, welchem Organ wird operiert? Soll ein Herzfehler behoben werden? Offenbar ist eine Liebesangelegenheit nicht nach Ihren Vorstellungen verlaufen. – Hatte die Lunge ein Gebrechen? Nach dem Eingriff werden Sie die Luft des Geistigen wieder reichlich aufnehmen können. – Oder wird etwas amputiert? Je nach der Funktion des Körperteiles ist der Operationsraum zu deuten. – In den

meisten Fällen ist der Traum günstig, da er besagt, daß Heilung eintreten kann.
s. Spital
s. Arzt
s. Amputation

Opfer/Opfergabe Was ist es, das Sie im Traum darbringen wollen? Geben Sie materielle Werte wie Gold und Geld her? Sie verzichten auf Lebensenergien. Opfern Sie nach mythologischem Vorbild Blumen? Es sind Gefühle, von denen Sie sich trennen wollen. Bringen Sie ein Tieropfer dar? Dann liegt Ihre Triebwelt auf dem Altar.
s. Geld
s. Blumen
s. Tiere

Orange Deutlicher noch als beim Apfel handelt es sich hier um eine vollkommene, sonnenhafte Liebesfrucht.
s. Apfel

Panne Auf Ihrer Lebensreise hat sich ein Aufenthalt ergeben. Sie sind im Traum mit dem Auto gefahren, und plötzlich ging es nicht mehr weiter. Können Sie sich erinnern, welcher Bestandteil des Fahrzeuges die Panne verursacht hat? Müssen Sie den Defekt allein beheben, oder kommt Ihnen jemand zu Hilfe? Was tun Sie? Der Pannen-Traum kann Ihnen mitteilen, daß Sie in einer bestimmten Situation versagt haben, daß aber unter gewissen Voraussetzungen Ihr Lebens-Auto wieder flottzumachen ist.
s. Auto

Papier Meist ist es beschriebenes Papier, das in die Träume tritt: Mitteilungen also, die der Träumer manchmal nicht entziffern kann. Vielleicht sieht er die blassen Schriftzeichen nicht deutlich, vielleicht braucht er eine Brille, vielleicht kann er die geschriebenen Worte nicht verstehen, weil sie in einer fremden Sprache abgefaßt sind? – Nicht

selten träumt man auch von Dingen, die nicht aus dem angemessenen harten Material, sondern aus weichem Papier hergestellt sind. Dann kommt es darauf an, welches Gerät hier in verfremdeter Darstellung vorgeführt wird. Ist es ein papierenes Messer? Das könnte heißen, daß durch einen Brief eine Trennung herbeigeführt wird.
s. Brief
s. Brille
s. Fremdsprache

Paß/Legitimation Auf Ihrer Lebensreise sind Sie an eine Grenze gekommen. Ihr Paß wird Ihnen abverlangt, doch Sie finden ihn nicht. Die Weiterfahrt wird Ihnen verwehrt. Sie haben einen wesentlichen Teil Ihrer Persönlichkeit vernachlässigt, zurückgelassen, verloren. Nun müssen Sie auf dem Lebensweg innehalten, um das innere Gleichgewicht wiederzufinden.

Pelz Das Kleid des Tieres steht manchmal stellvertretend für die Eigenschaften, die dem Tier zugeschrieben werden. – Der Pelz als Kleidungsstück tritt in ähnlichem Zusammenhang wie der Mantel in die Träume. Er symbolisiert Schutz und Wärme einerseits, aber auch Schmuck und Rang andererseits.
s. Kleid
s. Mantel
s. Tiere

Pfanne Wie die meisten Küchengeräte ist auch die Pfanne ein häufiges Sexualsymbol. Wenn es sich überdies um eine schwarze, tiefe Pfanne aus dem dunkelsten Winkel der Küche handelt, dann ist diese Deutung mehr als einleuchtend.
s. Küche

Pfarrer/Pastor Manchmal ist es der reale Seelsorger, der in die Träume tritt. Doch auch er hat Gleichnischarakter. Er

kann der heilbringende Seelenarzt sein. In Frauenträumen kommt dem Prediger manchmal die Rolle eines ›Animus‹ zu, einer Idealvorstellung des Männlichen, die vom Sexuellen weitgehend abgelöst ist. – In Männerträumen, speziell ab der Lebensmitte, hat der Traum-Pfarrer eine auffordernde Funktion. Er legt die Befassung mit den geistigen Werten und dem Sinn des Lebens nahe.
s. Arzt

Pfau/Phönix Die leuchtenden Federn dieses Vogels enthalten alle Farben des Spektrums. In ihnen manifestiert sich die Kraft des Daseins durch die Vereinigung aller Gegensätze. – Der verwandte Phönix ist jener Sagenvogel, der sich selbst verbrennt und neugeboren aus der Asche steigt. In diesem Sinn gilt er als klassisches Symbol der Wiedergeburt und Erneuerung aus eigenen Kräften.
s. Vogel
s. Feuer

Pferd Durch seine Intelligenz und seinen Mut wird das Pferd zu einem wichtigen Symboltier. Es repräsentiert die disziplinierte und geformte Triebhaftigkeit des Menschen und ist bereit, ihn seinen natürlichen Zielen entgegenzutragen. Begegnet Ihnen ein Reiter auf einem Pferd, oder reiten Sie selbst, dann sehen Sie den Trieb mit dem Ich in vollkommener Harmonie. Nicht immer ist es jedoch so einfach, das Tier zu zügeln. Wenn Sie Pferde scheuen oder in Panik geraten sehen, dann ist die Beziehung zwischen Bewußtheit und Unbewußtem gestört und die seelische Ordnung Ihres erotischen Lebens außer Kontrolle geraten. Aussagekraft aber besitzt nicht nur das Verhalten des Pferdes, sondern auch seine Erscheinung, vor allem die Farbe. Schwarze Pferde haben mit dem Tod zu tun. Sie sind Träger von Angst und Zerstörung, von wilder Leidenschaft und derber Vitalität. In ihnen kehrt sich das Feinnervige, Schöpferische ins Verderbliche um. – Braune und braunrote Pferde verraten sicheren Instinkt und ein gesundes Verhält-

nis zum Triebhaften. – Weiße Pferde hingegen sind vieldeutig. Sie können Seelenkraft symbolisieren, die wenig oder keinen Bezug zum Irdischen hat. Sie können die Verbindung geistiger und seelischer Werte, vor allem in Form des geflügelten Pegasus, zum Ausdruck bringen. Sie können aber auch im Bild des ›Schimmelreiters‹ eine Ahnung des Jenseits vermitteln.
s. Tiere

Pflaume/Zwetschge Die Möglichkeit, diese Frucht mit dem weiblichen Geschlechtsteil zu vergleichen, macht sie zu einem deutlichen Sexualsymbol, womit sie in der Bedeutung gleichwertig neben vielen anderen Früchten steht. In Männerträumen symbolisiert die anspruchslose Pflaume ein realistisches, erdnahes Liebesglück. In Frauenträumen ist mit diesem Begriff eine leicht abschätzige Bewertung verbunden, so daß der Schluß naheliegt, die Pflaume symbolisiere eine Seite der Träumerin, die sie selbst nicht anerkennen oder wahrhaben will.
s. Früchte

Pilger Die Pilger, die Sie auf der Lebensstraße treffen, sind abgespaltene Seelenteile: Einsame Wanderer aus Ihrem Inneren, die vielleicht Vergebung für eine unbewußte, unbewältigte Gewissensschuld suchen. Sie erinnern aber auch an die Vergänglichkeit, und von ihnen wird deshalb überwiegend in höherem Lebensalter geträumt.
s. Mönch

Pilz Durch den Genuß bestimmter Pilze können rauschhafte Zustände hervorgerufen werden. Gemeinsam mit der Sexualsymbolik, die durch die äußere Form gegeben ist, läßt sich deshalb der Pilz-Traum als rauschhaft erlebte oder ersehnte Sexualität erklären.

Pistole Die Waffe als Symbol für physisch-sexuelle Spannungen tritt vor allem in Pubertätsträumen auf. – Wenn sich

im Traum eines Erwachsenen plötzlich ein Schuß löst, dann ist es eher eine Entwicklung, die aus heiterem Himmel eingetroffen ist, oder auch eine plötzliche Entscheidung, die ohne Vorbereitungen vollzogen wurde.
s. Waffen

Platz Der Hauptplatz einer Stadt, der innerste Bezirk, repräsentiert das eigenste, innerste Ich. Betont wird diese Bedeutung dann, wenn der Platz quadratisch oder kreisförmig ist und auf diese Weise auch noch ein Ganzheitssymbol enthält.
s. Stadt
s. Kreis
s. Quadrat

Polizist Der Traum-Polizist diszipliniert Ihr Unbewußtes. Er regelt den Verkehr auf Ihren Traum-Straßen und -Plätzen und weist Ihre Fahrt in die richtige Bahn. Er sorgt für Ihre Anpassung an die kleineren Moralgesetze. Sein Auftauchen zeigt, daß etwas in Ihnen mit den Gesetzen der Konvention nicht in Einklang steht und daß vielleicht im inneren oder äußeren Leben Unanständiges gedacht, gewollt, getan wurde. – Manchmal auch muß der Polizist gegen innere Verbrecher vorgehen, gegen das Gesindel, das einen Teil Ihrer unbewußten Energien raubt. – Polizisten-Träume führen in die Bereiche des Unerlaubten und Ungehörigen, kaum je aber zum echten Verbrechen.
s. Mord
s. Dieb

Pranger In der Realität gibt es diese Bestrafung längst nicht mehr. Das innere Gericht verhängt sie dennoch. Ihr innerer Richter, der unbestechlich ist und von Ihnen auch nicht getäuscht werden kann, weil er ein Teil Ihres Selbsts ist, stellt Sie vor allem dann an den Pranger, wenn Sie Spott verdient haben.
s. Gericht

Prüfung Sie sollen zu einer Prüfung antreten. Dieser Traum teilt Ihnen mit, daß Sie etwas lernen müssen und eine Verpflichtung haben, die Sie bisher vielleicht außer acht ließen. Auch wenn Schulwissen von Ihnen erfragt wird, geht es um die Lebensfrage und um die Prüfung der persönlichen Reife. Wenn Sie die Traum-Prüfung bestehen, läßt Sie das Leben zu neuen Aufgaben weiterziehen.
s. Aufgabe
s. Reifeprüfung

Puppe Als Puppe treten Ihnen Seelenteile Ihres Unbewußten entgegen, die nicht umzubringen sind. Es sind Verpuppungen Ihres Ich, die belebt werden wollen. Im weiteren Sinn kann die Traum-Puppe bedeuten, daß in Ihnen Lebenswünsche durchbrechen, die auf Verwirklichung warten.

Quadrat/Rechteck Als eine von vier Seiten umschlossene Einheit mit vier rechten Winkeln hat das Quadrat die Bedeutung von Ganzheit und Vollkommenheit und ist deshalb sehr positiv zu bewerten. – Das Rechteck hingegen ist ein ›gestörtes‹ Quadrat, in dem sich das Ich breitmacht, ohne gleichzeitig an Höhe und Tiefe zu gewinnen.
s. Kreis
s. Vier

Quelle Das lebensspendende Wasser in perfekter Reinheit bricht als Quelle aus dem Boden. Wenn Sie klares, sauberes Wasser sprudeln sehen, vielleicht sogar davon trinken, erhalten Sie kostbare Labung für Ihre Seele. Das klare Quellwasser hat dann die symbolhafte Bedeutung eines Jungbrunnens, eines Energiespenders und Erneuerers. – Für die seelischen Energien tödlich ist es jedoch, wenn die Quelle versiegt und vertrocknet ist.
s. Brunnen
s. Wasser

Rabe/Krähe Aus den Bereichen der Mythologie bringt der Rabe seine unheilverkündende Bedeutung mit. Er gilt als Verkörperung des Dunklen, als Todesvogel und Unglücksbringer. Da er gleichzeitig, wie alle Vögel, aus den Gegenden des Geistes kommt, bezieht sich sein Erscheinen im Traum vorwiegend auf Gedanken. Der Raben-Traum signalisiert unglückliche Gedanken und Überlegungen des Träumers, die ihn tatsächlich manchmal schwer gefährden.
s. Vogel

Rad Durch seine Kreisform entspricht das Rad in der Bedeutung dem Kreis, jenem häufigen Symbol für die Endlosigkeit von Zeit und Linie. Die vier Räder eines Fahrzeugs können aber auch für die vier psychologischen Funktionen des Menschen – für Wahrnehmung, Denken, Gefühl und Intuition – stehen. Deshalb ist es dem Fortkommen überaus abträglich, wenn ein Rad verlorengeht. Die Harmonie zwischen Gedanken, Gefühl und Triebleben scheint dann bis auf weiteres gestört zu sein.
s. Auto
s. Reise
s. Kreis

Räuber Nicht selten versteckt sich der Traum-Räuber im Wald. Denn da er ein sehr asozialer, primitiver und gefährlicher Teil unseres Wesens ist, scheut er das Licht und die Gesellschaft des wachen Bewußtseins.
s. Dieb
s. Wald

Raubtier Das primitive, ungezügelte Triebleben, das manchmal das seelische Gleichgewicht zu gefährden droht, wird durch Raubtiere symbolisiert. Dabei stellt der königliche Löwe das direkte Angriffsverhalten dar und ist durch seine Geradlinigkeit leichter kontrollierbar als etwa der schlaue und verschlagene Tiger. – Der zottige Bär

hingegen gilt trotz seiner Erdnähe und Stärke eher als Symbol der Mutter.
s. Löwe
s. Tiger
s. Bär
s. Wolf

Rauch Während ein lichterloher Brand und flackernde Flammen bei aller Gefährlichkeit auch positive Auslegungen zulassen, ist das beim Rauch nie der Fall. Wo es raucht, womöglich ohne sichtbar zu brennen, geschehen sehr negative Dinge. Es schwelt. Jeden Augenblick kann die Vernichtung durch ein verzehrendes Feuer einsetzen. Der schwarze Rauch allein ist ja schon eine tödliche Gefahr. Durch die Rauchgase wird Lebendiges getötet.
s. Brand
s. Feuer

Raumschiff/Rakete Der Aufbruch in den Kosmos ist für den Menschen immer noch mit beträchtlicher Gefahr verbunden. Wer im Traum ins All flüchtet, scheint auf der Erde Schwierigkeiten zu haben, die schwerwiegend genug sind, daß er der Heimat den Rücken kehrt. – Man muß sich bei einem Raumflug allerdings fragen, wer zur Mannschaft gehört. Wenn man mit einem Bekannten unterwegs ist und das Flugerlebnis im Traum angenehm erlebt, dann handelt es sich um eine typischen Verschmelzungstraum.
s. Fluzgzeug

Raupe In der Tierwelt stellt die Raupe eine Übergangsform der biologischen Entwicklung dar. In absehbarer Zeit wird aus dem unansehnlichen Kriechtier ein farbenfroher Schmetterling. Diese Wandlung hat für das Traumerleben Gleichnischarakter. Wer von Raupen träumt, befindet sich in einem Prozeß der seelischen Wandlung, aus dem er besser und schöner als vorher hervorgehen wird.
s. Schmetterling

Rechts Im Gegensatz zur linken Seite, auf der bekanntlich das Herz sitzt, ist die rechte Seite für das wache Bewußtsein, das Intellektuelle und das Männliche im Menschen reserviert. Wenn Sie in einem Traum an eine Weggabelung kommen, ist die Richtung, die Sie wählen, ein Spiegel Ihrer Neigungen.
s. Links
s. Weg

Regen Das lebensspendende, befruchtende Wasser fällt vom Himmel. Aus den Bereichen Ihrer geistigen Existenz wird den gefühlsbezogenen Pflanzen und der mütterlichen Erde kostbare Labung zuteil. Ist das fallende Regenwasser klar und rein, kann es sich hier nur um einen sehr günstigen Traum handeln, der Ihnen einen Zuwachs an Wissen offenbart. – Regnet es jedoch Schlamm, Feuer, Blut, dann ist die Geistes- und Gedankenwelt des Träumers verunreinigt.
s. Wasser
s. Himmel

Reifeprüfung Obwohl Ihre Schulzeit längst vorüber ist, stehen Sie wieder vor der Matura. Doch diesmal geht es nicht um Ihr erlerntes Schulwissen. Vielmehr stellt der Traum fest, ob Sie Ihre Persönlichkeitsreife erlangt haben. – Bei Männern ist die Prüfungsangst, die Furcht durchzufallen, manchmal auf eine heimliche Angst vor Kraftverlust und Impotenz zurückzuführen.
s. Prüfung
s. Aufgabe

Reise Die Traum-Reise signalisiert eine Veränderung Ihres seelischen Standortes. Wann immer, wie immer und wohin immer Sie in Ihrem Traum reisen, stets ist die Lebensreise gemeint. Mit welchem Fahrzeug oder Verkehrsmittel sind Sie unterwegs? Haben Sie Abschied genommen? Wissen Sie, wie Ihr Reiseziel heißt und aussieht?

Wer sind Ihre Reisebegleiter und Mitreisenden? Haben Sie Gepäck?
s. Bahn
s. Mitreisende
s. Gepäck
s. Ankunft

Reiten Wenn Sie gut reiten und das Pferd unter Kontrolle haben, dann sind Sie in der Lage, Ihre Triebhaftigkeit zu zügeln. Das Gegenteil wird angedeutet, wenn Ihr Traum-Pferd mit Ihnen durchgeht. – Daß der Traum vom Reiten überdies sexuell besetzt ist, liegt auf der Hand.
s. Pferd.

Riese Meist wohnt er im Wald, in jenen abgeschiedenen Bereichen der Natur, die dem Menschen kaum zu Bewußtsein gelangen. Im Traum verschafft er sich jedoch Aufmerksamkeit, dieser verleugnete Teil des Wesens, der auf primitiver, derber Kulturstufe stehengeblieben ist.
s. Wald
s. Zwerg

Ritter Ähnlich wie der rätselhafte ›Mongole‹, taucht ein gepanzerter Ritter in manchen Träumen schwerkranker Menschen auf. Meist steht er reglos in der Ecke des Zimmers, vielleicht eine Krise andeutend, vielleicht aber auch als Inbegriff des Kämpferischen, das gegen die Mächte des Jenseits anzutreten bereit ist.
s. Mongole

Rose Wie alle Blumenträume führt auch der Rosentraum in Bereiche des Gefühls. Doch mehr als die anderen Blumen, verkörpert die Rose das Vollkommene. In ihr wird das Gefühl durch hohe Geistigkeit beseelt. Deshalb berichtet die Traum-Rose über den Reichtum der Seele auf höchster Stufe. Welche Farbe hatte die Rose Ihres Traumes? Wo wuchs sie? Einzeln oder in Mengen? Haben Sie die Rose

gebrochen oder sie geschenkt bekommen? – Erlebt der Träumer die Rose jedoch als jene Pflanze, die nicht nur durch ihre Schönheit beglückt, sondern durch ihre dornigen Stengel auch verletzen kann, dann wird neben dem Gefühlsleben auch noch Sakrales angesprochen: Die Nähe des Kreuzes, an dem der dornengekrönte Heiland hing, ist deutlich abgesteckt.
s. Blumen
s. Kreuz

Rot Rot ist das Blut, rot ist das lodernde Feuer. Entsprechend gilt diese Farbe als wirksam und aktiv, als Farbe des Herzens, der Liebe, der Leidenschaft, aber auch der Barmherzigkeit. Es ist die Farbe der Gefühle, die nicht frei von Aggressionen sind. – Wenn Ihr Traum in Rot getaucht ist, dann ist Ihre Seele aktionsbereit. In Ihnen ist Raum für Liebe und Hingabe, aber auch für Leid und Bedrängnis. – Nun kommt es darauf an, womit die rote Farbe Ihres Traumes verbunden war: Mit dem Kleid eines Menschen? Mit einem Tier? Mit einem Buch? Oder stand der ganze Horizont in Flammen? Der Zusammenhang, in dem Farben auftreten, ist für die Deutung wichtig.
s. Farben

Rücken Von dem, was ›hinter Ihrem Rücken‹ passiert, wissen Sie nichts. Der Rücken liegt im Schatten des Bewußtseins. Er gibt gleichzeitig den Hintergrund für Gefühle ab, wie auch den Ort der ›verwundbaren‹ Stelle – man denke nur an den Nibelungenhelden Siegfried! Wenn im Traum Ihr Rücken eine deutliche Rolle spielt, sind Sie den Gefahren des Unbewußten ausgesetzt!

Salat Sehr oft hat Traum-Gemüse mit der Sexualität zu tun. Hier handelt es sich um ein weibliches Sexualsymbol. Wenn Männer davon träumen, daß sie Salat essen, dann wollen sie sich weibliche Sexualität einverleiben.

Teilt der Träumer seine Salatmahlzeit mit einer Frau, dann ist das Verschmelzungserlebnis eindeutig.
s. Gemüse

Salz Wenn die Traumspeise den Träumer mit seelischer Nahrung versorgt, so ist das Salz die geistige Würze. Der Verstand ist für den ungetrübten Genuß der Lebens- und Seelenenergie notwendig. Hat man jedoch zuviel davon, neigt man dazu, das Gefühlsleben zu vernachlässigen. Der Traum, in dem man etwa eine versalzene Suppe vorgesetzt bekommt, könnte darauf hinweisen.
s. Speise

Sanatorium/Luftkurort Wenn Sie im Traum, ohne tatsächliche Behinderung der Atmungsorgane, zu wenig Luft bekommen, werden Sie nicht ausreichend mit Geistigem versorgt. Der geträumte Aufenthalt in einem Luftkurort oder Sanatorium zeigt Ihnen an, daß Ihr Inneres die Weichen für einen Heilungsprozeß schon gestellt hat. Sie werden in dieser Heilanstalt anderen Kranken begegnen. Sie sind Ihnen unbekannt, aber sie stehen Ihnen dennoch sehr nahe: Es sind Teile Ihres Seelenlebens, die der Heilung bedürfen.
s. Spital

Sarg Was Ihnen hier begegnet, ist ein Gefäß des Todes. Manchmal nimmt der Traum-Sarg die Gestalt eines Bootes an, das die letzte Überfahrt zu bewerkstelligen hat. Der Sarg darf nicht im Hause bleiben. Das, was Sie begraben müssen, soll entweder in die Erde versenkt werden oder über ein großes Wasser davonfahren. Auch hier wird nicht das Erlebnis des leiblichen Todes symbolisiert. Vielmehr ist etwas – ein Gefühl, ein Plan, eine Überzeugung – im Träumer gestorben und muß endgültig beseitigt werden.
s. Begräbnis
s. Friedhof
s. Leiche
s. Tod

Säugling Mehr noch als das Kind symbolisiert der Traum-Säugling das Neue, eben in der Seele des Träumers Entstandene. Noch ist es schutzbedürftig, bedarf der Obsorge und Pflege. Ohne fremde Hilfe ist es nicht lebensfähig. Aber bei guter Betreuung wird es wachsen und Ihnen Freude machen.
s. Kind
s. Schwanger

Schaffner In dieser Figur kommt ein Vertreter der inneren Kontrolle auf Sie zu. Er stellt vielleicht fest, ob Sie im richtigen Abteil, in der richtigen Wagenklasse der Bahn sitzen. Er kann Sie deshalb vom Platz weisen oder Sie in einen besseren Waggon führen. – Der Traum-Schaffner tritt vor allem dann auf diese Weise in Aktion, wenn der Träumer dazu neigt, über oder unter seinen angemessenen Verhältnissen zu leben.
s. Bahn
s. Zug

Schale Sie bekommen im Traum eine Schale gereicht, die ein köstliches und wohlschmeckendes Getränk enthält? Das Leben hat eine überraschende Energiezufuhr für Sie bereit. Sie trinken aus der Schale? Das Wasser des Lebens löscht Ihren seelischen Durst. – Wenn Sie hingegen eine Schale mit Früchten und Süßigkeiten sehen oder angeboten bekommen, dann werden Ihnen Gefühle im Überfluß angeboten.
s. Wasser
s. Früchte
s. Süßigkeiten

Schatten Der Schatten, den Sie im Traum werfen, sind Sie selbst. Mit diesem Wort bezeichnet der Traumforscher Jung die gleichgeschlechtliche Person im Traum, die nicht als Bekannte oder als Träger spezifischer Eigenschaften näher definiert ist. Wie dieser ›Schatten‹ aussieht, was er tut und

was er sagt, ist für die Deutung des Innenlebens von hervorragender Wichtigkeit.
s. Freund/Freundin
s. Bruder
s. Schwester

Schatz/Kostbarkeit Aus der Erlebniswelt der Märchen kommt das Gleichnis vom Goldschatz, den man in einem Versteck findet. Im Traum handelt es sich um ein Symbol, das den Zuwachs von Energien anzeigt. Woraus besteht der Schatz? Sind es große Münzen oder kleine? Darf man sich des Fundes freuen? Oder wollen einem Neider die Kostbarkeiten abjagen? Dann sind unkontrollierte Teile des Unbewußten dabei, die frischen Energien nutzlos zu machen oder in falsche Bahnen zu lenken.
s. Gold
s. Dieb
s. Räuber

Schauspiel/Schauspieler Es ist ein inneres Theater, in das der Traum Sie führt. Welches Stück wird gespielt? Spielen Sie mit? Sehen Sie zu? Alle Darsteller, mit Ausnahme jener, die Ihnen namentlich bekannt sind, sind Sie selbst. Und der Regisseur ist Ihre Seele. Hier können Sie beobachten, wie sich die verschiedenen Teile Ihres psychischen Lebens zueinander verhalten.
s. Theater

Schießen Wo Waffen sind, kann ein Schuß losgehen. Dennoch hat dieser Traum wenig mit Aggressionen zu tun. Das ›Schießen‹ symbolisiert vielmehr eine plötzliche Entscheidung, einen Entschluß. – Werden Sie im Traum Zeuge eines Schußwechsels, sind innere Turbulenzen angekündigt, aber auch einander widersprechende Entschlüsse, die Sie alle in Betracht ziehen müssen.
s. Waffen
s. Pistole

Schiff/Boot Wie bei Fahrzeugen so oft, ist auch hier Ihr Leben gemeint. Befindet sich das Schiff auf großem Wasser, dann geht Ihre Traumfahrt auf sicherem Kurs über das Meer des Unbewußten. Das Schiff ist aber auch Ihre Persönlichkeit. Es beherbergt helle und dunkle Räume. In seinem finsteren Bauch lagert vielerlei Ladung, nisten Ungeziefer und Ratten. – Auf der Fahrt kann viel geschehen. Befinden Sie sich in einem Segelboot, so werden Sie vom Wind getrieben, der wiederum das Geistige symbolisiert. – Rudern Sie selbst ein kleines Boot, dann befinden Sie sich in einer ähnlichen Lage wie der Benützer eines Fahrrades. – Erleben Sie die Landung des Bootes, dann haben Sie einen neuen Lebensabschnitt glücklich erreicht. – Ein dunkler Mann in einem schwarzen Boot könnte die Hinwendung zum Jenseitigen bedeuten: Vielleicht ist es Charon, der Fährmann des Todes, der zu einer Fahrt ohne Wiederkehr einlädt.
s. Fahrrad
s. Meer
s. Wind

Schildkröte Das stille, in sich ruhende Wesen, das sich gewaltlos zu schützen versteht, wird hier deutlich symbolisiert. In dieser Bedeutung rückt die Schildkröte auch nahe an das Erdhafte, Erdverbundene heran, das alterslos überlebt.
s. Erde

Schimmel Die Doppelbedeutung der weißen Farbe wird hier beim weißen Traum-Pferd deutlich: Der Schimmel gilt als Todesbote. Der Schimmelreiter, im Traum wie in der Sage, taucht dort auf, wo Tödliches droht.
s. Pferd
s. Weiß

Schlafzimmer Träume vom Schlafzimmer machen Intimes bewußt. Sie stellen die persönliche Sphäre auch im

Unbewußten dar. Sie können Glück und Leid einer ehelichen Gemeinschaft verkünden und werden hauptsächlich dann geträumt, wenn etwas, das mit dem Schlafzimmer zusammenhängt, nicht in Ordnung ist. Ihr Schlafzimmer teilt nur der, der zu Ihnen gehört. Oder drängen sich fremde Personen, fremde Dinge in diese Intimität? Mitunter ist es auch das Schlafzimmer der Eltern, das in den Träumen längst erwachsener Personen heraufbeschworen wird. Dann werden gegenwärtige Probleme aus der engsten, persönlichen Umgebung seelisch verdrängt und im Traum zurückverlegt in die Kinderzeit.
s. Haus
s. Zimmer

Schlamm Hier voranzukommen, ist schwierig. Ihre Seele ist dabei, einen Zustand zu überwinden, in dem sie versinken könnten. Sie empfinden den Schlamm als weich und sanft, gleichzeitig aber auch als erstickende Bedrohung. Ihr Traumerlebnis sagt Ihnen, wie Sie sich angesichts dieser schleichenden Gefahr verhalten.

Schlange In gewissen Belangen gleichgesetzt mit dem Drachen und ähnlichen Fabelwesen, ist die Schlange ein häufiges, wichtiges und großes Traumsymbol. Wie die Schlange in vielerlei Gestalten auftritt, ist auch die Deutung auf mehreren Ebenen möglich. Da gibt es einesteils die kleine giftige Viper, deren Biß tödlich wirkt. Andererseits tötet auch die ungiftige Riesenschlange durch ihre erdrükkende Stärke. Als Inbegriff urtümlicher Kräfte stellt sie ein großes Symbol psychischer Energie dar, die aus ichfremder Seelentiefe ins Tagesleben Eingang findet. Nicht zu übersehen ist in diesem Zusammenhang die Botschaft der Bibel, die davon berichtet, daß Feindschaft gesetzt wurde zwischen der Schlange und den Menschen, wobei die Schlange für das Böse schlechthin steht. – So wie die schillernde, lautlos sich fortbewegende Schlange gleichermaßen Angst wie Faszination auslöst, so kann sie im Unbewußten Gefahr oder Heil, auf jeden Fall aber eine bedeutsame Entwicklung signalisieren. – Für die exakte Erklärung ist das Aussehen ausschlaggebend und die Art, wie Sie die Schlange im Traum erlebt haben. Eine mehrköpfige Hydra beispielsweise zeigt an, daß sich ein Problem in viele gefährliche Elemente aufspaltet. Sehen Sie im Traum einen wirren Haufen durcheinanderkriechender Schlangen, dann herrscht ein Durcheinander primitiver Lebenstendenzen vor, die Unruhe im Bewußtsein hervorrufen können. Ist das Tier weiß oder blau, kommt es aus den Tiefen des Geistes und der Seele. Ist es rot, verkörpert es aggressive Triebhaftigkeit, braun hingegen ein zwar triebbetontes, aber normales Verhalten. – Die gelb-schwarze oder schwarz-rote Schlange ist eine Ausgeburt des Satans, die ein unbewußtes Wirken finsterer Kräfte signalisiert, gleichzeitig aber zu besonnenerer Lebensführung aufruft. – Eine grüne Schlange repräsentiert das vegetative Wachstum und ist dem urtümlichen Leben und seinen Energien gleichzusetzen. Die schwarze Schlange hingegen steht für völlig unerhellte, psychische Kräfte, die aber nicht nur verderblich und beängstigend zu verstehen sind, sondern am Beispiel der ebenfalls schwarzen Äskulapschlange auch das Gleichnis für heilende Vorgänge im Seelenraum beinhalten können. – Rollt sich die Schlange zum ›ewigen Kreis‹ und stellt so ein sinnfälliges Gleichnis für Anfang und Ende dar, ist in Ihrem Raum die Unendlichkeit angesprochen. Ähnlich ist die sich häutende Schlange als Zeichen innerer Wiedergeburt zu betrachten. Zusätzlich zu diesen Deutungen ist die Schlange ein deutliches Sexualsymbol. In Männerträumen gilt sie als phallisches Zeichen, das die erwachende Geschlechtskraft ankündigt. Bei Frauen drückt sich im Schlangentraum oft eine unbewußte Angst vor Sexualität aus.

s. Drachen
s. Monster

Schlitten Wenn Sie einen Schlitten nachziehen, befinden Sie sich im Winter: In Schnee und Eis herrschen Gefühls-

kälte und Einsamkeit. Auf dem Schlitten transportieren Sie die Dinge, die Ihnen wichtig sind. Vielleicht ein Kind, das Neues aus Ihrem Seelenleben darstellt.
s. Eis
s. Schnee
s. Kind

Schlittschuhe Mühelos gleiten Sie über die spiegelnde Fläche eines zugefrorenen Sees. Wenn es sich nicht um einen harmlosen Sporttraum aktiver Eisläufer handelt, dann ist Vorsicht geboten. Unter dem Eis der Gefühlskälte ist das Wasser tief und gefährlich. Noch gleiten Sie ungehindert dahin, noch vollführen Sie Ihre bewunderten Kunststücke. Doch wenn sich im Eis ein Riß auftut, besteht Einbruchgefahr!
s. Eis

Schloß Vor sich, manchmal auf dem Gipfel eines Berges, sehen Sie das Schloß, jenes erstrebenswerte Ziel einer Lebenswanderung. Oft ist es nur unter Mühen erreichbar und schwer zugänglich. Denn es verkörpert Ihre eigene Mitte, Ihr Ich, das nicht immer leicht zu finden ist.
s. Burg

Schlüssel Dieses Instrument, das Türen öffnet und Zugang verschafft, ist wertvoll. Was haben Sie mit Ihrem Traum-Schlüssel aufgesperrt? Aus welchem Material war er gefertigt? Hoffentlich haben Sie ihn nicht verloren! In diesem Fall bliebe Ihnen nämlich der Zugang zu jenen Bereichen versagt, für die der Schlüssel bestimmt war.
s. Tür
s. Haus

Schmetterling Das griechische Wort für Schmetterling heißt ›Psyche‹. Dementsprechend verkörpert dieses flatternde Tierchen die Seele überhaupt, oft bezogen auf ihre Wandlungsfähigkeit, die verschiedene Stadien der Existenz

durchlaufen kann und damit den biologischen Werdegang des Schmetterlings aus der Raupe nachvollzieht.
s. Raupe

Schmied Er ist der Herr des Eisens und des Feuers und gilt als Gestalter jener Elemente, die als besonders hart und unbeugsam bekannt sind – im Träumer selbst! Wenn Sie von einem Schmied träumen, dann arbeitet eine innere Gewalt hart an Ihnen, um Sie zu formen. Sie unterziehen sich einer inneren Wandlung, bei der manchmal die Funken sprühen.

Schnee/Schneien Wenn die Landschaft Ihrer Seele von Schnee bedeckt ist, friert Ihre Seele. Einsamkeit, Not und Kälte fallen vom Himmel. Es ist höchste Zeit, Gefühle aufzubieten, die für Tauwetter sorgen.
s. Eis
s. Gletscher

Schokolade Wie alle Süßigkeiten hat auch Schokolade mit Gefühlen zu tun. Könnte es sein, daß Sie die Traum-Schokolade gestohlen haben? Vielleicht billigen Sie sich zuviel Gefühl zu, frönen einem Gefühlsüberschwang, der möglicherweise auf Kosten anderer geht.
s. Süßigkeiten

Schranke/Barriere Sie sind zu einem Schlagbaum gekommen. Auf Ihrer Lebensstraße taucht ein Hindernis, eine Barriere auf. Man verlangt Ihren Paß. Haben Sie die notwendigen Dokumente bei sich? Falls Ihnen im Traum der Durchgang verweigert wird, könnte es sein, daß Sie für das Weiterziehen auf Ihrer Lebensreise noch nicht ausreichend vorbereitet sind.
s. Paß
s. Reise
s. Straße
s. Grenze

Schuh Es gibt viele Arten von Schuhen. In den meisten Fällen wird der Träger durch ihre Beschaffenheit definiert. So könnte der klobige Soldatenstiefel Brutalität ausdrücken, während der Pantoffel weibliche Streitlust andeutet. Trägt man im Traum Kinderschuhe, will man vielleicht nicht erwachsen werden. Sind die Schuhe eine Nummer zu groß, hat man sich mehr vorgenommen, als man bewältigen wird. Ist man mit zu leichten Schuhen für einen schwierigen Bergweg bekleidet, dann könnte dieser Traum besagen, daß man ein schweres Schicksal nicht auf sich genommen hat. – Der Schuh ist aber gleichzeitig ein häufig geträumtes Sexualsymbol: man kann hinein- und hinausschlüpfen.
s. Fuß

Schule Die Schulzeit ist vorbei. Doch immer wieder müssen Sie sich im Leben bewähren. Deshalb kehrt der Traum in die immer noch aktuelle Zeit der Persönlichkeitsformung zurück. Was hier gefragt wird, ist die Lebensfrage. Wer hier lernen muß, ist das ganze zur Leistung aufgerufene Ich. Der Lehrer kann in konkreter Erinnerung an die Schulzeit ein Mann Ihrer Erinnerung sein. Er kann aber auch das Gesicht des gegenwärtigen Vorgesetzten tragen. Oder aber eine völlig anonyme Person sein, eine innere Instanz also, die Sie zu Ordnung und Disziplin erzieht. Diesen Lehrer können Sie nicht beschwindeln, da er ein Teil Ihres Selbst ist. Von ihm lassen Sie sich in die Hefte schauen. Seinen Rat und seine Lehre sollten Sie annehmen!
s. Aufgabe
s. Prüfung
s. Lehrer
s. Lehrling

Schwanger Auch Männer können träumen, schwanger zu sein. Sie sind in Erwartung eines Kindes, das eine bestimmte Idee, aber auch ihre innere Reife darstellen kann. Vielleicht ist es Ihre eigene unverwechselbare Persönlichkeit, die geboren werden will. Bei Frauen sind Schwangerschafts-

träume ebenfalls in dieser Richtung zu deuten, falls nicht im konkreten Einzelfall die unerfüllte Sehnsucht nach Mutterschaft dahintersteht.
s. Geburt
s. Säugling

Schwarz Der Zustand völliger Unbewußtheit, des Versinkens in das Dunkel der Trauer, wird durch diese Farbe ausgedrückt, die physikalisch gesehen keine ›Farbe‹, sondern die Abwesenheit von Licht ist. Speziell in Europa wird Schwarz mit Hoffnungslosigkeit und Trauer gleichgesetzt. – Im Zusammenwirken mit Weiß erhält auch das Schwarz eine freundlichere Bedeutung, da es hier zum Symbol der Vereinigung von Gegensätzen umfunktioniert wird.
s. Farben
s. Harlekin

Schwein Dieses Traumsymbol hat nichts mit ›Schweinerei‹ zu tun. Im Gegenteil! Die Redewendung, man habe ›Schwein gehabt‹, macht das Traum-Schwein zum eindeutigen Symbol für das kleine Glück, das man bei manchen Unternehmungen braucht. Darüber hinaus kann das Schwein auch als Zeichen eines ruhigen, zufriedenen Muttertums im Traum auftauchen.

Schwert Mit dieser Waffe führte man in früheren Zeiten Kriege. Ins Unblutige übersetzt, hat das Schwert im Traum eine ähnliche Bedeutung. Es symbolisiert die Notwendigkeit einer psychischen Auseinandersetzung und Entscheidung. – Wie viele Waffen, ist es auch sexuell bedeutsam.
s. Waffen

Schwester In Männerträumen verkörpert die Schwester die ›Anima‹, eine gegengeschlechtliche anonyme Figur, in der sich alles sammelt, was dem Träumer als Inbegriff des erstrebenswert Weiblichen erscheint. In Frauenträumen ist die Schwester oft ein ›Schatten‹, ein Teilaspekt der eigenen

Persönlichkeit, die das kennzeichnet, was die Träumerin unbewußt auch ist.
s. Bruder
s. Schatten

Schwimmen Überqueren Sie im Traum schwimmend einen Fluß, dann haben Sie ein Hindernis auf Ihrem Lebensweg aus eigener Kraft bewältigt oder sind dabei, es zu tun. – Schwimmend bewegen Sie sich im Wasser, in einem Grundelement des Lebens. Wie empfinden Sie dieses Traumerlebnis? Fühlen Sie sich wohl? In Ihrem Leben herrscht ausreichende Sicherheit. Haben Sie Angst vor der Strömung und der Tiefe? Sie bewegen sich in Lebensbereichen, die Sie nicht genau einschätzen können.
s. Fluß
s. Wasser
s. Bad

Sechs Diese Zahl erhält man, wenn man die ›weibliche‹ Zahl mit der ›männlichen‹ Drei multipliziert. Die Sechs steht also für ein geglücktes Zusammenwirken dieser beiden Gegensätze. Positiv besetzt ist die Sechs auch aufgrund der Tatsache, daß der Würfel, diese perfekte geometrische Form, sechs Seiten aufweist. Überdies sind es sechs Richtungen, die die Totalität aller Möglichkeiten ergeben.
s. Zahlen
s. Würfel

See Sie sehen ein Gleichnis des Lebens vor sich. Das stehende Wasser, das sich vor Ihrem Traum-Auge erstreckt, ist das Wasser des Lebens. Wie sieht es aus? Ist es klar und rein? Oder schmutzig und undurchsichtig? Drängt sich Ihnen die Redensart auf, daß ›stille Wasser tief‹ sind? Stehen Sie am Ufer? Baden Sie? Wie erleben Sie den Traum-See? Die Empfindung, die dieser Traum bei Ihnen auslöst, wirft ein Licht auf Ihre Lebenssituation.
s. Wasser

Sexualität Nur in der Pubertät bedeuten sexuelle Handlungen im Traum den direkten Wunsch nach geschlechtlicher Betätigung. Träumt man hingegen in reiferem Alter und angesichts eines normal erfüllten Geschlechtslebens von Sexualität, dann ist sehr oft eine andere Schöpferkraft gemeint als die des Leibes. Bei sexueller Abstinenz kann es sich bei diesen Träumen allerdings auch um Wunschvorstellungen handeln. Viel öfter aber gilt die Traum-Zeugung einer Idee, einem Plan oder einem aufbrechenden Gefühl, vielleicht auch einem durch Kunst oder Geschick entstehenden Werk.
s. Geburt

Sieben In der griechischen Mythologie gab es sieben Hauptgötter. Sieben Metalle verwendete die Alchimie. In der katholischen Religion stehen die sieben Todsünden den sieben Tugenden gegenüber. Im Alltagsleben hat die Woche sieben Tage, im Volksmund redet man davon, daß man seine ›sieben Sachen‹ zusammenpacken muß oder ›das verflixte siebente Jahr‹ eine Krisenphase in der Ehe sei. – Ein Traum, in dem diese Zahl auftaucht, hat deshalb immer eine tiefere Bedeutung. Schwierig ist allerdings, wie bei allen Zahlen, die nähere Zuordnung. Vielleicht ergibt sich aus dem engeren Zusammenhang, in dem die Sieben stand, ein für den Träumer sinnvoller Bezug.
s. Zahlen

Silber Dieses Edelmetall ist dem Mond zugeordnet, wie das Gold zur Sonne gehört. Die silberne Scheibe des Mondes verkörpert das allgemein Weibliche, das Sanfte, Nächtliche, am Rande des Unbewußten Befindliche. Silbermünzen im Traum bedeuten jene Kräfte, die man mit dem ewig Weiblichen verbindet: Mütterlichkeit, Geduld und die Fähigkeit, das Leben weiterzugeben an nachfolgende Generationen.
s. Gold
s. Mond

Sohn Im Traum können Eltern auf tatsächliche Probleme ihres Sohnes hingewiesen werden, noch bevor sie sich dieser Sachverhalte im Tagesleben bewußt sind. Taucht also Ihr bekanntes, eigenes Kind im Traum auf, ist es angezeigt, die Einstellung zu Ihrem Sohn und Gesamtsituation sorgfältig zu überdenken. Meist weiß das Unterbewußtsein früher von Schwierigkeiten, als es der wache Verstand wahrhaben will. – Träumen aber Männer von unbekannten ›Söhnen‹, dann ist sehr oft das gemeint, was im Träumer selbst noch ›jung‹ ist. Ein solcher Traum-Sohn kann den Vater vielleicht zu einer Erkenntnis, zu einer Bewußtwerdung führen.
s. Eltern
s. Kind

Soldat/Militär Einzeln verkörpert der Traum-Soldat die uniforme, kollektive Pflichthaltung. Ein unbekannter Soldat in Ihrem Traum ruft zur Ordnung, gemahnt Sie an Anpassung und ähnliche Tugenden, die der extreme Individualist oder auch der Egoist meist vermissen läßt. Speziell für jugendliche Träumer ist dieses Erlebnis positiv. Sie werden von ihrem Unterbewußtsein zur Pflichterfüllung und Unterordnung aufgerufen. – Aber ein marschierender Soldatentrupp im Traum kann auch bedeuten, daß Triebgewalten unterwegs sind. In Frauenträumen wird durch dieses Traumbild gelegentlich der Wunsch nach triebhafter, unverblümter Sexualität ausgedrückt.

Sommer Das ist der Höhepunkt des Lebensjahres. Die Sonne steht hoch, die Dinge werfen kaum einen Schatten, der Himmel ist blau, und die Traum-Welt liegt strahlend vor Ihnen. Wenn alles in Ihrem Traum in Hochform ist, dann sind Sie es auch! – Allerdings ist nicht zu übersehen, daß nach diesem Zeitpunkt die Tage kürzer und die Schatten länger werden.
s. Mittag
s. Sonne

Sonne Das leuchtendste und größte Energiesymbol ist die Sonne. Sie verbindet sich mit dem Erlebnis von Helligkeit, von Aufbruch, Neubeginn und Wachstum. Gleichzeitig verkörpert sie jedoch das heißeste Feuer, das sengt und blendet. Wenn also das Sonnensymbol im Traum ein neu erwachendes Bewußtsein symbolisiert, dann steht im Hintergrund gleichzeitig die Gefährdung, die manchem ein allzu rasch gesteigertes Bewußtsein bringt. Wo und wie ist Ihnen im Traum die Sonne erschienen? Ging sie auf? Sie stehen am Beginn eines Lebensabschnittes, der von Tätigkeit und Unternehmungslust gekennzeichnet ist. – Ging die Sonne unter? Eine aktive Phase nähert sich dem Ende. – Sank sie ins Meer? In Ihnen herrscht Untergangsstimmung. – Aus dem Stand der Sonne kann man auf die Tages- und Jahreszeiten schließen, die wiederum den Ablauf des menschlichen Lebens symbolisieren. Deshalb sagt Ihnen die Sonne, wann immer sie in Ihren Träumen am Himmel steht, in welchem Stadium Ihres Lebens Sie sich befinden. – Die Sonne kann Ihnen aber auch als Gleichnis erscheinen: als Goldscheibe oder -kugel, als helles Brot oder leuchtende Frucht. – Mitunter auch sieht man sie nicht, sondern trifft sie nur als Bestandteil eines Namens an. Das Gasthaus ›Zur goldenen Sonne‹ etwa oder die Bezeichnungen mancher Berge erinnern, wenn auch in abgechwächter Intensität, an das größte Energiesymbol Ihrer Träume. – Im weiteren Sinne dieser Deutung kann ein Mensch, der in Ihren Träumen von leuchtenden Sonnenstrahlen erhellt und umflossen ist, ein Träger schöpferischer Energie sein.
s. Mond
s. Tageszeiten
s. Sommer
s. Kugel
s. Mittag

Spargel Deutlicher als viele andere Gemüsesorten symbolisiert der Spargel das männliche Geschlechtsorgan.
s. Gemüse

Speise Das Essen, das Sie im Traum zu sich nehmen, nährt nicht Ihren Körper, sondern Ihre Seele, Ihren Geist. Das Traumerlebnis des Essens bedeutet eine Aufnahme von Energie, einen Zuwachs an innerer Kraft. Wenn Ihnen die Traum-Speise mundet, befinden Sie sich im Einklang zwischen Bewußtem und Unbewußtem. Es kann aber auch sein, daß das, was man Ihnen vorsetzt, ungenießbar ist oder erscheint. Versuchen Sie, sich über die Beschaffenheit dieser Speise klar zu werden! Dann wird Ihnen vielleicht gleichzeitig klar, was Sie im Leben nicht annehmen, nicht hinunterschlucken wollen.
s. Essen
s. Mahlzeit

Spiegel Sehen Sie im Traum sich selbst im Spiegel, dann könnte das ein Warnruf Ihres Unbewußten sein, sich selbst treu zu bleiben. Ein Gefahrensignal ist es, wenn dem Träumer aus dem Spiegel eine andere Person entgegenblickt. Das könnte bedeuten, daß er seine Persönlichkeit zu verlieren droht. Es könnte ihm aber durch einen sichtbaren Defekt dieses Spiegelbildes auch ein Persönlichkeitsfehler vorgeführt werden. Oft ist das, was Sie aus dem Spiegel ansieht, Ihr Innenleben. Ob es Ihnen gefällt oder nicht: Sie müssen Ihren Tatsachen ins Auge sehen!

Spiel/Spielzeug Erwachsene, die im Traum wieder mit Kinderspielzeug hantieren, greifen in ihre Vergangenheit zurück. Sehnsucht nach der Unbeschwertheit dieses Alters kann dahinterstehen, ausgelöst vielleicht durch die drükkenden Verantwortungslasten und Pflichten der Gegenwart. Welches Spielzeug hatten Sie in Händen? Details erleichtern auch hier die Deutung.
s. Puppe
s. Ball

Spinne Dieses Symbol ist zweideutig und kann positiv wie negativ zu verstehen sein. Sieht man in der Spinne eher die geschickte Herstellerin kunstvoller Netze, in denen der Mittelpunkt die Konzentration psychischer Energien in einem erkennbaren Zentrum darstellt, dann hat der Traum eine günstige Bedeutung. – Steht im Vordergrund jedoch das tückische Tier, das lauernd auf Beute wartet, so könnte der Traum eine Bedrohung ausdrücken, die von einem vergessenen, mit Spinnweben überdeckten Winkel Ihres Innenlebens ausgeht. – In Männerträumen symbolisiert die Spinne manchmal das lüsterne, teuflische Weib, das – wie ein giftiges Spinnentier – das Männchen nach der Begattung ›auffrißt‹.

Spital Hier sind Sie krank, doch hier dürfen Sie gleichzeitig Heilung erwarten. Ihr Unterbewußtes hat eine seelische Gefährdung erkannt und schickt Sie in Behandlung. Sie treffen Mitleidende, andere Patienten, Krankenschwestern, Ärzte. Vieles stimmt bei Ihnen nicht und bedarf der Kur. Alle auftretenden Traum-Personen haben eine bestimmte Funktion.
s. Arzt
s. Krankheit
s. Krankenschwester
s. Sanatorium

Spur Im Traum zeigt sich eine Spur, der Sie im Falle einer Verirrung folgen können. Ihre Seele hat einen Ausweg gefunden, der Ihnen offensichtlich bei Tag noch nicht bewußt ist. – Man kann allerdings auch das Gegenteil träumen. Man befindet sich in der Wildnis, hat die Orientierung verloren, und nirgends zeigt sich eine Spur. Dann ist Ihnen die Möglichkeit, Ihr Leben bewußt einzurichten und zu gestalten, im Augenblick genommen.
s. Straße
s. Weg

Stadt/Hauptstadt Der innerste Kern Ihrer Persönlichkeit wird häufig in Form einer Stadt geträumt. Dabei repräsen-

tiert die Hauptstadt eine noch bedeutendere Station auf der Reise ins innere Selbst. Wenn Sie von der Hauptstadt träumen, sind Sie dabei, sich auf Ihre Persönlichkeit zu besinnen, oder Sie sind von der Absicht beseelt, zu sich selbst zu finden.
s. Kreis

Stall Hier wohnen Ihre Haustiere, die wiederum den gezähmten Trieb in Ihnen verkörpern. Der Stall repräsentiert deshalb Ihre Triebwelt. Wie sieht es aus? Herrscht Ordnung? Stehen Tiere drinnen? Schlimm ist es, wenn im Stall ein Brand ausbricht.
s. Tiere
s. Brand

Stehlen Stehlen Sie selbst oder werden Sie bestohlen? Im ersteren Fall kann es sich um einen Kompensationstraum handeln. Was Ihnen das Leben vorenthält, nehmen Sie sich im Traum ohne Gegenleistung. – Fallen Sie hingegen einem Dieb zum Opfer, dann ist es eine dunkle Regung aus Ihrer eigenen Seelentiefe, die Ihre Energiereserven bedroht und Unordnung in Ihren seelischen Besitzverhältnissen schafft.
s. Warenhaus
s. Dieb

Sterben Äußerst selten gilt das Traumerlebnis des Sterbens einer Person. Es ist vielmehr stets eine Sache, die stirbt, ein Gefühl, ein Lebensabschnitt. Vielleicht sind es Pläne, die Sie ›begraben‹ müssen. Auf jeden Fall markiert dieser Traum zwar, daß etwas zu Ende geht oder gegangen ist, stellt aber gleichzeitig seelische Voraussetzungen für einen Neubeginn her.
s. Begräbnis
s. Tod

Stern Sehen Sie Sterne am klaren Himmel? Es sind Ihre Lebensziele, die sichtbar werden. Manchmal fallen einem

Träumer Namen ein, die er den Sternen zuteilt. Aus diesen Bezeichnungen wird deutlich, wonach man strebt.

Stier Die Hauptaufgabe eines Stieres ist die Zeugung. Parallel dazu verkörpert er als Traumsymbol das Animalisch-Triebhafte, das dumpfe Triebbegehren und die blinde Zeugungskraft. Ist der Traum-Stier einem Menschen zugeordnet, so steht er für unbändige Vitalität und aufs Sexuelle ausgerichtete Gefühlserregung. Wenn sich ein Träumer von einem Stier bedroht fühlt, sind seine wildesten Naturkräfte ausgebrochen und wollen ihn erreichen oder gar vernichten. Das Ringen mit dem Stier symbolisiert den Kampf der Kultur mit der Natur im Menschen. Siegt das Tier, so bleibt die Sexualität auf einer wohl dynamischen, aber primitiven Stufe stehen.
s. Tiere

Stockwerk Das Haus ist das Sinnbild der eigenen Person, der Verbindung von Körper und Seele. Die einzelnen Abschnitte und Zimmer des Hauses stehen für verschiedene Körperteile. Das Stockwerk, in dem Sie sich im Traum befinden, weist auf die entsprechende Region Ihres Körpers hin. Während im Erdgeschoß die ›unteren‹ Bereiche, die Geschlechtsorgane, gemeint waren, sitzt das Herz, das Gefühl, entsprechend weiter oben. Was hat sich in Ihrem Traum in dem jeweiligen Stockwerk abgespielt? Welche Erfahrungen haben Sie dort gemacht?
s. Haus

Straße Straßenträume sind häufig. Gleichgültig ob es sich um eine bekannte oder unbekannte Straße handelt, sie symbolisiert Ihren Lebensweg. Versuchen Sie, sich an Einzelheiten zu erinnern! Wie war die Straße beschaffen? Durch welche Landschaft führte sie? Wie haben Sie sich auf ihr fortbewegt? Wer waren Ihre Begleiter? In welcher Richtung verlief der Weg? Waren Sie für den Marsch, die Fahrt auf Ihrer Lebensstraße zufriedenstellend ausgerüstet? –

Mußte die Straße erst gebaut werden? Wie jeder Traum vom Bauen ist auch dieses Traumerlebnis sehr positiv zu bewerten, besonders dann, wenn der Träumer selbst mitbaut. – Führte die Straße durch einen dunklen Wald? Sie bewegen sich durch Finsternis und Schwierigkeiten zum Licht. – Hatten Sie Angst vor lauernden Räubern? Sie fühlen sich von Triebkonflikten bedroht. – Erlebten Sie die Straße in der Nacht? Sie stehen vor oder in einer gefährlichen Situation. Es ist bezeichnend, daß diese Träume von nächtlichen Straßen vor allem dann auftreten, wenn der Träumer schon an einer Wende zu einer günstigen Entwicklung steht. – Auf Ihrer Traum-Straße hemmt Sie ein Hindernis? Betrachten Sie genau, was Sie aufhält. Ist es ein Schlagbaum? Sind es Paßformalitäten? Oder ein wildes Tier? Vielleicht auch ein harmloser Korb mit Blumen oder Früchten, Gefühlen und Genüssen also, an denen Sie nicht vorbeigehen können. – Wirklich gefährdet sind Sie nur dann, wenn Sie die Traum-Straße nicht finden oder vom Weg abkommen: Das eigene Bewußtsein droht verlorenzugehen.
s. Reise
s. Begleiter
s. Schranken
s. Räuber
s. Tiere
s. Blumen

Straßenbahn/Autobus Wenn Sie in der Traum-Straßenbahn befördert werden, sind Sie selbst einer unter vielen, die alle Teilpersönlichkeiten Ihres Ichs sein können. Sie können den Kurs nicht selbst bestimmen. Beobachten Sie aber, wer mitfährt, in welcher Richtung die Fahrt verläuft, wo die Straßenbahn anhält. – Der häufige Traum von einer Beförderung in einem überfüllten Verkehrsmittel ist typisch für Einzelgänger. Damit wird angezeigt, daß auch Einzelgänger oft gewöhnliche Ziele verfolgen.
s. Bahn
s. Begleiter

Streichinstrumente Im Gegensatz zu den männlich definierten Blasinstrumenten haben die Streichinstrumente eher ›weiblichen‹ Charakter. Das trifft zwar auch auf die elegante Geige zu, wird aber vor allem beim Cello und beim ausladenden Kontrabaß offensichtlich. Die gerundeten Formen und die taillenähnliche Schmalstelle in der Mitte des Instruments, auf dem mit dem ›männlichen‹ Bogen musiziert wird, lassen keinen Zweifel an der sexuellen Bedeutung.
s. Blasinstrumente
s. Musik
s. Konzert
s. Geige

Süden Die heiße Sonne des Mittags steht im Süden. Aus dem Süden kommen Hitze und Licht. Wenn Sie sich im Traum in südlichen Gegenden erleben, können Sie zufrieden sein. In Ihrem Bewußtsein herrschen Helligkeit und Wärme. Ihr Leben richtet sich auf Mittag oder Sommer ein: Die Lebensmitte wird positiv angepeilt.
s. Sonne
s. Mittag
s. Sommer
s. Norden

Süßigkeiten Alles, was in Ihrem Traum süß schmeckt, hat mit Gefühlserlebnissen zu tun. Viele Süßigkeiten liegen in einem Schaufenster für Sie bereit. Preisschilder machen Sie aufmerksam, daß jedes süße Erlebnis seinen Preis hat, den Sie in seelischer Währung abzustatten haben.
s. Schokolade
s. Kuchen
s. Konditorei

Tageszeiten Die Tageszeiten im Traum beziehen sich auf den ›Lebenstag‹ des Träumers. Was die Uhr anzeigt, oder die Sonne durch ihren Stand verdeutlicht,

verkündet Ihnen, wie spät es in Ihrem Leben ist. Der Morgen steht also für Jugend und Jugendlichkeit. Der Mittag mit seinem höchsten Sonnenstand ist der Lebensmitte vergleichbar. Am Abend neigt sich das Leben seiner Erfüllung und seinem Ende zu. – In der Nacht hingegen herrscht die Finsternis der Unbewußtheit.
s. Morgen
s. Mittag
s. Abend
s. Nacht

Tanz/Tänzer Der Tanzpartner des letzten Balles, den Sie besucht haben, ist auch dann harmlos, wenn er Sie in Ihren Träumen heimsucht. Wo aber der Tänzer als unbekannte, unheimliche Gestalt in einen Traum tritt, ist man der leidenschaftlichen Bewußtheit des Lebens nahe, dem ewigen Tanz des Lebens, der in Großträumen um ein unsichtbares Zentrum kreist.

Taube Dieser Vogel gilt sowohl als Friedenssymbol wie auch als Sinnbild eines steten häuslichen Glücks und harmonischen Familienlebens. Die schnäbelnde, gurrende Taube vereint Kraft mit Zartheit. – In der christlichen Symbolik ist sie überdies jenes Tier, durch das der Heilige Geist sichtbar wird.
s. Vogel

Taufe Im Wasser erneuert sich nach altem Glauben der Mensch. Wenn Sie also von einer Taufe und dem Taufwasser träumen, dann ist seelische Wiedergeburt in Sicht. Das zu taufende Kind, vielleicht einen Plan oder Gedanken symbolisierend, wird durch die Taufe dem Gott geweiht, um gereinigt und mit der Kraft des Sakramentes versehen ein neues, stärkeres Leben zu gewinnen.
s. Wasser
s. Bad
s. Kind

Telefon Auch im Traum dient dieses Gerät dem Herstellen einer Verbindung zu anderen Menschen. Ein Telefon-Traum ist also ein Kontakttraum. Werden Sie angerufen? Haben Sie selbst die Verbindung gesucht? Kam die Verbindung zustande? Oder war die Nummer Ihres Gesprächspartners schon ›besetzt‹? Eine Störung Ihrer Traum-Telefonate könnte Sie darauf aufmerksam machen, daß Ihr Kontaktverhalten im Leben nicht ganz normal verläuft.

Teufel Oft ist der Traum-Teufel das eigene Gewissen. Luzifer, der gefallene Lichtgott, symbolisiert die tragische geistige Situation des Träumers, der seine guten und seine schlechten Eigenschaften nicht zu vereinen weiß. – Treffen Sie im Traum einen schwarz-roten Teufel an, verfolgt er Sie im Kleid der gierigen Leidenschaft. Ist Ihr Traum-Teufel grün, dann stammt er aus den Bereichen des antiken Vegetationsgottes.

Theater Hier wird das Stück Ihrer Innenwelt gespielt. Der Traum wie das Drama hat einen Aufbau mit mehreren Akten und eine ganz bestimmte Dramaturgie. Sind Sie im Theater Ihres Lebens bloßer Zuschauer? Oder spielen Sie mit? Dann ist jedenfalls Ihr bewußtes Ich an dem dargestellten Geschehen beteiligt. Treten Sie gerne vor Publikum auf? Können Sie Ihre Rolle? Haben Sie den Text vergessen? Manchmal lassen der Titel des gespielten Stückes oder dessen Handlungselemente Schlüsse auf das Befinden und die Situation des Träumers zu.
s. Schauspiel
s. Buch

Tiere Die Traum-Tiere sind Sinnbilder der Naturseite des Menschen. Sie verkörpern in den verschiedensten Abstufungen, die durch die Eigenschaften der Tiere genauer festgelegt sind, die Trieb- und Instinktkräfte des Träumers. Man kann die Tiere im Traum als Freunde erleben, wenn die Denk-, Gefühls- und Triebfunktionen des Menschen

miteinander im Einklang stehen. Werden die Triebe jedoch gewaltsam unterdrückt und verdrängt, dann stehen sie – weil ihnen der Raum fehlt – in den Träumen als Aggression und Bedrohung wieder auf.
s. Raubtiere
s. Insekten
s. Hund
s. Katze
s. Pferd
s. Zoo
s. Schlange

Tiger Dieses unbändige Raubtier, das bereit ist, Sie aus dem Hinterhalt anzufallen und zu zerreißen, verkörpert den selbständig gewordenen Trieb, den das Bewußtsein nicht mehr zu kontrollieren vermag. Der Tiger ist ähnlich wie der Stier zu deuten. Doch ist er schlauer und weniger blind. Auch gleicht er dem verwilderten, bissigen Hund, ist aber um ein Vielfaches gefährlicher. In jeder Erscheinungsform verkörpert der Traum-Tiger die Triebnatur des Träumers in ihrer wildesten Ausprägung.
s. Raubtier
s. Stier
s. Hund

Tisch Auf dem Tisch der Träume steht Lebensspeise. Ist er reich gedeckt? Dann hat das Leben noch genug Energiereserven zu bieten. – Ist er leer oder verweigert man Ihnen die Teilnahme an der Tischgesellschaft? Sie werden von den Energiequellen abgeschniten. – Mit Bekannten nehmen Sie teil an der allgemeinen Speisung der Kommunion. Sie erleben den äußerst positiven Traum kollektiver Bereicherung. – Sie sitzen mit Unbekannten am Tisch? Beobachten Sie genau: Es sind Gestalten Ihrer Innenwelt, mit denen Sie die Speise teilen.
s. Speise
s. Kommunion

Tod Todesträume verkünden nie den leiblichen Tod. Wohl machen sich Todesbilder in Nächten der Lebenskrise in Ihren Träumen bemerkbar, doch es sind stets Gefühle, Gedanken, Absichten gemeint, denen das Ende naht. Und da an die Stelle eines gestorbenen Gefühls meist sehr schnell eine neue Regung tritt, ist der geträumte Tod vor allem ein Verkünder von Wandlung und Erneuerung.
s. Sterben
s. Begräbnis

Tomate Das erdnahe Rot dieser sinnlichen Frucht kennzeichnet sie als Sexualsymbol. Die Reifezeit im frühen Herbst und die herbe Saftigkeit bringen sie mit erfahrener Geschlechtlichkeit in unmittelbaren Zusammenhang.
s. Früchte
s. Gemüse

Topf/Töpfer Religiöse Legenden, wie etwa die von der Erschaffung des Menschen aus Lehm, stellen den Töpfer in die Nähe Gottes. Das tut auch der Traum. Parallel damit ist der irdene Topf das Gefäß unseres Lebens, das auf der Töpferscheibe geformt und im Feuer gehärtet wurde. – Sehen Sie sich im Traum als Töpfer, dann ist es Ihre eigene Seele und Persönlichkeit, der Sie Form und Härte geben müssen.
s. Schmied

Traube/Weintraube Gemeinsam mit dem Weinstock repräsentiert die Traube das positive, leuchtende Leben. Die Traube ist die Frucht, an deren Beispiel die Wandlung des Erdnahen zum Geistigen, zum Wein, abzulesen ist. Sie gilt deshalb als Sinnbild der möglichen Wandlung und Vergeistigung.
s. Wein

Trauer/Trauerkleid Was Sie im Traum tragen, ist das Kleid Ihres Inneren. Sind Sie in Ihrem Traum selbst in Trauer,

dann beklagen Sie vielleicht einen Verlust? Den Tod einer Idee, einen Abschied?
s. Kleid

Treppe Treppen verbinden die Stockwerke des Hauses. Da das Haus Körper und Seele symbolisiert, ist es wichtig, daß die Verbindung zwischen den einzelnen Etagen und Zimmern funktioniert. Ihrer Traum-Treppe sollten also nach Möglichkeiten keine Stufen fehlen, sie sollte sauber sein und gut beleuchtet. Hat Ihre Treppe einen Schaden oder fehlt etwa das Geländer, spricht der Traum von Haltlosigkeit. Manche Räume Ihres Traum-Hauses sind schwer zugänglich, die Treppen sind verwinkelt und finster? Der Zugang in den Keller oder auf den Dachboden ist zu steil? Die entsprechenden Regionen Ihrer Seele wollen vom Bewußtsein offenbar nicht erreicht werden. – Sehr günstig ist der Traum von einer Wendeltreppe. Sie steigen über Ihre Lebensachse aufwärts und verlassen nie den Kreis Ihrer natürlichen Gegebenheiten.
s. Haus
s. Stockwerke
s. Keller
s. Dachboden

Tür/Fenster Da das Haus auch den menschlichen Körper symbolisiert, ist die Tür die Öffnung, die hineinführt. So gesehen handelt es sich hier unter anderem um ein sexuelles Sinnbild. – Gleichzeitig verkörpert die Traum-Tür aber auch eine Pforte, durch die man in eine andere Phase des Lebens eintreten kann. War die Tür offen? Führte sie ins Helle? Sie haben eine schwere Zeit hinter sich und finden Zugang zur Besserung. Führt die Tür ins Dunkle? Sie haben Schwierigkeiten vor sich. – War die Tür versperrt? Hatten Sie den Schlüssel? Woraus bestand dieser? Oder genügte ein Zauberwort, auf das hin die Tür aufging?
s. Haus
s. Schlüssel

Turm In erster Linie sehen Sie hier ein Phallussymbol. Näheres erfahren Sie, wenn Sie sich erinnern, wo der Traum-Turm stand. Vielleicht auf einer Insel? Näherten Sie sich in einem Schiff? Das würde die Verknüpfung des ›männlichen‹ Turm-Traumes mit einem Symbol der Weiblichkeit überzeugend andeuten. – Der feste Turm in der Mitte einer Stadt oder auf einem Berg kann aber auch das in sich ruhende Selbst sein.
s. Insel
s. Schiff
s. Stadt

Überfahren Fahrzeuge stellen Triebgewalten dar. Deshalb ist die Bedeutung eines Traumes, in dem Sie überfahren werden, klar: Ihre Triebe haben sich verselbständigt und nehmen auf die anderen Teile Ihres Ichs keine Rücksicht mehr.
s. Auto
s. Fahrrad
s. Unfall

Überfall Manchmal hat das Unterbewußte die Absicht, den Träumer zu wecken. Dann schickt es oft einen Traum vom Überfall. Die Gefahr überzeugt den Schläfer von der Dringlichkeit des Erwachens. – Es kann aber auch ein Überfall aus dem Unbewußten erfolgen und das Bewußtsein des Träumers bedrohen.
s. Räuber

Überschwemmung Wenn das Wasser, dieses häufige Symbol des Unbewußten, über die Ufer tritt oder Dämme brechen, ist eine Überschwemmung kaum zu verhindern. Der Überschwemmungstraum signalisiert, daß das Gleichgewicht der Elemente im Träumer gestört ist. Läuft das Wasser gar bis ins Zimmer des Träumers, dann ist die Gefahr groß, vom Unbewußten überschwemmt zu werden. Ihre Seelenlandschaft versinkt in der Flut. Das ist ein Traum,

der höchste Gefahr für die Seele signalisiert. Gut ist es, wenn im Angesicht der geträumten Sintflut eine Arche in der Nähe ist, auf der Sie das Zurückfluten abwarten können.
s. Wasser

Ufer Sie träumen sich an ein Ufer. Stehen Sie am Meer? Sie befinden sich im Niemandsland zwischen Bewußtheit und Unbewußtem. – Warten Sie an einem Fluß? Wollen Sie hinüberkommen? Was tun Sie dazu? Oder sind Sie gerade gelandet? Wie geht es jetzt weiter?
s. Meer
s. Fluß

Uhr Diese Uhr zeigt Ihre Lebenszeit an. Sie sehen auf dem Zifferblatt, wie spät es in Ihrem Leben ist. Oder können Sie die Zeiger und die Zahlen nicht erkennen? Sie wissen nicht genau, an welchem Punkt Ihres Lebens Sie augenblicklich stehen. – Die Uhr ist aber auch ein Symbol für die Angst, daß das Leben zu schnell verstreicht.
s. Tageszeit

Umzug Sie übersiedeln in ein größeres, schöneres Haus. Das ist nicht nur in Wirklichkeit erfreulich, sondern auch als Traumbild, da es besagt, daß Ihnen in Ihrem zukünftigen Leben mehr Freiraum zur Verfügung stehen wird. für Jeden Umzug müssen Sie Vorbereitungen treffen. Haben Sie alles gut geplant? Wenn Sie nicht bereit sind, findet er vielleicht nicht statt. Dann müssen sie weiterhin in der bisherigen Enge und Beschränkung hausen.
s. Haus
s. Neubau

Unfall Wer ist es, dem in Ihrem Traum etwas zustößt? Sind Sie es selbst? Ist es einer Ihrer Begleiter, in dessen Gestalt Ihre Seelenteilchen unterwegs sind? Im ersteren Fall ist Ihre Persönlichkeit in Gefahr, im letzteren werden nur Gefühle, Instinkte, Triebe bedroht. Wenn Sie in Betracht

ziehen, um welche Art Unfall es sich in Ihrem Traum gehandelt hat, bietet sich eine Deutung sicher an.
s. Überfahren

Uniform Die Uniform ist ein Kleidungsstück, das den Träger als Teil einer Gruppe kennzeichnet. Sie verhilft aber auch zu Rang und Stellung und gilt in dieser Auslegung als Rangabzeichen. Ähnlich reagiert der Traum auf die Uniform. – Trägt man im Traum selbst die Uniform, und sie sitzt schlecht, dann macht der Traum auf mangelnde Anpassung, Einordnung aufmerksam.
s. Kleid
s. Hut
s. Schuh

Vater Als Traumsymbol hat das Bild des Vaters nicht die gleiche umfassende Bedeutung wie das Bild der Mutter.

Der Vater gilt als Vertreter der Vernunft, der Außenweltbeziehungen. Ihm werden Willenskraft und Autorität zugeschrieben. Ebenso verkörpert er die Tradition und vermittelt die verstandesmäßig erfaßbaren Inhalte des Lebens. – Bezeichnend ist es, daß vor allem junge Menschen während der Ausbildungszeit zu Vaterträumen neigen, besonders dann, wenn Konflikte zwischen den Berufswünschen der Träumer und denen der Eltern vorliegen. – Träumt sich ein Erwachsener in die Kinderzeit zurück und sieht sich an der Hand des Vaters gehen, ist das ein Zeichen für Sehnsucht nach Führung, Anleitung, Entscheidungshilfe durch übergeordnete Autoritäten. – Wenn junge Mädchen von einer Vaterfigur träumen, dann handelt es sich oft um eine Projektion von Wunschvorstellungen in einem ›Animus‹, einem inneren Seelenfreund, der manchmal auch die Gestalt des Lehrers, des Priesters, des Vorgesetzten annehmen kann. – Reifere Frauen finden im Traum-Vater eine Kompensation für eine möglicherweise schlecht verlaufende Ehe oder Partnerschaft. – Bei älteren Männern zeigt der

Vatertraum eine angestrebte Versöhnung zwischen den Lebensprinzipien zweier Generationen an und die Bereitschaft, sich mit dem eigenen Älterwerden abzufinden.
s. Mutter
s. Lehrer
s. Mann
s. Priester

Verbrennung Von allen Verletzungen ist es die Verbrennung, die am häufigsten in Redensarten vorkommt. So kann man sich etwa den Mund oder die Finger verbrennen, wenn man etwas Falsches sagt. Der Traum überträgt diese und ähnliche Vorstellungen wörtlich. Wenn Sie also der Mund oder die Finger brennend schmerzen, liegt einer der genannten Gründe nahe.
s. Verletzung

Verfolgung Unbewußte Seeleninhalte drängen sich ins Bewußtsein und lösen den Verfolgungstraum aus. – Mitunter ist es aber auch das schlechte Gewissen des Träumers, das ihn zum Verfolgten macht.
s. Flucht

Verletzung/Wunde Die meisten Traum-Verletzungen schmerzen nicht. Das ist weiter nicht verwunderlich. Denn nicht der Körper ist verletzt, sondern die Seele. Je nach dem betroffenen Körperteil lassen sich auch der Verlauf des Gebrechens und dessen mögliche Heilung abschätzen. – Schlimm ist es, wenn die innere oder äußere Wunde stark blutet. Ein Schicksalsschlag hat Sie so sehr verletzt, daß es Sie ein beträchtliches Maß an Lebensenergie kostet. Was Ihnen im realen Leben vielleicht nicht voll bewußt war, zeigt Ihnen der Traum: Ihre psychische Ordnung ist beschädigt, Sie können seelisch ›verbluten‹, wenn Sie nicht versuchen, Ihr inneres Befinden wieder in den Griff zu bekommen.
s. Blut

Verspätung Wenn Sie im Traum zu spät kommen, dann sind Sie nicht bereit für die Abfahrt in einen neuen Lebensabschnitt. Vielleicht wollen Sie nicht weiterschreiten. Sie wollen die Jugend festhalten, sich nicht trennen vom gegenwärtigen Zustand. Oder Sie tragen so viel Gepäck mit sich, daß Sie nicht mehr weiter können, bis der Zug ohne Sie abfährt. Das würde bedeuten, daß Sie die Gefühle, Beziehungen und Umstände Ihres jetzigen Lebens nicht aufgeben möchten, obwohl sich eine neue Entwicklung abzeichnet. – Manchmal aber warten Sie auch auf jemanden, der seinerseits zu spät kommt. Sie haben eine Beziehung zu jemandem, der nicht mit Ihnen Schritt halten kann.
s. Bahn
s. Gepäck

Verstorbener Jemand, der gestorben ist, tritt als Lebender in Ihren Traum. Das bedeutet, daß dieser Mensch noch in Ihnen lebt, daß Sie sich nicht endgültig von ihm gelöst haben. Dieser Traum sollte Sie beschäftigen. Denn um das Leben mit seinen vielfältigen Ansprüchen meistern zu können, ist es wichtig, ungelöste Reste zu verarbeiten. Sie sollten versuchen, sich bei aller bleibenden Wertschätzung für diesen Menschen von ihm seelisch abzukapseln und den Tod als Zustandsform des Lebens, aber als unwiderrufliches Ereignis anzunehmen.
s. Tod
s. Sterben
s. Begräbnis

Vier Diese Zahl im Traum ist positiv. Vier Jahreszeiten gibt es, vier Elemente, vier Himmelsrichtungen. Das Quadrat ist die in sich geschlossene Vierheit, ein Ort der gleichmäßigsten Ordnung, in dem sich im Traum die Wandlung der menschlichen Persönlichkeit vollziehen kann.
s. Zahlen
s. Quadrat

Violett Diese Farbe der Resignation bekommt einen positiven Aspekt durch die Vereinigung von roten und blauen Seeleninhalten, wobei die roten für die aktiven, die blauen für die geistigen Seiten der menschlichen Seele stehen. – Im kirchlichen Gebrauch ist violett die Farbe der Buße und Sühne und erhält dadurch auch die Symbolbedeutung von Besinnung und seelischer Einkehr.
s. Farben

Vogel Als Geschöpf der Lüfte symbolisiert der Vogel geistige Seeleninhalte und hohe Gedanken. Wenn die Vögel Ihres Traumes jedoch verwirrt durcheinanderflattern, dann ist die geistige Ordnung bedroht und das geistig-seelische Gleichgewicht gefährdet. Kämpft man im Traum gegen angreifende Vögel, dann setzt man sich gegen zerstörerische Gedanken zur Wehr. – Fliegt ein Vogel dem Träumer auf den Kopf und läßt sich dort nieder, steht die geistige Gesundheit auf dem Spiel.
s. Luft
s. Adler
s. Rabe

Vorrat Die Küche, die Speisekammer und der Keller eines Hauses enthalten meist Vorräte. Wenn Sie von diesen nahrhaften Schätzen träumen, dann haben Sie das Bild Ihrer gespeicherten Energien vor sich. Wie verfahren Sie mit den Dingen? Hüten Sie sie unangetastet? Verschenken und verschleudern Sie sie? Oder zehren Sie vernünftig und nur bei Bedarf davon?
s. Küche
s. Keller

Waffen In erster Linie sind Waffen dazu da, einen Krieg auszutragen. Meist handelt es sich dabei aber um einen lokalen Konflikt, der nur in der Seele des Träumers stattfindet. Der Gebrauch der Waffe signalisiert die Entscheidung.– Überdies haben die meisten Waffen auch

eine sexuelle Bedeutung: Sie symbolisieren die männliche, aggressive Geschlechtlichkeit.
s. Pistole
s. Schwert

Wagen Der Wagen, auch die Kutsche oder ein anderes Fuhrwerk, hat im Traum ähnlichen Symbolwert wie das Auto. Immerhin wurde schon von individuellen Lebensfahrten geträumt, als das Auto noch gar nicht erfunden war. Überdies bietet der Wagen der Traumphantasie eine ganze Reihe weiterer Möglichkeiten durch sein häufiges Vorkommen in Sprichwörtern und Redewendungen. Deshalb ist es möglich, daß man im Traum einen Wagen auf fünf Rädern fahren sieht, weil man sich überflüssig fühlt.
s. Auto

Wald/Urwald In dieser Umgebung finden seelische Vorgänge statt, die zwar in der Dämmerung des Unbewußten beheimatet, aber nicht weit von der vom Ich beherrschten Sphäre entfernt sind. Zwischen den Baumstämmen wogt das unbewußte, von außen nicht sichtbare Leben, vertreten durch Pflanzen, Tiere, Fabelwesen, Räuber, Riesen, Hexen, Zwerge. – Jungen Menschen zeigt der Wald-Traum an, daß sie sich einen Weg aus der Unbewußtheit ihrer jugendlichen Natur bahnen müssen. – Wenn ältere Menschen vom Wald träumen, sollten sie sich fragen, ob ein Teil ihres Wesens dort Zuflucht gefunden hat. – Hat man sich im Traum-Wald verirrt, deutet das auf mangelnde Entfaltungsmöglichkeiten der bewußten Persönlichkeit hin. – Der Wald als vorübergehende Bleibe ist meist positiv besetzt. Bleibt man jedoch dort wohnen, droht der Verlust des Menschentums zugunsten des Unterbewußten.
s. Tiere
s. Monster
s. Räuber
s. Riese
s. Zwerg

Wanderer/Wandern Sie haben einen langen Fußmarsch vor sich. Sie träumen davon, durch die Welt zu wandern, ohne das Ziel zu kennen. Dann haben Sie schwere Zeiten vor sich, in denen Sie sich nirgends zu Hause fühlen.
s. Straße
s. Weg

Wandtafel Auf diesem Brett steht die Aufgabe, die der Traum Ihnen aufgibt. Es ist eine Lebensfrage, um die es geht. Doch vielleicht können Sie sie nicht entziffern? Ist sie in Ihrer Sprache und in leserlicher Schrift geschrieben? Wenn Sie nicht imstande sind, diese Aufgabe zu lösen, haben Sie für die Bewältigung Ihres Lebens noch vieles zu lernen und nachzuholen.
s. Prüfung
s. Reifeprüfung

Warenhaus Das vielfältige Angebot der Außenwirklichkeit wird Ihnen hier angeboten. Nichts gefällt Ihnen wirklich. Sie sind zu wählerisch. – Die Waren tragen Preisschilder. Wie viele Ihrer Reserven, Energien müssen Sie für das Angebotene aufwenden? – Sie eignen sich Dinge an, ohne dafür zu bezahlen? Vielleicht kompensieren Sie im Traum, was Sie im Leben zu versäumen glauben.
s. Laden

Wasser Es ist eines der vier lebenswichtigen Elemente. Es gilt als Lebensspender und Erhalter, symbolisiert aber gleichzeitig den noch unbewußt gebliebenen Geist. So wirkt das Traum-Wasser als unbewußte Energie in der Landschaft der Seele, gleichgültig ob es sich als Bach, Fluß oder Meer darstellt. Als Regen strömt es vom Himmel und befruchtet die Erde. Es ist klar und durchsichtig wie Licht. Es ist kostbar als Labung der Seele. – Im Wasser der Taufe erneuert sich der Mensch. Im Bad reinigt man sich von Schmutz und Vergangenem. – Fast alle Träume von klarem Wasser haben günstige Bedeutung. Ungünstig ist nur der

Traum vom Versinken in undurchsichtigem Wasser: Das innere Ich, das Bewußtsein, ist in Gefahr verlorenzugehen.
s. Bad
s. Taufe
s. Fluß
s. Quelle
s. Überschwemmung

Weg/Kreuzung Obwohl schmäler und weniger gut befahrbar, hat der Weg eine ähnliche Bedeutung wie die Straße. Wenn Sie im Traum an eine Kreuzung oder Weggabelung kommen, dann haben Sie einen sehr typischen Konfliktraum. Für welche Richtung werden Sie sich entscheiden? Nach links, wo die Gefühle liegen? Oder nach rechts, auf die Seite der Vernunft? Manchmal zeigt Ihnen im Traum ein Wegweiser, wo es weitergeht. Sagen Ihnen die Ortsnamen etwas, die darauf stehen? Oder können Sie sie gar nicht entziffern? – Sie stehen mitten auf einer Kreuzung, können sich nicht entscheiden und warten ab? Sie fühlen sich den Gegensätzen ausgeliefert und warten auf Hilfe. Mitunter wird Ihnen diese tatsächlich zuteil. Ein wegkundiger Führer taucht auf, ein Lotse Ihres Seelengrundes. – Läuft Ihnen ein Tier zielstrebig auf dem Weg voraus? Sie folgen bei ihren Entscheidungen Ihrem sicheren Instinkt. – Je weiter der Weg ist, auf dem Sie voranschreiten, um so tiefer gehen Sie in sich selbst. Dabei werden Sie im Traum durch fremde Menschen aufgehalten, vielleicht durch Gesindel und Wegelagerer. Sie verkörpern die mißachteten Seelenanteile, die Ihrem Ich feindselig gesinnt sind, und stehen häufig für geheime Erregungszustände oder Charakterzüge, die Sie weder an anderen noch an sich selbst leiden können und deren Vorhandensein Sie daher irritiert.
s. Lotse
s. Straße
s. Tier
s. Begleiter

Wein/Weinberg Dieses alkoholische Getränk wird als Kulturgut der abendländischen Zivilisation erlebt. Wein symbolisiert deshalb geistig-seelische Inhalte.
s. Traube

Weiser Der weise alte Mann stellt im Traum eine Steigerung des Lehrers oder der anonymen Vaterfigur dar. Er wohnt in der Nähe eines wissenden Seelenzentrums, das im Traum oft als Höhle, als kultischer Ort erscheint. Meist erteilt er seltsamen, schwer verständlichen Rat, der das innerste Leben betrifft. Seine Weisheit liegt oft zu nah an der Grenze zur letzten Wahrheit, als daß sie für das wache Leben des Alltags begreifbar und annehmbar wäre.
s. Alter
s. Vater
s. Lehrer

Weiß Für sich allein stehend ist Weiß keine Farbe. Das deutlich erlebte Weiß im Traum hat nicht nur günstige Bedeutung. Zwar kann es Reinheit symbolisieren, manchmal aber auch eine Reinheit jenseits des Lebens meinen. So ist etwa das weiße Pferd häufig verbunden mit dem Erlebnis oder der Ahnung des Todes: Der Schimmelreiter taucht dort auf, wo Tödliches geschehen kann.
s. Farben
s. Schimmel

Wespe Haben schon Insektenträume meist keine günstige Bedeutung, ist das Erlebnis einer Wespe im Traum besonders negativ. Sie gilt als aggressiv, stechend und schädlich. Durch ihre dem Teufel zugeordnete Färbung schwarz-gelb verkörpert sie das Böse, das Angst erzeugt.
s. Insekten

Widder Trotz seiner Wildheit ist der Widder als Symbol auch mit dem Prinzip der Ordnung verknüpft. Er verkörpert die schöpferischen Naturkräfte, wenn sie mit den Proble-

men des Geistes verbunden sind und eine entsprechende Übereinstimmung im Menschen suchen.
s. Tiere

Wiese Das frische Grün der Wiese kündigt das Wachsen und Werden an. Zwar ist die Reife noch fern, doch günstige Entwicklungen sind angebahnt. Es blühen die Blumen des Gefühls. Es erstrahlt die Sonne der frühlingshaft jugendlichen Energie. Solange die Traum-Wiese saftig und kräftig wächst, ist dieser Traum äußerst günstig. – Ist die Wiese jedoch von einer Dürre bedroht, dann trocknen Gefühle im Träumer aus.
s. Gras
s. Blumen
s. Frühling

Wilder/Primitiver Der Traum kennt keine Menschenrechtsmoral. Deshalb steht im Traum das Erscheinen eines primitiven Eingeborenen für das Aufbrechen von unkontrollierten Trieben, von Naturgewalt und Unordnung im Seelenleben.
s. Tiere
s. Neger

Wind Wie der wirkliche Wind die Blätter bewegt, so fegt der Traum-Wind durch den Geist. Mitunter spürt der Träumer, wie gut der ›frische Wind‹ für sein geistiges Gleichgewicht ist. Manchmal aber droht Sturm. Dann hat man vielleicht zu viel Wirbel und Unruhe verursacht.
s. Luft

Winter Die Jahreszeit des Winters symbolisiert Kälte und Einsamkeit. Die weiße Unendlichkeit eines Wintertraumes signalisiert eine Bedrohung des seelischen Lebens durch Gefühlskälte und Hunger nach Lebensenergie.
s. Eis
s. Schnee

Wirt/Wirtin/Wirtshaus Die Traum-Wirtin steht oft in der Nähe der erdhaften Allmutter. Sie spendet die natürliche Lebensspeise. Bei ihr sitzt man am Tisch des einfachen Lebens. Sie trägt die Schüsseln auf, in denen dem Träumer nährende Kräfte angeboten werden. – Gefährlich und unheimlich erlebt mancher Träumer hingegen einen Besuch in einer Waldschenke. Hier sind Gäste aus dem Dickicht Ihres Unbewußten zu Gast, die mit finsteren Gewalten in Verbindung stehen können. Doch da das Unbewußte gleichermaßen freundliche wie wilde Züge hat, findet mancher sich auch hier in fröhlicher Runde.
s. Tisch
s. Speise
s. Wald

Wolf Dieses Tier ist wild und schwer zu zähmen. Es hat wenig Beziehung zum Menschen. Dennoch muß der Traum-Wolf kontrolliert werden. Mit diesem ungezügelten Triebwesen fertig zu werden, ihn nicht aus den Steppengebieten der Seele ins Kulturland des Geistes einfallen zu lassen, stellt manchen Träumer vor eine schwere Aufgabe. Stets handelt es sich bei derartigen Träumen um ein Signal für schreckliche Spannungen: Das reißende Unbewußte befindet sich auf Angriffskurs.
s. Raubtier

Würfel Dieser geometrische Körper entspricht in seiner Harmonie dem Quadrat, hat aber eine zusätzliche Dimension. Er symbolisiert die vollkommene Ganzheit, den geschlossenen Raum der Ichfindung einer Persönlichkeit.
s. Sechs
s. Quadrat

Wurm Dieses häßliche Tier hat kein Bewußtsein. Es verkörpert nagendes, schädliches, unersättliches Unbewußtsein. Wo sitzt der Wurm? Woran nagt er? An einer Frucht, an einer Blume? Vielleicht verkörpert er einen nagenden Kummer, der neu wachsende Gefühle nicht zur Reife kommen läßt.

Wurzel Wie die Pflanzenwurzel fest in der Erde verankert ist, so symbolisiert die Traum-Wurzel Triebe, die fest im Träumer verwachsen sind. Pflanzliche Triebe werden an die Oberfläche geschickt, brechen sichtbar und fruchtbar hervor. – Es kann aber auch sein, daß etwas an Ihrer Traum-Wurzel nagt. Dann droht der Trieb zu vertrocknen.

Wüste/Steppe Hier fließt kein Lebenswasser. Die Sonne sendet versengende Strahlen. Es wimmelt von Schlangen und giftigem Getier. Die Einsamkeit des Träumers wird von Stimmen unterbrochen, die aus dem Nichts zu kommen scheinen. Er fühlt sich von Halluzinationen getäuscht. – Ein solcher oder ähnlicher Traum kann den Verlust der lebendigen Wirklichkeitsbeziehung ankündigen und gilt deshalb als seelischer Warntraum.
s. Sonne
s. Schlange

Zahlen Zahlen sind – mit Ausnahme der einstelligen – deshalb sehr schwer zu deuten, weil sie sich aus den verschiedensten Erinnerungen und Erlebnisresten zusammensetzen können. So spielen oft das Alter, die Hausnummer, die Telefonnummer und ein entscheidendes Datum eine wichtige Rolle. – Allgemein ist zu sagen, daß die geraden Zahlen das weibliche Prinzip verkörpern, die ungeraden das männliche. Auch auf diese Voraussetzung ist deshalb bei einem Deutungsversuch zu achten.
s. Eins – Zwölf

Zähne Die Zähne dienen zum Zerkleinern der Nahrung, mit ihrer Hilfe führt man sich Nahrung, also Energie zu. Entsprechend signalisiert ein Traum, in dem man die Zähne verliert, den Verlust von Kraft. Das Tier setzt sich überdies mittels der Zähne zur Wehr oder greift an. Also stehen die

kräftigen, gesunden Zähne auch für eine gesunde Triebbejahung und jenes Ausmaß an Aggression, das Ihnen hilft, sich ›durchzubeißen‹. – Hinter den Träumen von Zahnausfall steht überdies bei Männern oft Angst vor Potenzverlust, bei Frauen die Befürchtung, ihre weibliche Anziehungskraft einzubüßen.
s. Haar

Zauberer Aus den untersten Tiefen der Seele steigt dieses Wesen auf, das über magische Kräfte verfügt und das Bewußtsein durch geheime Machenschaften verführen oder lahmlegen kann. Mitunter erweist sich der Zauberer kraft seines außergewöhnlichen Wissens als Ratgeber, doch ist man bei so zwielichtigen Seelenfiguren nie vor Täuschung und Gefährdung sicher.
s. Hexe

Zehn Diese Zahl wird selten geträumt, weil ihr symbolhafte Beziehungen weitgehend fehlen. Sie taucht höchstens in alltäglichen Traumbewältigungen von Tagesresten auf, die vom dekadischen Bewußtsein diktiert sind. – Die Eins mit der dahinter stehenden Null ließe sich allenfalls als Andeutung von Einsamkeit auslegen.
s. Zahlen

Zeitung Gedrucktes, wenn auch oft schwer leserlich, dringt gelegentlich ins Traumgeschehen ein. Die Zeitung steht hier für die Vermittlung von Neuigkeiten, aber auch für Skandalmeldungen. – Sie bemühen sich im Traum, die Zeitungsmeldung zu entziffern? Sie wollen hinter ein Geheimnis kommen, vielleicht sogar hinter das Ihrer eigenen Seele.
s. Buch

Zimmer Wie das Haus Körper und Seele darstellt, so markiert jedes einzelne Zimmer einen bestimmten Teil Ihres Ichs. In weiterer Folge symbolisieren sowohl die

Körperteile wie auch die Zimmer des Hauses korrespondierende Teile und Ansichten Ihres Wesens. Da beispielsweise auch jede der vier psychischen Funktionen – Wahrnehmung, Gefühl, Verstand, Intuition – in einem eigenen ›Zimmer‹ wohnt, kann ein leeres oder schlecht möbliertes Traum-Zimmer auf die Vernachlässigung einer Funktion hinweisen. – Ist ein Zimmer zwar gut eingerichtet, wird im Traum aber nicht benützt, haben Sie die Traum-Mitteilung bekommen, daß ein Teil Ihres Wesens brachliegt. – In manchen Zimmern wohnen Leute, die man vielleicht kennt, die aber auch unbekannte Bewohner unserer Seelentiefe sein können. – Vielleicht stoßen Sie im dritten Zimmer Ihres Traumes auf einen dritten Bewohner, der sich hier eingenistet hat. Das könnte Ihnen ein Dreiecksverhältnis ankündigen, in dem Sie ein Teil sind.
s. Haus
s. Körper

Zirkus Die runde Manege ist der Kreis, in dem Ihr Ich sich findet. Sind Sie der Zirkusartist, der unter dem Beifall der Menge das Rund umschreitet? Dann stehen Sie mit Ihren inneren Kräften auf bestem Fuß. – Sind Sie der Dompteur, dem die wildesten Raubtiere aufs Wort gehorchen? Sie haben Ihr Triebleben bestens unter Kontrolle.
s. Arena
s. Kreis

Zoo Der Vergleich der Tiere im Zoo mit den Seelentieren liegt nahe: Beide sind eingeschlossen und führen ihr Leben in Käfigen. Ein Wärter kümmert sich um Ihr Wohlergehen, doch manche Gehege sind zu klein, mancher Käfig zu eng. Wenn Sie jedoch den beglückenden Traum haben, daß fröhliche Tiere in parkähnlicher Umgebung neckisch spielen, dann können Sie sicher sein, daß es den Triebtieren Ihrer Seele gutgeht und daß Sie mit dieser Seite Ihres Wesens in Harmonie leben.
s. Tiere

Zug/Zugführer Der Zug ist ein Verkehrsmittel, das jemand anderer führt. Sobald der Zug einmal ›abgefahren‹ ist, können Sie die Richtung nicht mehr wechseln, die Fahrt nicht mehr abbrechen. Gezogen vom mächtigen Energiesymbol der Lokomotive befinden Sie sich auf Lebensreise. – Oder versäumen Sie den Zug? Sie sind noch nicht bereit zum Aufbruch in eine neue Lebensphase. – Man wird vom Zug überfahren und verstümmelt? Es tritt eine seelisch-geistige Lähmung auf, die den Träumer bis auf weiteres entscheidungsunfähig macht.
s. Bahn
s. Verspätung
s. Lokomotive
s. Amputation
s. Überfahren

Zwei Zweiheit ist Partnerschaft und Gegensatz. Es gibt zwei Geschlechter, den Tag und die Nacht, das Oben und Unten, das Bewußte und das Unbewußte. Die zwei Gegensätze halten sich die Waage. Daraus entsteht Ruhe und – im negativen Fall – Stillstand oder Erstarrung. – Mehr noch als die anderen geraden Zahlen ist die symmetrische Zwei dem Weiblichen zugeordnet.

Zwerg Als Waldbewohner des Unbewußten ist der Zwerg das Gegenstück zum Riesen. Er symbolisiert kleine Triebe, die zwar nicht gewalttätig auftreten, die aber sehr lebendig und schlau sind. Vielleicht sind die Zwerge sogar mißgebildet? – Es kann sein, daß der Traum-Zwerg Sie selbst sind, daß so das Bild aussieht, das Sie von sich selbst in Ihrem Inneren tragen. Fühlen Sie sich unbedeutend? Nicht ausreichend geschätzt und geachtet?
s. Wald
s. Riese

Zwölf Die Bedeutung dieser Zahl entstammt dem babylonischen Kulturkreis. Es gibt zwölf Tierkreisbilder, zwölf

Monate des Jahres, zwölf Jünger Jesu. Die Zwölf vermittelt den Eindruck der Geschlossenheit und Vollständigkeit. In manchen Bereichen wird heute noch nach dem Zwölfersystem gerechnet. – Schlägt die Uhr zwölfmal, kommen ihre Zeiger miteinander nach oben weisend voll zur Dekkung. Dieses Traumbild könnte Ihnen mitteilen, daß genau die richtige Zeit für ein bestimmtes Vorhaben gekommen ist. Ist es in Ihrem Traum jedoch ›5 vor 12‹, dann würde das eher bedeuten, daß es für Sie ›höchste Zeit‹ ist.

Anhang

Literaturhinweise

Aeppli, Ernst: ›Der Traum und seine Deutung‹, Droemersche Verlagsanstalt, München, 1943

Doucet, Friedrich W: ›So deuten Sie Ihre Träume richtig‹, Kremayr & Scheriau, Wien, 1978

Faraday, Ann: ›Die positive Kraft der Träume‹, Scherz Verlag, Bern/München

Hall, C. S. und *Vande Castle, R.:* ›The Content Analysis of Dreams‹, Meredith Publishing Company, New York, 1966

Jung, C. G.: ›Traumsymbole des Individuationsprozesses‹, Walter Verlag AG., Olten, 1984

Jung, C. G.: ›Der Mensch und seine Symbole‹, Walter Verlag AG, Olten, 1968

Jung, C. G.: ›Wandlungen und Symbole der Lybido‹, Deutike, Leipzig, 1912

Jung, C. G.: ›Die Beziehung zwischen dem Ich und dem Unbewußten‹, Rascher, Zürich, 1935

Jung, C. G.: ›Die Wirklichkeit der Seele‹, Rascher, Zürich, 1934

Jung, C. G.: ›Über die Psychologie des Unbewußten‹, Rascher, Zürich, 1943

Jung, C. G.: ›Über psychische Energetik und das Wesen der Träume‹, Rascher, Zürich, 1948

Jung, C. G.: ›Psychologie und Alchemie‹, Rascher, Zürich, 1944

Kemper, Werner W.: ›Der Traum und seine Be-deutung‹, Kindler Verlag, München, 1973

Siebenthal, W. v.: ›Die Wissenschaft vom Traum‹, Springer Verlag, Berlin – Göttingen – Heidelberg, 1953

Stichwortverzeichnis